Asesoramiento Financiero para la Clase Trabajadora de los Estados Unidos

escrito por
KATHRYN HAUER, CFP®, EA,
M.B.A.

traducido por
ANA GONZALEZ RIBEIRO, M.B.A.
CLAUDIA GONZALEZ, M.B.A.

COVER DESIGN BY

*Art*Mishel

TABLA DE CONTENIDO

PREFACIO

Crecí en una familia de trabajadores de cuello azul, en una casa muy modesta, con un papá que no había terminado 8° grado y una mamá que era una enfermera antes de que las enfermeras tuvieran títulos universitarios.-En el pasado, tener un trabajo de cuello azul significaba tener una vida difícil y de pocas oportunidades para su familia. Hoy, estas carreras pueden ofrecer sueldos altos y trabajo interesante. Tengo consejos financieros para individuos de cuello azul y sus familias; También veo nuevas oportunidades emergentes de cómo utilizar el dinero. Por eso escribí este libro. En mi caso, salí de la esfera de la clase de cuello azul al mundo de cuello blanco a través de oportunidades educativas, pero veo gran valor en continuar o iniciar una carrera de cuello azul. Este libro cubre conceptos básicos financieros, discute los fundamentos de invertir, mira formas de evitar estafas financieras, considera el valor de la universidad y cómo pagarla, explora las tendencias en el empleo y ofrece consejos prácticos sobre cómo maximizar su vida financiera sin importar donde trabaja..

INTRODUCCIÓN

Los fundamentos de la salud financiera están presentes en todas las profesiones y todos los niveles de riqueza. El comportamiento financiero sano implica gastar menos de lo que gana, ahorrar para el futuro, gestionar los riesgos de la vida con un plan de seguro adecuado, legalmente minimizar impuestos e invertir el dinero ahorrado sabiamente. ¿Por qué este libro, con un enfoque en los trabajadores de cuello azul? ¿Y qué significa un trabajador de cuello azul?

Al categorizar a las personas, existe riesgo de estereotipar y de minimizar así sus características únicas y valiosas. Sin embargo, distintos grupos comparten problemas comunes y es útil encontrar las respuestas para ese conjunto particular de preguntas en un solo lugar. Los trabajadores de cuello azul a veces se encuentran en la envidiable posición de tener grandes ingresos pero que carecen de acceso a la información financiera pertinente que responda a sus preguntas específicas. Usted puede encontrar esa información aquí.

Para los efectos de este libro, "cuello azul" significa personas que hacen el trabajo más físico que el trabajo de escritorio en empleos que no requieren un título universitario de cuatro años. Estoy hablando de trabajadores cualificados y entrenados, que realizan trabajos que requieren el uso de sus cuerpos y su energía física además de sus cerebros. El sistema de trabajo incluye diferentes oficios (carpinteros, herreros, albañiles de trabajos en cemento, fontaneros o plomeros, operadores, obreros, etc.); trabajadores del

1

transporte (choferes de camiones, trabajadores de transporte público); técnicos automotrices; radiólogos y otros técnicos; trabajadores de la industria de petróleo y gas; técnicos de salud; trabajadores de la policía y la seguridad; personal militar; y otros. También incluyo trabajos de fábrica hasta cierto punto, porque una parte del trabajo de fábrica cae en una categoría de personas no cualificadas o capacitadas que no cubrimos en este libro. Muchos de los trabajos de cuello azul aquí presentados requieren de amplia formación y aprendizaje, pero no requieren una licenciatura. En este libro, me enfoco en estos tipos de puestos de trabajo; otras categorías como los trabajadores en comercio al por menor, trabajadores de servicio de alimentos, etc. realizan servicios valiosos y sin duda pueden beneficiarse de los conceptos en este libro, pero sus necesidades y preocupaciones no son específicamente abordadas aquí. También, en tiempos atrás las enfermeras no necesitaban tener títulos universitarios y componían la mayor parte de la porción femenina de los trabajadores de cuello azul, pero las enfermeras de hoy deben tener títulos universitarios. Otros trabajadores de salud que requieren formación pero no título universitario caen en esta definición de cuello azul.

Los americanos empezaron a usar la frase "cuello blanco" desde 1910 y, el término "blue collar" o "cuello azul" entró en existencia alrededor de 1924. Ambas frases ganaron tracción después de la segunda guerra mundial. Para aquellos que tienen sólo un conocimiento pasajero de qué significa "blue collar", tienden pensar que estos trabajos dejarán de existir. Ese pensamiento no podría estar más lejos de la verdad. Aunque Estados Unidos se ha convertido en una "economía de servicios", donde nos centramos más en hacer las cosas para la gente que en producir las cosas, nuestra necesidad de personas que físicamente trabajan para construir, crear, mantener y reparar objetos tangibles realmente crece. La oficina de estadísticas laborales de Estados Unidos espera que en 2020, el 25% de puestos nuevos de trabajo serán en construcción, salud y otros oficios laborales.[1] [11]Los puestos de trabajo están ahí ahora, y serán más disponibles en el futuro. Es lógico: no importa cuántas aplicaciones de teléfono usamos o cuánto entretenimiento vemos, vamos a seguir necesitando edificios, vehículos para movernos, caminos para conducir los vehículos y aparatos domésticos. Todos esos elementos útiles eventualmente se rompen o se desgastan, y muchos sistemas y servicios necesitarán de un ser humano que tome decisiones para complementar la tecnología robótica.

¿Qué tipo de trabajos existen en el mundo del trabajo de cuello azul? En el año 2016 y en el futuro, habrá muchas carreras de cuello azul que son interesantes, de alto pago, que perdurarán. Estos trabajos abarcan muchos tipos de industrias y sectores económicos. Los primeros ocho empleos en la siguiente lista tienen la mayoría de trabajadores en todo el país (datos de 2014)[2]; los puestos de trabajo restantes muestran tasas de pago:

1. Mecánico de mantenimiento ($40,687 o $19.56 por hora)[3]
2. Mecánico de aviones ($56,850 o $28.29 por hora)
3. Mantenimiento de transporte ($65,770 o $31.62 por hora)
4. Mecánico de móviles pesados ($51,778 o $20.38 por hora)
5. Operador de vehículo de motor ($45,000 o $21.64 por hora)
6. Mecánico de equipos electrónicos ($52,420 o $25.21 por hora)
7. Electricista ($52,910 o $25.44 por hora)
8. Operador de planta de gas ($63,398.40 o $30.48 por hora)
9. Instalador y reparador de línea eléctrica ($64,990 o $31.24 por hora)
10. Operador de reactor de energía nuclear[4] ($82,270 o $39.55 por hora)
11. Instalador y reparador de ascensor ($76,490 o $36.77 por hora)[5]
12. Policía ($52,576 o $25.27 por hora)

Esas tasas son asombrosas ya que muchos de nosotros no ganaremos tanto dinero en un año aunque tengamos títulos universitarios e incluso aunque tengamos un grado de maestría o doctorado. Estadísticas recientes revelan la realidad deprimente que 40% de graduados universitarios ejercen un trabajo que no requiere un título universitario mientras que experimentan también una caída de ingresos comparando a sus compañeros de la última década.

Otro lamentable – e inexacto – significado que se ha adherido al término "cuello azul" es el concepto que los trabajadores son de "clase baja" o "incultos". Los medios de comunicación a veces pintan a los trabajadores de cuello azul como personas rusticas e ingenuas de campo. Estas características no podrían ser más lejos de la verdad. Como demuestro en el capítulo 6 de este libro, los trabajadores de cuello azul poseen inteligencia y aptitudes a la par con los trabajadores universitarios. Además, los trabajadores de cuello azul entienden lo que significa trabajar duro y hacer contribuciones significativas.

Jeff Torlina, autor de *Clase obrera: desafiando los mitos sobre el trabajo de cuello azul* y defensor de los trabajadores, escribe que el "trabajo de cuello azul en la cultura popular...no puede entenderse en términos simplistas."[6] El autor subraya la conexión vital que tienen los trabajadores de cuello azul a sus puestos de trabajo. Es una conexión que puede faltar en los puestos de cuello blanco. "A los obreros entrevistados, era simplemente obvio que realizan el trabajo necesario, importante y digno de respeto. Ver todo el proceso de producción y reconocer que todos los aspectos del proceso de producción es esencial para que funcione."[7]   En cualquier trabajo, un individuo puede encontrar un mayor propósito y significado que otros individuos en el mismo campo, pero el trabajador de cuello azul a menudo recibe una oportunidad más tangible de sentirse como una parte importante del equipo.

Aunque hay muchas ventajas de una carrera de cuello azul como explico en este libro, en ninguna manera quiero desalentar a mis lectores o sus hijos que quieren ir a la universidad. Una educación universitaria de cuatro años puede abrir las puertas a carreras emocionantes y de buenos sueldos. Sin embargo, simplemente no es el único camino al éxito.

La vida es buena en el mundo de cuello azul. Vamos a hablar de maneras de hacerla aún mejor.

Capítulo 1 – Conceptos Básicos Financieros

El dinero puede ser un tema difícil de que hablar. Una encuesta del 2014 del banco Wells Fargo[8] mostró que los estadounidenses preferirían hablar de sexo, los impuestos, la religión, la política y la muerte en lugar de dinero. Eso tiene sentido - la gente le dirá que tienen miedo a morir, que son pro-armas, o que tienen una vida sexual estupenda mucho más fácil a que digan cual es la cantidad de deuda que llevan o lo mucho que han ahorrado para su retiro. El dinero está tan ligado a niveles altos de emoción como el éxito, la felicidad, la buena crianza de los hijos, el amor, el control- que es un tema cargado.

Sin embargo, como muestra la historia, cuando se mantiene silencio sobre un tema, significa que las ideas falsas sobre ella crecen. Antes de Masters y Johnson, pasamos mitos nocivos acerca de la conducta sexual. Antes de Ralph Nader, los consumidores tenían pocos recursos cuando un producto resultaba ser un limón. Antes, el racismo, la intolerancia religiosa, la discriminación y otros temas tabú eran más difíciles de hablar de lo que son hoy, y una gran cantidad de información errónea resultaba. Eso es lo que pasa cuando no se habla de las cosas abiertamente.

Y todavía no estamos hablando de dinero en los EE.UU. A primera vista, parece que lo estamos haciendo cuando vemos todos los libros, artículos, programas de televisión, programas de radio, y anuncios sobre el tema. Ahora que tenemos el Internet, un tabú verbal es diferente que en los días pre-electrónicos. Tenemos acceso a la información financiera con facilidad y la información suele ser precisa y verdadera. Pero si somos nuevos en el tema y sus términos, la información que nos encontramos puede ser mal interpretada. Puesto que no somos propensos a hablar de lo que leemos y aprendemos, podemos cometer errores. Tenemos miedo de hablar sobre el dinero con otras personas, y por eso nadie nos ayuda a encontrar la verdad. O como adolescentes que intentan entender cómo funciona el romance, le preguntamos a otras personas no-informadas que realmente no saben la respuesta, y entonces complicamos las cosas aún más.

Errores financieros pueden doler mucho más que otros. La mayoría de los errores irritan y nos incomodan: duele al ser rechazado en una entrevista de trabajo, elegir la línea lenta en la tienda de comestibles, u olvidarse del día de pagar la basura. Errores financieros, sin embargo, nos da justo en el bolsillo, y a veces pueden ser de una magnitud paralizante. ¡Si usted recibe un golpe de un cargo de $30 porque se le olvidó que tiene que llevar un saldo bancario de $250 en su cuenta de banco y bajo menos de esa cantidad por un día, ay! - nunca va a recuperar esos $30. Si toma dinero de su IRA o 401(k) para gastar pero se le olvidó pagar impuestos sobre éllos, puede deberle multas grandes al IRS.

Expertos en finanzas - al igual que los de la química o la ciencia política - pasan toda una vida aprendiendo este tema. Sin embargo, usted no tiene que ser un experto para mantener su dinero seguro y ayudarlo a crecer. Estos conceptos básicos proporcionarán una base para manejar su dinero ahora y usarlo como un trampolín para aprender más.

Normas aceptadas de la planificación financiera miran estas áreas básicas para determinar la salud financiera:

1. *Las finanzas diarias* - valor neto, flujo de fondos, el bancario, el presupuesto
2. *Finanzas Futuras* - compra de casa, la universidad / entrenamiento, y otros objetivos

3. *Seguros y Beneficios* - protegerse de pérdidas; salud, automóvil, vivienda, inquilinos, unión, Seguro Social, y otros tipos de seguros y beneficios
4. *Impuestos* - preparación de impuestos y reembolsos
5. *Testamentos y Herencias* - lo que sucede con su dinero y posesiones cuando fallece
6. *Inversiones* - La creación de riqueza (cubierto en el Capítulo 2)
7. *Finanzas Lejos-en-el-futuro* - planificación de la jubilación y otras preocupaciones (cubierto en el Capítulo 5)

La lista anterior se ve larga y abrumadora, pero si se piensa en la salud financiera en términos de cómo se gana su dinero y cómo usted lo protege, todos los pasos anteriores caen en su lugar. Estos siete temas pueden ser muy complicados o sencillamente manejables. Vamos a hablar de lo que significa cada tema y cómo usted puede manejar cada tarea en su propia vida.

FINANZAS DIARIAS

- El valor neto
- Flujo de fondos
- Bancos y las cooperativas de crédito
- Ganar intereses
- Reducción de deuda
- Tarjetas de crédito y de débito
- Presupuestos
- Fondo de emergencia

Valor neto

Su valor neto se define como el valor monetario del cual usted es el propietario. Se trata de sus activos (lo que tiene) menos sus pasivos (lo que debe). Es muy útil calcular su valor neto para así poder realizar un seguimiento de cómo le está yendo. Enlaces a formularios y hojas de cálculo están disponibles en el Apéndice 1 de este libro para los cálculos formales. También se puede simplemente hacer una estimación si no tiene ganas de detallar toda su información financiera en el momento. Para estimar, anote sus bienes: ahorros, inversiones, cuentas IRA, 401(k)s, más el valor de las principales cosas que usted posee (casa, coche, barco, terrenos, mobiliario). Entonces haga una lista de sus deudas o pasivos: los saldos de tarjetas de crédito, préstamos personales, préstamos estudiantiles, préstamos para automóviles, hipotecas, etc. Aproximaciones están bien. Entonces resta las deudas de los bienes, y ahi tiene su valor neto. Puede ser que su valor neto sea negativo, lo que da que pensar, pero le mostrará la dirección a la cual desea ir. Al igual que expertos en la pérdida de peso le dirá que es fácil ponerse en forma si come menos y se mueve más, los expertos financieros pueden ser igual de insensibles: gaste menos y ahorra más. Si el consejo simple que esos expertos dan fuera tan fácil como lo es simple, todos estaríamos delgados y ricos. Pero no lo es. Nosotros nos apoyamos a nosotros mismos y apoyamos a nuestros seres queridos de muchas maneras - emocional, espiritual, académica y físicamente. Cuando se nos pide ayuda para el apoyo financiero, es difícil decir que no. Esa lucha puede significar un valor neto bajo o negativo. Las estrategias discutidas aquí le darán a conocer los conceptos básicos mientras se mueve hacia un capital neto positivo en su futuro.

Flujo de fondos

El valor neto tiene que ver con el ámbito del largo plazo. El flujo de fondos es diferente del valor neto en que se trata de necesidades inmediatas. Examinando el flujo de fondos consiste en determinar cuánto dinero entra y cuánto se va fuera. Si aún queda mucho por salir de lo que tiene que entrar, entonces tiene un problema. Una vez más el simple consejo "¡gasta menos!" no tiene mucho sentido cuando los niños van de nuevo a la escuela, el carro Kia necesita una transmisión nueva, su madre apenas se rompió la cadera, y los tres fusiles de ciervos que tiene fueron robados fuera del garaje. Usted puede hacer compras en Walmart, solicitar piezas utilizadas, poner a su madre a vivir con usted, y (tal vez) aceptar el hecho de que el congelador no será abastecido con carne de venado este año, pero con todo lo que corte no eliminará por completo la necesidad de que el dinero en efectivo que salga sea más de lo que entra. Una parte esencial de su salud financiera es averiguar lo que hay que cambiar en su vida para concretar este concepto. Todos nosotros pasamos por períodos en los que necesitamos más dinero de lo cual podemos generar. Si usted puede gastar menos de lo que gana la mayoría de las veces, sus ahorros crecerán y usted será capaz de invertir para su futuro.

Una circunstancia algo única con los trabajadores de cuello azul es el potencial de flujo de fondo intermitente. Algunos trabajos de cuello azul son dependientes del clima: si llueve o nieva, nadie trabaja y a nadie se le paga ese día. Muchos trabajos de cuello azul son específicos a cada proyecto, por lo cual cuando se termina ese trabajo puede ser que esté sin trabajo durante un período de tiempo. Si decide volver a la vida civil después de que su período de alistamiento llegue a su fin, puede tardar meses para encontrar un trabajo. Ayudará a su vida financiera si usted puede ahorrar dinero para cubrir los períodos en los que está entre trabajos. Hablo más sobre el fondo de emergencia más adelante, pero es importante tener algo de dinero en ahorros para cubrir los períodos que está sin trabajo.

Los Bancos y Uniones de Crédito
Cuando ahorra, un banco o cooperativa de crédito son el mejor lugar para poner sus ahorros. Sin embargo, no todo el mundo utiliza los bancos de la mejor manera posible. Eche un vistazo a estas estadísticas:

- Alrededor de 22 millones (8%) de estadounidenses no tienen un banco o cooperativa de crédito[9]
- Alrededor de 38 millones (12%) son "sub-bancarizados" - tienen una cuenta bancaria, pero complementan sus finanzas mediante el uso de costosos servicios tales como un servicio de cambio de cheques, giros postales, préstamos de casa de empeño, préstamos de título de auto, cheque de pago anticipado, pago de préstamos, y tiendas de alquiler con opción de compra; dependen del efectivo que es más riesgoso debido a posible robo y la incapacidad de comprobar el pago; y no acumulan el historial de crédito que necesitan para futuros préstamos razonables.[10]

Es necesario abrir una cuenta en un banco o cooperativa de crédito y utilizarlo para la gestión de sus finanzas. Un banco o cooperativa de crédito le puede ayudar porque es seguro, cómodo, y más económico que los servicios financieros no bancarios. Un buen historial con el banco ayuda a construir su futuro financiero en una forma que el dinero en efectivo no puede.

Los bancos y las cooperativas de crédito son casi gratis o muy razonables en las tasas, pero no son sin matrícula, especialmente cuando se rompe sus reglas. Puede ser que le añaden cargos como los siguientes:

- Servicio Mensual
- Saldo mínimo
- Cajero automático (ATM)
- Sobregiro
- Cuota de suspensión de pago
- Nota: las cooperativas de crédito y bancos en línea a menudo tienen tasas más bajas

Quizás se muestran reacios a usar o contar con un banco debido a todos estos costos. Simpatizo con ustedes - las tasas y normas son difíciles, y he perdido dinero por no prestar atención a los cambios de reglas en un banco en particular. Por ejemplo, mi cuenta inicial en un banco que uso para una cuenta de negocios no requiere saldo mínimo. Con el tiempo cambió esa regla. Estoy segura de que el banco me envió una carta diciéndome sobre el cambio, y no hice caso. Como resultado de ello, perdí $45 por dejar caer el saldo bancario por debajo del mínimo por un día ese mes. Trato de mantenerme al día en todas las cuestiones financieras, pero a veces me olvido de las cosas. En este caso, eso es lo que pasó, y page por mi error.

Una forma de evitar el error de saldo mínimo es mediante el uso de una cooperativa de crédito. Si usted califica para una cooperativa de crédito en su ciudad - porque trabaja en un determinado puesto de trabajo, vive en un código postal en particular, o tiene otra clasificación - puede hacerse la vida más fácil porque la mayoría de las cooperativas de crédito tienen tasas más bajas que los bancos. Asimismo, a menudo no requieren un saldo mínimo. Todavía se le cobrará si sobregiró en su cuenta - ¡Solamente su madre lo podría dejar ir en forma gratuita si se excede un saldo real! - Pero incluso en cargos por sobregiro una cooperativa de crédito suele ser mejor que un banco.

Es una buena idea establecer una cuenta de ahorros y una cuenta de cheques en un banco o cooperativa de crédito. Se utiliza la cuenta de cheques para sus cuentas diarias y mensuales, y se usa la cuenta de ahorros como un lugar para ahorrar para emergencias y metas futuras. Si usted puede tener su cheque de pago depositado automáticamente en el banco o cooperativa de crédito con la mayor parte de él depositado a su cuenta de cheques, pero una parte va a su cuenta de ahorros, usted puede "engañarse" a sí mismo y casi ni darse cuenta de que está construyendo un fondo de emergencia. Una vez que tenga de tres a seis meses de dinero en efectivo guardados para un caso de emergencia, puede investigar cómo invertir para hacer crecer su dinero.

¿Qué pasa si su crédito se ha vuelto tan dañado que no puede encontrar un banco que le permita abrir una cuenta? Los bancos comprueban su historial financiera a través de un sistema llamado ChexSystems. Si usted tiene un crédito pobre o dañado, el banco puede legalmente negarse a abrirle una cuenta. Parece muy injusto para mí, pero sucede. El banco puede ejecutar un informe del historial del banco o un reporte de crédito (que no cuenta como un "hit" en contra de su calificación de crédito). Si usted ha tenido problemas con las cuentas corrientes y de ahorro en el pasado, un banco puede negarse a aceptarlo como cliente. Si desea ver su informe de ChexSystems o quiere disputar su registro, puede hacerlo en la página web de ChexSystems. Si debe un dinero al banco o tiene un mal historial bancario, se refleja allí.

Si no puede abrir una cuenta bancaria, aquí hay algunas cosas que usted puede hacer para solucionar su problema:

- Ir a la sucursal bancaria y hablar con un banquero allí. El enfoque personal puede funcionar. Ofrezca traer un talón de cheque o una referencia para convencer al banco que usted es un buen riesgo.
- Pruebe otros bancos en la ciudad, además del que lo rechazó, hable con un banquero en cada sitio.
- Trate bancos en línea (el internet) como Etrade, Ally, o Sincronía.
- Pruebe una cooperativa de crédito. Las cooperativas de crédito pueden ser más indulgentes y más propensas a

ofrecer segundas oportunidades. Es posible que tenga acceso y sea elegible para una cooperativa de crédito local o una nacional como Navy Federal Credit Union si estuvo en el ejército.

- Trabaje para construir su historial de crédito. Esto tomará un poco de tiempo, pero puede hacerlo.

Trate de no criticarse - es un mundo financiero complicado, y todos cometemos errores. Con paciencia y diligencia, se puede solucionar el problema, obtener una cuenta de cheques, y mejorar su crédito.

Ganando Interés

Interés compuesto es una cosa hermosa. El interés es la cantidad de dinero que los bancos le paga por mantener su dinero en depósito con ellos (o que se paga al banco cuando recibe dinero prestado). Se expresa como un porcentaje y puede agravarse diario, mensual o anualmente. Al depositar dinero en un banco que paga intereses, usted gana intereses sobre el dinero que ha depositado más los intereses sobre los intereses que ganó antes. Es una manera de que su dinero trabaje para usted cuando está sentado allí. Por ejemplo, si se toma $100 (el "principal") y lo mete debajo del colchón donde no gana ningún interés, en 10 años tendría los mismos $100. Si fueron capaces de ganar 5% de interés compuesto anual sobre ese dinero, terminaría con $162.89 al final de 10 años, que es $62.89 más. Si desea empezar con $5,000, la cantidad resultante es $8,144.47 o $3,144.47 más. ¡Esa es una gran diferencia en los resultados! Como se verá más adelante, encontrar un lugar que en realidad le pague 5% de interés en el 2016 sin el riesgo de perder su principal es poco probable. Ahorradores no ganan 30 años de interés libre de riesgo, garantizado en 5%, pero se da cuenta de cómo el interés compuesto le ayuda.

Vamos a cambiar nuestra tasa de interés compuesto a una tasa de interés compuesto más modesto y realista de 1% agravado por 10 años. Si ha guardado $100, acabaría con $ 110.46 si su dinero se agrava cada año ($10.46 más). El ejemplo de $5000 se traduce a $ 5,523.11 o $532.11 más. A pesar de que los rendimientos no son tan grandes cuando usted está ganando interés del 1% en comparación con el 5%, el resultado es que tiene más dinero ahora que si escondiera su dinero en un frasco. La cantidad adicional obtenido al 1% no es tan satisfactorio como la mayor tasa de 5%, por lo que los inversores hoy pueden invertir en vehículos financieros más riesgosos como el mercado de valores o bonos corporativos para una mayor rentabilidad. Lea el capítulo 2 para obtener más información sobre estos conceptos.

En el 2016, las tasas de interés son bajas, lo que significa que no va a terminar con tanto hoy como hubiese en la década de 1970. Por ejemplo, cuando las tasas de interés - tanto para los ahorradores y los prestatarios - eran mucho más altos. Los lugares seguros para poner su dinero - certificados de depósito (CDs), bonos y letras del Tesoro de Estados Unidos, las cuentas del mercado monetario - pagan tasas de interés tan bajas hoy que no son vehículos particularmente exitosos para los inversores más jóvenes que tratan de hacer crecer sus fondos de retiro. Lo que es especialmente frustrante, como explico en el capítulo 3, es cuando recibe dinero prestado y usted *paga* interés en lugar de *ganarlo:* pagará entre el 3% y el 21% de interés en sus préstamos hipotecarios, préstamos personales, tarjetas de crédito y aún más altas tasas de interés en préstamos de día de pago y de títulos.

Reducción de Deuda
No toda deuda es mala, y deuda es probablemente necesaria para alcanzar los objetivos que ha establecido para sí mismo y su familia. ¿Qué tipo y cuánta deuda es aceptable? ¿Cómo se puede reducir la deuda cuando es necesario? Verdaderamente, no es más fácil que reducir la medida de su cintura. Ambos toman disciplina y el sacrificio. Ninguna experiencia de reducción es muy divertida. Me resulta difícil de creer cuando la gente dice que su dieta o su frugalidad eran "divertido." Para mí, el *hecho* de aprender cómo hacer algo bien o cuando uno va a nuevas alturas de sufrimiento o sacrificio, eso no es divertido, pero los *resultados* son increíblemente agradables. Es probable que no va a ser divertido cuando sus amigos compran entradas para el partido y usted no puede ir porque quiere ahorrar dinero. Comiendo sándwiches de mantequilla de maní que preparas en casa no es tan divertido como comer las alas de pollo de Zaxby. Usar el abrigo de invierno del año pasado, cuando los estilos de este año son tan impresionante tampoco es divertido. Sin embargo, al ver su deuda bajar y luego

desaparecer, eso sí es divertido. Al darse cuenta de los resultados gratificantes que usted ha tenido se siente una gran sensación. Si usted quiere encontrar maneras de reducir su deuda, busque en el Internet, vaya a la biblioteca de la universidad pública o local, o siéntese en un banco en la esquina financiera de Barnes and Noble - decenas de personas ofrecen buenos consejos sobre el tema. Apéndice 3 también incluye una lista de sitios web útiles. Esté preparado para que las cosas sean difíciles a medida que trabaja hacia la meta, pero vale la pena reducir y eventualmente eliminar su deuda.

Tarjetas de Crédito y de Débito

Tarjetas de crédito y de débito son herramientas útiles para el manejo de su dinero. Una tarjeta de débito le permite depositar y retirar dinero y realizar compras en puntos de venta. Las tarjetas de débito le permiten gastar sólo lo que tiene en su cuenta. Una tarjeta de crédito le permite pedir prestado fácilmente, tener dinero disponible cuando lo necesite, especialmente en situaciones de emergencia, y acceder una línea de crédito renovable. Las tarjetas de crédito requieren un pago mínimo cada mes, pero si sólo se hace el pago mínimo, incurrirá una alta tasa de interés (entre el 13% y el 23% o incluso más). Las tarjetas de crédito son útiles porque ayudan en situaciones de emergencia; son más seguras y más conveniente que llevar dinero en efectivo; le permiten hacer grandes compras; ayudan a construir un historial de crédito financiero que a su vez ayuda a obtener hipotecas, alquiler de apartamentos, y los seguros a precios más bajos; ceder viajes y otros premios; y le permiten gastar dinero que no tienen.

La desventaja principal de una tarjeta de crédito es la misma que su ventaja: que le permite gastar dinero que no tiene. Esa característica es crucial cuando su hija de 27 años de edad, le llama desde el hospital Bellevue en Nueva York después de un accidente de bicicleta a la medianoche. El crédito le ayuda a comprar un billete de avión en su computadora que lo lleva de Carolina del Sur a Nueva York esa misma noche. El crédito le permite pasar una semana allí con su hija ayudándole a levantarse después de su accidente mientras continúa gastando aún más dinero (a crédito) que no tiene. El crédito le permite también comprar el billete de vuelta exorbitantemente caro. Durante esa semana preocupante, el crédito es su amigo. Pero el próximo mes cuando su hija ha vuelto a pedalear sobre el puente de Williamsburg, la compañía de tarjetas de crédito va a querer que pague. Si usted no paga - o no puede pagar -podría terminar pagando mucho más de lo que costó ese accidente de bicicleta. Meses o años de sólo hacer el pago mínimo mensual le añade mucho a su cuenta original cuando la compañía de tarjetas de crédito le está cobrando interés del 21%. Hablé de que el 1% o el 5% de interés pueden trabajar para usted en el crecimiento de su dinero; funciona aún mejor para los beneficios de la empresa de tarjetas de crédito cuando le cobran 18% o 23%. De los hogares que llevan deuda, el promedio de deuda de tarjetas de crédito en los hogares de los EE.UU. se sitúa en $15,863. Contando todos los hogares, la deuda promedia es de $7,400. Cerca del 34% de los estadounidenses solo hacen el pago mensual en sus tarjetas,[11] llevando la deuda de mes a mes. A pesar de que sin duda no está solo si es un estadounidense cargando con deuda de tarjetas de crédito, su carga no es más ligera sólo porque la lleva al lado de otros.

El problema de la deuda de tarjetas de crédito

Cuando usted pide un préstamo por cualquier motivo, se le pagan intereses al prestamista como la tasa por el uso de ese dinero. Las tasas de interés varían dependiendo de los tipos de interés vigentes en nuestra economía y el tipo de deuda que usted incurra. En este momento en el año 2016, nos encontramos en un entorno de muy bajas tasas de interés, lo que significa que es relativamente barato pedir dinero prestado y, por el contrario, no es tan rentable prestar dinero. Los intereses de hipoteca, por ejemplo, son muy bajos en la actualidad. Cuando yo era pequeña en la década de 1970, las tasas de hipoteca de casa eran tan altas como 17%. Ahora oscilan entre el 3% y 4%. Eso significa que, en términos relativos, menos de su pago mensual de la hipoteca va hacia el pago de su deuda (la parte del interés de su pago) y más se va hacia el valor de su casa. Es una gran situación porque se puede comprar más casa a una tasa de interés del 3% de lo que podía permitirse en una tasa de interés del 9%.

Como prestatario, mientras más baja es la la tasa de interés, mejor, porque se llega a pagar menos por el privilegio de usar el dinero de otro. Como prestamista, es todo lo contrario: cuanto mayor es la tasa de interés, mejor. Los prestamistas están legalmente autorizados para cobrar tasas de interés más altas, especialmente cuando el préstamo está en riesgo de no ser devuelto. Cuando un prestamista le presta dinero para comprar una casa, el prestamista siempre puede hacerse cargo de la casa si usted no paga. Cuando un prestamista le permite comprar cosas con una tarjeta de crédito, no hay "colaterales" - no hay ningún elemento físico - que el prestamista puede tomar de vuelta si usted no paga. Puesto que el prestamista tiene un riesgo más alto, una mayor tasa de interés puede ser cargada. En el caso de la deuda de tarjeta de crédito, usted paga una cantidad mucho más alta de tasa de interés de lo paga para casas, automóviles, préstamos estudiantiles, préstamos hipotecarios o préstamos de la banca privada. Las tasas de interés de tarjetas de crédito van desde 12% a 23% y en algunas situaciones puede ser aún mayor. Así que cuando usted sólo paga el mínimo mensual sobre el saldo de su tarjeta de crédito, termina pagando a la compañía de tarjetas de crédito una cantidad más grande de dinero en intereses. He aquí un ejemplo: decir la transmisión se apaga en el Rav4. Su precio es de $ 1,500 para arreglar, pero no lo tiene, por lo que lo puso en su tarjeta MasterCard. Su pago mínimo mensual es de $50, y paga esa cantidad cada mes. Si no debe interés y sigue haciendo el pago mínimo, pagará la transmisión en 30 meses. Sin embargo, tan pronto pasa el primer mes, Capital One le comenzará a cargar el 22% de interés en su cargo de $1,500. Así que si usted no paga la factura en su totalidad en un año, pagará más de $1,800 por la transmisión o más de $300 en intereses. Si multiplica ese costo por muchas compras durante muchos años, va a ver por qué la deuda de tarjeta de crédito puede paralizar a uno financieramente.

Presupuesto

¿Debe de tener un presupuesto? ¡Sí! ¿Lo tiene? Probablemente no. Sólo alrededor del 30% de los estadounidenses lo tienen. Un presupuesto le ayuda a administrar su flujo de fondos. Puede utilizar hojas de cálculo, programas de Internet de lujo, o papel y lápiz para crear y seguir un presupuesto, pero básicamente todos los presupuestos emplean cuatro pasos: registro de gastos diarios; registro de ingreso; restar el gasto de los ingresos; encontrar formas de reducir el gasto o aumentar los ingresos. Parte del problema es que puede que no haya suficiente dinero para cubrir las cuentas básicas de la vida - el ingreso puede ser errático; su trabajo puede pagar de manera inconsistente o depende del tiempo o caprichos de la administración; o usted puede estar fuera del trabajo por un tiempo. Estas situaciones hacen que el presupuesto sea aún más deprimente que cuando se tiene suficiente dinero. Un presupuesto válido requiere que usted grabe lo que gasta y cómo lo gasta. Su función colateral es darle una palmada en la cabeza para que reflexione y se de cuenta de que gasta demasiado y a menudo en cosas frívolas como Starbucks o zapatos, como en mi caso. Cuando usted crea un presupuesto y lo sigue, usted toma control de su futuro financiero de una manera poderosa. Vea Apéndice 1 para los enlaces a los presupuestos y hojas de cálculo.

Un fondo de emergencia

De seguro que a oído el término "fondo de emergencia". En la planificación financiera, un fondo de emergencia es dinero destinado a cubrir los elementos que no se ha presupuestado. Usted construye el fondo en una cuenta de ahorros para que cuando una sorpresa financiera surge, usted tenga el dinero para cubrirlo. Muchas personas viven de cheque a cheque, utilizando todos sus ingresos cada mes para cubrir sus facturas. Cuando se producen sorpresas, si son felices (bebé, boda, viajes) o triste (pérdida de empleo, rotura, enfermedad, detenciones), usted tiene el dinero para cubrirlos. Si le es posible, lo mejor es dejar a un lado una cierta cantidad de dinero cada mes para casos de emergencia hasta que tenga de tres a seis meses de los fondos iguales a sus gastos básicos. Si su trabajo es dependiente de proyectos, usted debe tener un fondo de emergencia más grande para así poder cubrir los períodos en los cuales se encuentra entre puestos de trabajo o si un retardo de tiempo extendido le impide trabajar y cobrar. Mantenga el dinero del fondo de emergencia en un banco o cooperativa de crédito y asegúrese de reponer tan pronto como le sea posible si lo usa.

FINANZAS FUTURAS

Le daré un capítulo entero sobre finanzas futuras en el Capítulo 5 "retiro" de este libro. Yo hablo de la decisión sobre si la universidad es la mejor opción para usted y sus hijos en el Capítulo 4. El Capítulo 2 da amplía información sobre cómo puede crecer su dinero a través de la inversión. En esta sección se ofrece una breve descripción de la diferencia entre el ahorro y la inversión y lo que significa ahorrar para un futuro objetivo financiero.

Ahorro y la Inversión

Ahorrar e invertir no son términos intercambiables. Al ahorrar dinero, usted sabe cuánto va a tener cuando retire el dinero. Uno no espera que el dinero trabaje para usted y crezca como lo hace con una inversión. Se ahorra el dinero en un frasco, en una cuenta de cheques que no paga intereses, o en un banco que paga un interés muy mínimo. Cuando necesita pagar por algo, ahí estará su dinero.

Cuando se invierte el dinero, usted pone su dinero a trabajar para usted con la esperanza de conseguir más dinero en el futuro. Usted pone su dinero en instrumentos de inversión de diferentes niveles de riesgo. También se compromete a inversiones a largo plazo que tienen el potencial de hacer dinero para usted, pero pueden no ser tan "líquido" (o fácil de vender rápidamente) como sus ahorros. A pesar de que puede convertir sus inversiones en ahorros más adelante (o viceversa), usted invierte con el propósito directo de aumentar su dinero, por lo que está dispuesto a dejar que sea atado por un período de tiempo.

¿Cuáles son las mejores formas de *ahorrar* dinero? Como se discutió anteriormente, es más seguro guardar su dinero en un banco o cooperativa de crédito que esconderlo en su casa. También ayuda tener aparte una cuenta de cheques que se utiliza para el pago de facturas y una o más cuentas de ahorro, donde se guarda el dinero para futuras compras. Las cuentas de ahorro ganan una pequeña cantidad de interés, que es mejor que ningún interés. Si utiliza cupones y busca ofertas cuando va a comprar, hasta pequeñas cantidades de dinero es importante para usted y vale la pena conseguir. Una cuenta de ahorros mantiene su dinero "líquido" o de fácil acceso cuando lo necesite. Esta liquidez es la principal diferencia entre sus ahorros y sus inversiones. Al invertir en certificados de depósito, bonos, bienes raíces o acciones (discutido en el Capítulo 2), es posible que no pueda vender los productos al momento en que se necesita el dinero o si los vende, podría perder dinero o tener que pagar multas. Sus ahorros son accesibles en cualquier momento para pagar las cosas para cuales está ahorrando:

unas vacaciones, boda, reparación, u otros gastos.

¿Cuáles son las mejores maneras de *invertir?* Usted debe tomar su tolerancia al riesgo en cuenta al elegir las inversiones, y debe estar seguro de que inverte usando lugares de confianza y de buena reputación. Hablaré de la inversión en el Capítulo 2 y como mantener sus inversiones seguras contra el robo y el fraude en el Capítulo 3.

SEGUROS Y BENEFICIOS

Además de ganar, ahorrar e invertir dinero, usted quiere proteger su dinero y sus pertenencias. Seguros para la salud, vida, automovil, bienes, casa, negocio, cuentas bancarias, la capacidad de seguir trabajando, si se lastima en el trabajo, la vejez, y el desempleo - le protege de manera justa y necesaria. Hay algunos tipos de seguro que usted paga directamente; otros tipos, como la compensación y el bienestar de los trabajadores están disponibles para usted si califica. No puedo pretender que cualquiera de estos seguros son "gratis" (¡una mirada a sus recibos de pago le recordará que usted paga en abundancia por los beneficios de Seguro Social que puede eventualmente recibir!), pero algunos tipos de seguros requieren que usted se decida en comprarlos mientras que otros son elegidos para usted.

En esta sección, voy a hablar de los siguientes tipos de seguros y beneficios:

- Seguros de salud
- Seguro de auto
- Seguro des vida
- Seguro de propietario de casa e inquilinos
- Seguro de responsabilidad y seguro de cobertura
- Seguro de negocio
- Seguro por incapacidad y seguro de compensación al trabajador
- Seguro de desempleo
- Seguro de cuenta de banco
- Seguro de cuidado a largo plazo
- Seguro Social

- Otros beneficios que funcionan como un seguro: pensiones, beneficios de unión, beneficios militares, el bienestar y los cupones de alimentos

SEGURO DE SALUD

La siguiente información sobre el **seguro de salud** proviene del mercado de salud del gobierno de los Estados Unidos, donde se puede encontrar un seguro de salud si usted no tiene cobertura a través de un trabajo, Medicare, Medicaid, el Programa de Seguro Médico para Niños (CHIP), su cónyuge o plan de los padres, los militares, u otra fuente.[12] Usted puede solicitar en línea, por teléfono o con una aplicación de papel. Cuando aplica, ellos le dejan saber si reúne los requisitos para:

- Un plan de seguro médico con ahorros basado en su ingreso: la mayoría de las personas que solicitan califican para créditos tributarios de primas que reducen el costo de la cobertura. Algunos también son elegibles para los ahorros en los deducibles, copagos y otros costos. Todos los planes cubren los beneficios esenciales de salud, las condiciones preexistentes, y el cuidado preventivo.
- Medicaid y CHIP proporcionan a los individuos y familias con ingresos limitados, discapacidad, y algunas otras circunstancias de cobertura gratuita o de bajo costo. Algunos estados están expandiendo Medicaid para cubrir todos los hogares que están debajo de ciertos niveles de ingresos - compruebe que su estado es uno de ellos".

Se solicita para un seguro a través del mercado durante ciertas épocas del año, llamados períodos de inscripción abierta, a menos que tenga una circunstancia elegible "como un embarazo, nacimiento, muerte, divorcio o pérdida del empleo. Puede solicitar Medicaid y CHIP cualquier época del año. No hay período de inscripción limitado a estos programas basados en los ingresos. Si reúne los requisitos, la cobertura puede comenzar de inmediato.

La mayoría de la gente debe tener la cobertura de salud calificante o si no pagar una multa. Si usted no tiene cobertura en el año 2016, tendrá que pagar una multa de 2.5% de su ingreso hasta el precio de prima anual promedio de un plan bronce o $695 por adulto

($347.50 por niño) hasta $2,085 - cual sea mayor. A partir de la redacción de este libro en 2016, puede llamar para obtener más información sobre el seguro médico las 24 horas del día, 7 días ala semana al 1-800-318-2596.

SEGURO DE AUTO

Si usted tiene un vehículo, es probable que usted ya sabe mucho sobre el seguro de automóviles. He aquí alguna información adicional desde el sitio web del gobierno de Estados Unidos, *USA.gov*. Dos factores determinan lo que usted paga por su seguro: suscripción y clasificación. Las compañías de seguros "suscriben" (un término de lujo que significa básicamente "averiguar cuánto cobrar por") el riesgo asociado a un solicitante, agrupar a el solicitante con otros riesgos similares, y decidir si la empresa va a aceptar la solicitud. La calificación y el coste resultante se basan en el número de reclamaciones del grupo o grupos a los cuales usted pertenece. Si usted es parte de un grupo que hace estadísticamente altas demandas, su seguro va a costar más. ¿De cuáles grupos podría ser parte usted?

- *Su registro de conducir* - los conductores con violaciones o accidentes anteriores son considerados como de un riesgo más alto
- *Su área geográfica* - las áreas urbanas tienen más reclamaciones que las zonas rurales
- *Su sexo y edad* - los hombres tienen más accidentes; ciertos grupos de edad tienen más reclamaciones
- *Su estado civil* - las personas casadas muestran menores tasas de reclamaciones
- *Cobertura de seguro anterior* - si su seguro ha sido cancelado por falta de pago de primas
- *Uso de vehículo* - Un kilometraje anual más alto resulta en más exposición al riesgo
- *Marca y modelo de su vehículo* - Vehículos lujosos y deportivos en promedio tienen un mayor número de reclamaciones[13]

Si usted pertenece a una o más de estas categorías, tendrá que pagar más que una persona que no pertenece. Puede minimizar los costes por el cambio de algunas cualidades personales, tales como casarse, mover o conducir menos.

Sin embargo, si usted es un hombre conduciendo un BMW nuevo que vive en Chicago y ya ha tenido un par de accidentes, sus tarifas serán más altas que una mujer casada con un historial de manejo limpio en un pueblo rural de Nebraska que conduce un viejo Kia. Para reducir al mínimo las tasas, compare y pida descuentos por tener varios vehículos, cursos de educación para choferes, buen estudiante, dispositivos de seguridad, dispositivos antirrobo, bajo kilometraje, buen conductor / renovación, paquete de auto / casa, y los dividendos. Usted necesita cobertura "colisión", pero se puede ahorrar dinero en un coche antiguo dejando caer el tipo de cobertura llamada amplia cobertura, que paga por daños a su automóvil por causas como el fuego, el mal tiempo, el vandalismo, inundaciones y robo. Esta cobertura también cubrirá los vidrios rotos y daños en el parabrisas. La cobertura amplia es menos costosa que la colisión y también es opcional. Se coje mucho tiempo llamando o buscando en el Internet para las tasas comparativas, pero usted encontrará que puede ahorrar dinero al hacerlo.

SEGURO DE VIDA

Si desea que sus seres queridos tengan dinero cuando se muera o si desea proporcionar beneficios de muerte para ellos y posibles beneficios en efectivo para usted cuando llegue a la jubilación, es posible que desee comprar un **seguro de vida**. Hay dos tipos principales: a plazo y permanente.[14] Anualidades tienen componentes de seguros de vida e inversiones, por lo que se trata en el Capítulo 2.

Temporal o "Term" Seguro de Vida

Una póliza de seguro de vida a término paga si el asegurado muere durante el "término" de la póliza. El seguro temporal es perfecto para una familia joven que depende de los ingresos de uno de los padres y sufriría para cubrir gastos básicos si uno de ellos muere. La póliza de seguro de vida a término es protección asequible que vale la pena el costo de las primas cuando se necesita para proporcionar dinero para su familia para vivir si usted muere antes de tiempo. Como una planificadora financiera, recomiendo seguro de vida para la mayoría de las familias con niños y algunas parejas.

De vida a término no cuesta mucho, sino que protege a sus seres queridos si se produce una muerte prematura.

Seguro de Vida Permanente

Seguro de vida permanente, el tipo de póliza que ofrece características de inversión, combina la cobertura de beneficios de muerte de una póliza a largo plazo con un componente de inversión que puede construir valor en efectivo con el tiempo. A diferencia de seguro de vida a término, todas las pólizas permanentes permanecen en su lugar, siempre y cuando se pague la prima. También cuentan con un componente de valor en efectivo que aumenta con el tiempo y permite al propietario obtener financiación a cambio del valor en efectivo de la póliza.

Hay cuatro tipos de seguro de vida

- *Seguro de vida entera* - Ofrece una prima fija por la duración de la póliza, el crecimiento del valor efectivo anual es garantizado y el beneficio por muerte es garantizado.
- *Seguro de vida universal* - Permite que el tomador del seguro determine la cantidad y el calendario de pagos de las primas (dentro de ciertos límites) y que ajuste los niveles de cobertura a medida que cambian sus necesidades.
- *Seguro de vida variable* -. Permite la asignación de los fondos de inversión a través de acciones, bonos, o cuentas del mercado monetario con diferentes niveles de riesgo y potencial de crecimiento; el uso de la renta variable aumenta el riesgo de este tipo de seguro de inversiones.
- *Seguro de vida universal variable* - Combinación de variable y de seguro de vida universal que ofrece una mayor flexibilidad en la elección de inversiones: el uso de la renta variable aumenta el riesgo de este tipo de seguro. Las anualidades son una especie de seguro de vida universal variable, y también son discutidos en el Capítulo 2 en la sección de inversiones[15]

¿Cuánto cuesta el seguro de vida?

Una serie de factores puede afectar las primas de seguros:
- La edad que compró su póliza. Mientras mayor su edad, más caro son las primas.

- Su estado general de salud. Las compañías de seguros suelen pedirle su historial médico, solicitan acceso a los registros médicos, e incluso obtienen muestras de sangre y orina para su análisis.
- Problemas de salud pre-existentes y/o crónicas, como la diabetes, enfermedades del corazón, cáncer, u otras enfermedades pueden impedirle recibir el seguro de vida o lo coloca en un grupo de alto riesgo a un costo mayor.
- Malos hábitos de salud, tales como el fumar y beber en exceso. Tenga en cuenta que las compañías de seguros pueden mirar hacia atrás y considerar estos comportamientos en los últimos cinco años.
- Practicar pasatiempos peligrosos como el paracaidismo, el esquí o la escalada en roca.
- Su registro de conducción, en términos de accidentes, citaciones DWI/DUI, reclamaciones y tickets. Cuanto mejor sea su historial de manejo, recibirá mejores tarifas por su seguro de vida.
- Su área geográfica. Las compañías de seguros de vida tienen acceso a los datos regionales que documentan las tasas de mortalidad y esperanza de vida, y utilizan esos datos para calcular las tarifas que ofrecen.

Manteniéndose a salvo cuando compra seguro de vida

Como una planificadora financiera y una consumidora, recomiendo y compro seguro de vida a término plazo (o "temporal ") opuesto a los diferentes tipos de seguro de vida permanente discutidos anteriormente. Yo personalmente siento como si las tarifas y cargos relacionados con el seguro de vida permanente (entera, variable, o universal) o anualidades son mayores que los ingresos y beneficios potenciales que usted puede conseguir. Sin embargo, muchos otros expertos financieros creen que estos tipos de productos de seguros son estupendos. Si usted piensa que el seguro de vida permanente podría es adecuado para usted, haga su investigación y asegúrese de elegir un agente de seguros de confianza. Compruebe la calificación de crédito de la compañía de seguros. A través de recursos tales como Standard & Poor, AM Best Co., o Moody's Investors Services, se puede ver si la empresa de anualidades que está considerando tiene una calificación de crédito sólida. Una "A +++" o calificación "AAA" es señal de una fuerte estabilidad financiera. Para obtener más información, consulte la Asociación Nacional de Comisionados de Seguros (NAIC) Fuente de Información al Consumidor (CIS).[16] La NAIC proporciona una base de datos para que los consumidores investiguen datos de información financiera y reclamaciones de las compañías de seguros. La información en la CIS es suministrada voluntariamente por los departamentos estatales de seguros. No todos los estados proporcionan los datos, ni todas las empresas aparecen en el directorio; sin embargo, es un buen lugar donde empezar.

SEGURO DE PROPIETARIOS E INQUILINOS

Un seguro importante si usted es dueño de casa es **el seguro de propietarios**. Usted está obligado a tenerlo durante la vida de su hipoteca, y quiere asegurarse de que continúe pagando por él, incluso cuando usted es dueño de su vivienda. El seguro de propietario es una compra importante porque protege a uno de sus cosas más valiosas - su propiedad - salvaguardando al mismo tiempo su responsabilidad legal personal por lesiones a otros mientras están en su propiedad. Además, la mayoría de los prestamistas requieren que usted tenga un seguro, siempre y cuando usted tiene una hipoteca y enumerarlos como el acreedor en la poliza. Si deja que haya lapso de seguro, es probable que su prestamista hipotecario asegure su casa. La prima puede ser mucho mayor (y la cobertura mucho menos) que una póliza que compre por su cuenta. El prestamista requiere que pague esta prima más alta hasta que usted obtenga su seguro propio de propietarios.

Una póliza de seguros por lo general cubre:

- Su casa y otros edificios en su propiedad
- Su propiedad personal en su casa o en su propiedad
- Su responsabilidad personal (cuánto tiene que pagar por los problemas que ocurren)
- Pagos médicos por personas accidentadas en su propiedad
- Gastos adicionales si es necesario alquilar un lugar para vivir mientras que su casa está siendo reparada[17]

Si su casa está asegurada en base al costo de reemplazo, entonces las reclamaciones se pagan en base al costo de reemplazar su pérdida, y no su valor de mercado. El costo de reemplazo para un hogar suele ser mayor que el valor de mercado. Si su póliza se basa en el precio de reemplazo, debe reemplazar su propiedad para ser reembolsado; hay límites en la cantidad que pueda ser reembolsado por su casa.

Una póliza de vivienda típica normalmente no cubre:

- Inundación
- Terremoto, deslizamiento o deslizamiento de lodo
- Desbordamiento de alcantarillas
- Robo de identidad
- Mordidas de perro
- Piscinas o trampolines
- Operar un negocio desde su casa

Si usted tiene una preocupación particular, puede comprar cobertura para gestionar ese riesgo llamada "una cláusula adicional". Por ejemplo, puede comprar un seguro contra inundaciones respaldado por el Programa Nacional de Seguro contra inundaciones.

Habitantes de apartamentos y otros inquilinos pueden comprar **seguro para inquilinos** para proteger sus posesiones mientras alquilan. Muchos complejos de apartamentos requieren este seguro; por suerte, es bastante barato.

SEGURO DE COBERTURA Y RESPONSABILIDAD

Si usted tiene bienes sustanciales y alto valor neto, es posible que desee considerar el seguro de **responsabilidad o de cobertura (paraguas).** Cuando es asegurado por responsabilidad, esto le protege del riesgo de que usted podría ser demandado y legalmente responsable de algo tales como lesiones, negligencia o mala práctica. Pólizas de responsabilidad civil cubre los costos legales y cualquier pago legal para los cuales el asegurado será responsable si se encuentra legalmente responsable. Por ejemplo, una enfermera empleada por un centro autorizado, asegurado, técnicamente no necesita su propio seguro de responsabilidad más de lo que actualmente tiene con su seguro propietario, pero si usted es un individuo con un alto valor neto, quiere asegúrese de proteger sus bienes de una persona que lo está demandando. Es poco probable que se encuentre en esa situación, pero podría tener un accidente de coche, tener un trabajador herido al hacer una reparación en su casa, o tener un visitante que quede herido en su casa y que dio lugar a una demanda en su contra. Las coberturas de responsabilidad que ya tiene le protegen. Si usted tiene muchos bienes, es posible que desee considerar una póliza de seguro de cobertura (paraguas) para que tenga una protección adicional por encima de las cantidades en una póliza de seguro estándar. La póliza de cobertura ofrece una protección adicional en el caso de que una demanda exceda el nivel básico de la cobertura en la póliza estándar. Una póliza personal de cobertura extiende la cobertura básica que se ofrece en diferentes tipos de cobertura de responsabilidad civil, incluyendo el hogar, auto, barco y las póliza de inquilinos. Este tipo de póliza proporciona una amplia cobertura, lo que significa que algunas afirmaciones que no estarían cubiertos por una póliza estándar pueden estar cubiertos por la póliza de protección. Un tipo de póliza sólo se activa una vez que se supera la cantidad de cobertura regular. En general, las pólizas estándar de asegurados deben contener niveles mínimos de cobertura de responsabilidad que se especifica por la compañía de seguros con el fin de añadir una póliza de paraguas y la mayor cobertura de responsabilidad que va con ella.

SEGURO DE NEGOCIO

Si usted tiene un negocio en el lado, va a quiere comprar seguro de negocio para cubrir los riesgos que su negocio podría enfrentar. Aun si su negocio es pequeño y en el hogar, usted debería considerarlo. El costo y la cantidad de cobertura varían entre las compañías aseguradoras. Los siguientes tipos de seguros de negocios están diseñados para proteger su empresa de riesgo y de tener que pagar de su bolsillo por un error o un problema causado por su negocio.

- *Seguro de responsabilidad general* cubre problemas legales debido a accidentes, lesiones, y las reclamaciones de negligencia incluyendo lesiones corporales, daños a la propiedad, gastos médicos, la difamación, la calumnia, el costo de la defensa de demandas, y de liquidación de bonos o juicios necesarios durante el proceso de apelación.

- *Seguro de responsabilidad del producto* protege de la pérdida financiera como resultado de un producto defectuoso que causa lesiones o daños corporales.

- *Seguro de responsabilidad profesional* o *Seguro de Errores y Omisiones* protege contra las malas prácticas, los errores y la negligencia cuando se proporciona servicios a sus clientes.

- *Seguros de Propiedad Comercial* abarca todo lo relacionado con la pérdida y el daño de la propiedad de una compañía debido a una amplia variedad de eventos tales como fuego, humo, el viento y las tormentas de granizo, desobediencia civil, y el vandalismo.[18]

COMPENSACIÓN DEL TRABAJADOR Y SEGURO DE INCAPACIDAD

Otra forma clave de seguro le protege si se lastima y no puede trabajar. Si se lastima en el trabajo, usted está protegido automáticamente por **el seguro de compensación al trabajador,** que está pagada por la empresa para la que trabaja y se mantiene en su lugar por nuestro gobierno. Los trabajadores federales están cubiertos por un programa administrado por el Departamento de Trabajo de Estados Unidos.[19] La mayoría de los otros trabajadores están cubiertos por las agencias de compensación de trabajadores dirigidos por el estado en el que viven. En Carolina del Sur, donde yo vivo, la Comisión de Compensación de los Trabajadores SC dirige el programa de compensación al trabajador. El programa en Carolina del Sur, al igual que en otros estados, está en su lugar para proteger a los trabajadores, fomentar la seguridad en el trabajo, reducir la dependencia de las organizaciones benéficas, unificar los procedimientos legales relacionados con las lesiones en el lugar de trabajo, y prevenir futuros accidentes.[20]

Compensación del trabajador sólo le cubre cuando no puede trabajar porque usted ha sido herido en el trabajo. Sin embargo, si se lastima cuando no está en el trabajo o si se enferma y no puede trabajar, puede protegerse de la pérdida a través de **los seguros de invalidez.** Las consecuencias de la incapacidad son el riesgo de pérdida de ingresos y gastos adicionales para el cuidado de la persona con discapacidad. Hay tres opciones principales disponibles para mitigar este riesgo:

1. Proporcionado por el empleado Plan de Pago por Enfermedad y Impedimento de grupo a corto plazo y a largo plazo si se ofrece. Esta opción es la mejor, pero no todo el mundo trabaja para una empresa que ofrece este beneficio.
2. La conversión de bienes a bienes que generan ingresos suficientes. Esta opción significa esencialmente que ha llegado a un punto en el que podría retirarse si ya no trabaja o no puede trabajar durante varios meses o años. Usted puede ser capaz de hacer esto si usted tiene bienes que se pueden convertir en efectivo para vivir. Después de 62 años de edad (o unos años más tarde si se demora para obtener un pago más alto), también tiene pagos de jubilación del Seguro Social que le llegan cada mes.
3. Seguro de ingresos por incapacidad personal se puede comprar para reemplazar o complementar la cobertura de grupo dentro de las limitaciones de suscripción de la compañía de seguros. El Seguro Social también puede proporcionar pagos por discapacidad a largo plazo, pero estos beneficios pueden ser difíciles de obtener.

SEGURO DE DESEMPLEO

Otra protección automática en su trabajo si usted pierde el trabajo es **el seguro de desempleo**. Al igual que la compensación del trabajador, el empleado no paga directamente por este beneficio. El Departamento de Trabajo de Estados Unidos en conjunto con los estados administra este programa, que proporciona beneficios de desempleo a los trabajadores elegibles que pierden su empleo no por su culpa y que cumplen otros ciertos requisitos de elegibilidad.[21] Es necesario solicitar para los beneficios a través de su oficina estatal de desempleo, y por lo general tiene que mostrar evidencia de que usted está en busca de un nuevo trabajo para así continuar recibiendo beneficios. Los beneficios de desempleo generalmente no están disponibles para los empleados que son despedidos por causa. Si usted siente que fue despedido injustamente, contacte la oficina de desempleo y proporcione documentación para respaldar su reclamo para que pueda reclamar beneficios de desempleo mientras busca un nuevo trabajo. Estos pagos son sólo una fracción de su sueldo regular, pero el dinero le ayudará mientras busca otro trabajo.

Algunos trabajadores de cuello azul, especialmente los de la construcción, van a experimentar períodos de despido. Tan pronto cuando se recibe la carta de despido, vaya en línea o vaya en persona a la oficina estatal de desempleo para iniciar el proceso para conseguir beneficios. No es necesario estar un largo período de tiempo sin trabajo para recoger, y es posible de iniciar y detener beneficios si encuentra trabajo a corto plazo una semana, pero luego no tiene trabajo al siguiente.

CUENTA BANCARIA DE SEGURO

Si mantiene dinero en un banco o cooperativa de crédito, usted quiere estar al tanto de los límites del Depósito Federal Insurance Corporation (FDIC) o **seguro de cuenta** bancaria. Este beneficio asegura hasta $250,000 por cada dueño de cuenta contra el fraude, por defecto, o la quiebra del banco. Tenga en cuenta que las acciones y cuentas del mercado monetario no están aseguradas por la FDIC; están aseguradas por la Securities Investor Protection Corporation (SIPC) hasta $ 500,000 con requisitos específicos. El seguro de SIPC protege sus inversiones de fraude o quiebra de la firma de inversiones que lleva a cabo las inversiones, no la propia empresa en la cual usted ha invertido; no asegura contra las pérdidas que tuvieran que sufragar debido a errores en sus decisiones de inversión. Por ejemplo, si utiliza Etrade para comprar acciones de Nike y Etrade se va a la quiebra, el seguro de SIPC le ayudaría; si Nike se va a la quiebra, usted perdería todo el dinero que ha invertido.

SEGURO DE CUIDADO A LARGO PLAZO

Un tipo de seguro que se está volviendo más popular es **el seguro de cuidado a largo plazo** (LTCI). Este seguro paga para el hogar de ancianos o para el cuidado de salud en el hogar en caso de que no pueda cuidar de sí mismo a medida que envejece. Medicare paga por la atención médica cuando tiene 65 años o más, pero no paga para que usted tenga ayuda pagada para ser sus actividades de la vida diaria o para vivir en un hogar de ancianos. Apéndice 3 enumera los sitios web seguros para aprender más sobre LTCI y tiene enlaces para las empresas que venden LTCI.

Usted quiere elegir una compañía de seguros grande que ha existido durante mucho tiempo y tiene una alta calificación de AM[22]Best.

Una buena calificación le da la mejor oportunidad de que la empresa seguirá en negocios, y es capaz de hacer valer su promesa de que pague por su cuidado a largo plazo.

No todo el mundo necesita LTCI. Las personas con menor valor neto y pocos bienes e incluso algunos consumidores de clase media podrían tener dificultades para pagar las altas primas que este seguro requiere. Además, las primas LTCI pueden subir sustancialmente entre los períodos de renovación. Asegúrese de hacer su investigación antes de comprar. Apéndice 3 ofrece buenos sitios de referencia para comparar empresas LTCI, sus costos y los beneficios.

SEGURO SOCIAL

Los pagos y los beneficios que obtiene del **Seguro Social** pueden formar una parte importante de su sistema de protección financiera a medida que envejece. A menos que usted es un trabajador federal o trabajador de otro grupo especial, como un empleado asalariado, es probable que haya pagado al Seguro Social toda su vida laboral.

La Administración de Seguridad Social (SSA) está en línea, y los trabajadores pueden configurar cuentas en línea para tener acceso a información útil. Con una cuenta en línea, se puede ver sus beneficios proyectados, comprobar su historial de ganancias e investigar estrategias de reclamación. Configure una cuenta *mySSA* en www.ssa.gov. Es rápido y fácil. Se introduce información personal acerca de si mismo, incluyendo respuestas a preguntas que sólo es probable usted saber. A continuación, se crea un nombre de usuario y contraseña. Tenga en mente que si ha establecido la congelación de crédito,[23] tendrá que eliminarlos para crear esta cuenta. Las tres agencias de crédito (Experian, TransUnion y Equifax) requieren acciones separadas de congelación, por lo que tendrá que quitar y sustituir a cada uno de los tres. Es posible que tenga que pagar un cargo de congelación de crédito como residente de algunos estados a menos que su estado, universidad, autoridad de habilitación de seguridad, o lugar de compras primaria (es decir, Target o Home Depot más recientemente) ha permitido que pueda ser capaz de renunciar al cargo debido a que su información de identificación personal (PII) ha sido hackeado. ¡Si usted es como yo, y vive en Carolina del Sur, asistió a la universidad de Carolina del Sur, trabajó en el Departamento de Savannah River de Energía de Estados Unidos, y compra en Target y Home Depot, son cinco "hemos sido hackeado" justo ahí! Pero sólo se necesita uno.

Compruebe sus Beneficios y Ganancias

Utilice su cuenta *mySSA* para:

- Realizar un seguimiento de sus ganancias y verificarlas todos los años
- Obtener una estimación de sus futuros beneficios
- Obtener una carta de prueba de beneficios si los está recibiendo
- Manejar sus beneficios:
    o Cambiar su dirección
    o Inicio o cambiar su depósito directo
    o Obtener una tarjeta de reemplazo de Medicare
    o Obtener un reemplazo SSA-1099 o SSA-1042S

Su cuenta en línea le permitirá comprobar si tiene 35 años de ganancias. ¿Por qué es importante este número? Sus beneficios de jubilación de Seguro Social se calculan usando un historial de 35 años de sus ganancias. Es importante tener en cuenta que no son sus *últimos* 35 años, pero sus 35 años de *mayores ingresos*. Si ha pagado impuestos de Seguro Social por menos de 35 años de ganancias, la SSA le agrega ceros a los años que faltan y calcula un promedio de 35 años. Usted debe comprobar sus estados de cuenta y hacer lo mejor que pueda para asegurarse de que todos sus años de trabajo aparezcan en la lista. Pocos de nosotros tenemos registros de la cantidad que ganabamos hace 30 y tantos años, pero es posible que observe un error evidente como años que falten en un período cuando se sabe que estuvo empleado. Es posible que desee trabajar un poco más para así tener 35 años completos y evitar años de "cero-ganancias".

Una vez que esté en línea, usted puede ver los estimados de sus futuros ingresos mensuales de jubilación en base a tres edades diferentes cuándo es posible que comience sus beneficios: a los 62 años de edad, en su plena edad de jubilación (66 años para los jubilados actuales), y a los 70 años de edad. Usted puede ver cómo su beneficio mensual de Seguro Social incrementa si se demora para recibir sus beneficios iniciales. Si se encuentra en la posición financiera para hacerlo, es posible que decida esperar para ver cómo sus beneficios pueden aumentar.

Una cuenta de la SSA en línea le puede ahorrar tiempo y darle respuestas inmediatas a las preguntas. Sin embargo, una cuenta en línea no puede prevenir cada viaje a la oficina de la SSA. Aún hay que ir a una oficina de la SSA en persona para solicitar el programa de Seguridad de Ingreso Suplementario (SSI), que paga beneficios a los discapacitados y los que tienen ingresos y recursos limitados. También tendrá que ir si nota un error en sus ingresos o tiene un cambio de nombre.

OTROS BENEFICIOS QUE FUNCIONAN COMO *SEGURO*

Otros beneficios a los cuales usted podría tener derecho son-pensiones, beneficios de la unión, los beneficios militares, el bienestar, la asistencia de factura de calefacción, sellos de alimentos, etc. - técnicamente no califican como "seguro", pero funcionan como tal en mi modo de pensar, ya que le protegen financieramente y minimizan el riesgo. Algunos de estos beneficios son administrados por el estado en que vive, por lo que su primera parada para investigar puede ser con la agencia estatal que se ocupa de la salud humana y el bienestar y otros servicios sociales o el consejo local sobre el envejecimiento si se encuentra en ese grupo demográfico. También puede consultar con el bibliotecario de referencia en la biblioteca pública o la biblioteca de la universidad. Es difícil pedir ayuda, pero si hay redes de seguridad preparadas cuando usted se cae. En los 80 años de vida que el estadounidense promedio recibe, fortunas suben y bajan. No hay vergüenza en pedir ayuda cuando sus circunstancias han cambiado hacia lo peor.

IMPUESTOS

Declaraciones de impuestos y toda la información que va junto con la realización de los impuestos puede parecer abrumador. Usted tiene que recoger una gran cantidad de información en un solo lugar para usted y los miembros de su familia, y todo el tiempo está preocupado de que podría haber una infeliz sorpresa financiera al final. ¿Va a deber dinero? ¿Se le habrá olvidado de la renta o dividendos que ganó? ¿Le dijo a su empleado que conservará dinero suficiente para pagar sus impuestos? ¡Siempre es posible cometer un error! Por ejemplo, el año en que nuestra hija se trasladó a la ciudad de Nueva York, ella no marcó la casilla de retener el impuesto especial de residente de la ciudad, y terminó pagando $1,700 en impuestos que no había planeado en ese año. A veces un inesperado gran año de ingresos puede causar aumento de impuestos, especialmente si usted trabajó como consultor o hizo pequeños trabajos al lado. Un impuesto adicional llamado el impuesto mínimo alternativo (AMT) ahora afecta a los contribuyentes de ingresos medios, quitando las deducciones detalladas y aumentando las facturas de impuestos de manera inesperada.

Además de pagar los impuestos que debe, es posible que desee pagarle a alguien para hacer sus declaraciones de impuestos. Los costos de preparación de impuestos en las empresas de servicios de impuestos nacionales (como H & R Block) oscilan entre $150 y $200 por declaración, dependiendo de sus circunstancias. Si se le hace tarde, tendrá que pagarle a esas empresas alrededor de $100 para acelerar su declaración o alrededor de $50 para archivar una extensión. Definitivamente vale la pena asegurarse de que comprenda la lista de tarifas del preparador. Evite preparadores que cobran en base a un porcentaje de su reembolso de impuestos. El uso de un preparador pagado puede ayudar a maximizar las deducciones y créditos que le corresponden, pero el costo puede ser alto, dependiendo de quién utiliza. A continuación me refiero a la posibilidad de preparar sus propios impuestos como una manera de ahorrar dinero.

Sus opciones para preparar su declaración de impuestos son:

- Utilizar un servicio de declaración de impuestos federales en línea gratis si reúne los requisitos (prep estatal gratuita y la presentación es más difícil de encontrar)
- Ir a un sitio que proporciona Asistencia Voluntaria al Contribuyente (VITA) o Asesoría Fiscal de la Tercera Edad (TCE) para ayuda de impuestos gratuita (véase el Apéndice 3)
- Haciéndolo usted mismo en papel
- Mediante un software de preparación de impuestos (planea gastar alrededor de $60 cada año para el software)

- Pagando un servicio en línea que le ayuda o hace sus impuestos para usted y los archiva
- Pagar un preparador de impuestos en persona para que los prepare para usted

Asegurarse de que utiliza los sitios web de confianza y de buena reputación para hacer sus impuestos o para aprender acerca de las reglas fiscales. Tengo que hablar de nuevo sobre el "sitio seguro": asegúrese de que está en un sitio web seguro antes de creer lo que lee o de escribir información personal. Puede contar con sitios web con la extensión (.gov), cómo www.irs.gov. Es fácil escribir la dirección equivocada. El sitio web del IRS.com (en comparación con el IRS.gov) no está afiliado con el gobierno en lo absoluto, a pesar del título engañoso "IRS Tax Center" en la barra del navegador y la lengüeta. El gran titular en la página principal también sugiere una asociación oficial: "Centro de Impuestos de Estados Unidos - Información de Impuestos Que Puede Confiar." El IRS dice que "el sitio web oficial para el Servicio de Impuestos Internos es IRS.gov, y todas las Direcciones de las páginas web IRS.gov empiezan con http://www.irs.gov." La mayoría de los sitios web de hoy en día están tan bien diseñados que es fácil encontrarse en el lugar equivocado en el Internet.

Si usted cumple con ciertas condiciones o límites de ingresos, podría tener su declaración de impuestos preparada de forma gratuita y archivada de forma gratuita (véase el Apéndice 3 bajo impuestos). Ahora que estamos en la era electrónica, la mayoría de las personas archivan una declaración electrónica en lugar de una declaración en papel, y eso cuesta una cuota de archivo para declaraciones estatales y federales. En costos de archivo solamente, si usted tiene que hacer una declaración federal y una estatal para usted y sus dos hijos, podría costar más de $60 solo para archivar electrónicamente, más el costo de tener la declaración de impuestos preparada. Si la cantidad que hace (su ingreso bruto ajustado) está por debajo de ciertas cantidades, puede acceder a software de impuestos gratis como FreeTaxUSA o las versiones gratuitas de software de preparación de impuestos como TurboTax, H & R Block, y TaxAct. Estos programas incluyen generalmente archivo electrónico gratuito de la declaración Federal. Además, dependiendo de la edad y los ingresos (para los impuestos del 2016,

KATHRYN HAUER

el límite de ingresos es generalmente $54,000), es posible que pueda utilizar VITA, TCE o la preparación de impuestos de AARP, que por lo general se ofrece en la biblioteca o un centro comunitario en su ciudad.

Y ¿que de preparar la declaración de impuestos usted mismo? Con las muchas opciones de software gratuitas y de bajo costo disponibles para guiarlo a través del proceso, haciendo sus propios impuestos es una gran idea para muchas personas. Por supuesto, muchos contribuyentes están nerviosos acerca de preparar sus impuestos mal y evitan hacerlo por completo. Pero no hay razón para tener miedo. No es el fin del mundo si se comete un error, siempre y cuando se trata de un error cometido de buena fe, en lugar de fraude intencionado. El IRS sólo le deja saber lo que hizo mal y cuánto debe o cuánto va a recibir. Un error honesto pequeño no genera una auditoría. Si usted nunca ha hecho sus propios impuestos antes, ahora es un buen momento para aprender. Le ayudará a entender lo que se paga en impuestos y por qué. Aunque lo inicie por su cuenta y luego termine pagando a alguien para hacerlo, el ejercicio de aprender a hacer sus impuestos le hace ser un mejor consumidor cuando se trata de negociar los costos cuando se trabaja con un profesional de impuestos. Si usted es capaz de prepararlos por su cuenta, podrá ahorrar dinero y ganar confianza financiera real.

Si usted decide hacer sus propios impuestos y necesita comprar el software de preparación de impuestos, usted tiene varios productos para elegir, así que asegúrese de investigar cuál es el mejor para usted. La mayoría de las versiones pagadas de software de impuestos de preparación están llenas de información y educación que le guiará paso a paso en el proceso. Cuando se utiliza el software de impuestos de preparación, se le hará preguntas que le ayudará a pagar la cantidad correcta de impuestos y asegurarse de que no se cometa un error. También puede buscar en línea para obtener información sobre los tipos de deducciones y beneficios a los que usted es elegible para su situación particular. Asegúrese de mantener toda la documentación y los formularios que pueda necesitar al hacer sus propios impuestos. Si usted no tiene una impresora en casa, guarde los archivos PDF electrónicos de sus formularios de impuestos y hojas de trabajo en una unidad flash para que pueda imprimir todos los formularios en algún lugar. También asegúrese de guardar el CD o el enlace de software de preparación de impuestos que utilizó. Yo siempre compro mi software de impuestos en un CD, al cual guardo en vez en de descargar, por si tengo que mirar hacia atrás en los impuestos de un año antes y necesito un año en particular de la aplicación de software. ¿Por qué? Si su computadora se bloquea y se obtiene una nueva computadora, podría perder la solicitud de preparación de impuestos descargado para ese año fiscal y sus archivos de impuestos. Mantenga todos sus registros impresos y la unidad flash en un lugar seguro y accesible, ya que podría necesitarlo cuando prepara los impuestos para los próximos años, si desea solicitar un préstamo, o por otras razones.

Si usted puede llegar a sentirse cómodo preparando sus propios impuestos, eso le puede ahorrar dinero en honorarios y se va a sentir más en control de su dinero. Pero si necesita ayuda, siempre puede recurrir a un profesional cualificado.

¿Debe usted conseguir un reembolso de impuestos?

Muchos expertos financieros aconsejan a los contribuyentes evitar una gran devolución de impuestos. Ellos hacen un punto válido que es tonto dejar que el gobierno utilice su dinero a lo largo del año de forma gratuita. Dicen que usted debe tener acceso a ese dinero durante todo el año, no sólo cuando reciba su reembolso de impuestos en la primavera. Ellos aconsejan a los consumidores que tengan menos dinero retenido de sus cheques de pago para los impuestos, que a su vez significa más dinero cada mes para ahorrar y utilizar. Dicen que las devoluciones de impuestos no son regalos: quiere decir que le pagó en exceso al gobierno todo el año y que está prestando dinero al gobierno, sin intereses. En su lugar, dicen muchos expertos, se debe pagar simplemente suficientes impuestos durante todo el año para evitar un reembolso debido a que podría haber utilizado ese dinero para ahorrar, invertir o pagar una deuda. Pero, en realidad, para muchos estadounidenses, la devolución de impuestos es una parte esencial de su vida financiera y hay muchas razones para seguir recibiendo un reembolso.

Y todos esos expertos financieros tienen la razón, técnicamente (al igual que todos los otros expertos en crianza de los hijos, la salud, la dieta, y las innumerables otras áreas en las que se supone que debemos estar haciendo bien, pero no siempre podemos gestionar). Si usted es el tipo de persona que puede mantener una bolsa entera de tazas de mantequilla de maní de Reese en la gaveta de aperitivos sin terminar todos en una sentada delante del *Juego de Tronos*, sus consejos pueden ser perfecto para usted. Si usted es esa clase de persona disciplinada con una gran cantidad de autocontrol, eso es estupendo.

¿Pero si usted es como el resto de nosotros y no tiene absolutamente tanta fuerza de voluntad? La tentación y el riesgo tienen mucho que ver con los pros y los contras de conseguir un reembolso de impuestos. La mayoría de los estadounidenses no crean y siguen un presupuesto - sólo estamos improvisando. Si usted no tiene un plan de cómo va a utilizar el dinero extra en su cheque de pago (como resultado del ajuste de retenciones para evitar obtener un reembolso de impuestos anual), es probable que lo gaste en compras, saliendo a cenar o en las muchas otras cosas en las cuales alegremente gastamos nuestro dinero. La teoría que no debe "dejar que el gobierno sostenga su dinero" parece menos válida en nuestro mundo de bajas tasas de interés del 2016. Para la mayoría de nosotros, si tenemos $2,000 adicionales a nuestra disposición durante un período de 12 meses, somos más propensos a malgastar ese dinero comprando cosas en Starbucks o Cabela que a ahorrar o invertir para una ganancia. Una suma fija de $2,000 una vez al año nos llama la atención mucho más fuerte.

Para muchos de nosotros sin un plan - o la capacidad firme de seguir con un plan - puede ser inteligente dejar que el gobierno sostenga nuestro dinero durante el año y recibir una suma global de reembolso al final. Las devoluciones de impuestos pueden ayudar a los contribuyentes de maneras clave, incluyendo:

1. **Ahorro para una compra grande**
    A lo largo de los años, nuestra familia ha utilizado nuestros reembolsos de impuestos para los viajes, reparaciones del hogar, pagos iniciales para vehículos, matrícula de la universidad de verano, un ciclomotor, gastos médicos, y muchas otras cosas. Tener esa suma global todos los años fue un regalo del cielo, especialmente cuando éramos

jóvenes y el dinero era escaso. Como madre joven de 20-algo yo no estaba suficientemente organizada para planificar nuestras finanzas. Recibir un reembolso sirvió como un mecanismo de ahorro forzoso que nos ayudó con grandes gastos en la primavera.

2. **Rápidamente empezando un fondo de emergencia**
   Los expertos financieros están de acuerdo en que todo el mundo debe tener algo de dinero en un fondo de emergencia. La mayoría recomienda ahorrar de tres a seis meses del valor de los gastos en una cuenta accesible y líquida para pagar por eventos inesperados. Si usted está viviendo de cheque a cheque de pago, es difícil poner algún dinero adicional en un fondo de este tipo. Afortunadamente, una suma global de reembolso puede financiar esa cuenta.

3. **Evitar sanciones**
   Si usted retiene muy pocos impuestos en un año, usted podría tener que pagar una multa por pago insuficiente.[24] La mayoría de los contribuyentes evitan esta sanción si se paga al menos el 90% del impuesto debido para el año actual o el 100% del impuesto que se indica en la declaración para el año anterior, el que sea menor, o si su factura fiscal total después de la retención es menor de $1,000. Pero, ¿cuántos de nosotros comprobamos si estamos pagando los impuestos debido en el medio del año? Esto no es práctico para muchas personas.

Otros métodos inteligentes
Por supuesto, como los expertos señalan, hay muy buenas maneras de utilizar el dinero extra cuando se ajusta sus retenciones si usted sabe que puede ser disciplinado al respecto.

En nuestro entorno de bajas tasas de interés, dinero en ahorros líquidos como cuentas de ahorro, cuentas del mercado monetario o CD no hacen mucho para usted. Si se invierte el dinero extra en el mercado de valores en su lugar, se pueden ver mucho mejores rendimientos. Sin embargo, seamos sinceros, es poco probable que una cantidad relativamente pequeña de su presupuesto mensual va directamente a su cuenta Betterment o su factura de tarjeta de crédito.

También es posible usar los fondos adicionales para pagar su deuda de alto interés, como la deuda de tarjetas de crédito. Este es un gran paso ya que la deuda de tarjeta de crédito es cara pero sólo si en realidad se utiliza ese dinero para pagar dinero extra a su tarjeta de crédito. Si no es así, va a terminar sin nada que mostrar por su dinero adicional y sin reembolso de contar. Si usted tiene una deuda de tarjeta de crédito y realmente puede comprometerse a usar el dinero extra de su cheque de pago para pagarla abajo, va a estar adelante. Si salta un mes aquí y allí ... y aquí ... su plan se desmorona.

¿La última palabra? Si está lo suficientemente organizado como para seguir el plan sin-reembolso-de-impuestos - usando el dinero para pagar la deuda o invertir - más poder para usted. Si no es así, no se preocupe demasiado acerca de cambiar su retención. Pero, si se trata de un inicio rápido a su fondo de emergencia o hacer una compra grande, tome decisiones inteligentes acerca de cómo va a utilizar su reembolso.

TESTAMENTOS Y HERENCIAS

Muchos de nosotros sentimos como si fuéramos a tener tan poco cuando morimos que no hay necesidad de preocuparse por un testamento. Nuestra casa modesta, mini camioneta de 10 años de edad, barco pequeño, la deuda de tarjetas de crédito, el agotado 401(k) y la pequeña cuenta bancaria sin duda no constituyen un patrimonio, pensamos, y es obvio que todo eso va a ir a nuestro cónyuge y luego a los hijos posteriores. En teoría, eso es cierto, y al final la corte de pruebas de su estado de origen será finalmente el que distribuye sus bienes a personas relacionadas con usted. Sin embargo, es mejor tener el control de dónde están sus bienes y a donde irán cuando se muera: minimizará dolores de cabeza a su familia y problemas si se toma el tiempo para declarar formalmente lo que le debería ocurrir a sus bienes después de la muerte.

Los siguientes tres documentos deben estar en la caja de seguridad de todos los adultos:

- Última voluntad y testamento
- Poder para Atención Médica (también llamado un poder para cuidados de la salud o Health Care Proxy)
- Testamento vital

El testamento es un documento legal que indica adónde sus bienes financieros y físicos deben ir cuando usted muera. La mayoría de la gente usa un abogado para crear este documento, pero se puede utilizar plantillas en línea o incluso a veces escribir a mano una voluntad usted mismo. Además de dispensar sus cosas, también le permite "hacer legados de caridad; y se puede nominar a alguien en quien se tiene confianza para ser un guardián de sus hijos menores."[25]Quiere usted ser el que toma estas decisiones y no dejarlo en manos de burócratas al azar en el departamento de legalización de su estado que decida quién va a criar a sus hijos y obtener sus bienes. Tenga en cuenta que un testamento por lo general no reemplaza las designaciones de beneficiarios de seguros de vida o planes 401(k), por lo que debe mantenerlos al día, además de tener un testamento.

Como explicado por la Oficina de Carolina del Sur sobre el Envejecimiento, en el Poder para Atención Médica (también llamado un poder para cuidados de la salud) "usted nombra a un agente que le informe al médico qué tipo de tratamiento debe o no debe ser proporcionado. También se debe discutir con la gente que intenciona nombrar como su agente y agentes alternativos para asegurarse de que están dispuestos a servir y conocer sus deseos. El agente nombrado en en el Poder para Atención Médica puede tomar las decisiones sobre su atención médica. [A diferencia de], un testamento en vida sólo le dice al médico qué hacer si usted está permanentemente inconsciente o si tiene una enfermedad terminal y cerca de la muerte. Un Poder para Atención Médica no se limita a estas situaciones.[26] "Un testamento en vida (o de la Directiva Médica) documenta lo que desea que suceda si usted está incapacitado y la muerte es inminente o si se encuentra en un estado vegetativo persistente. Cada estado tiene su propia forma específica para descargar y completa. Las preguntas sobre estos formularios son inquietantes, y puedo entender por qué la gente retrasa la finalización de estos formularios. Sin embargo, si alguna vez esta en este tipo de situación, su familia se alegraría que usted se sobrepuso a sus miedos y los formularios fueron llenado. En Carolina del Sur, los formularios están disponibles en la Oficina del Vice Gobernador de SC de Envejecimiento (véase el Apéndice 3 para el sitio web); su estado tendrá un sitio similar para acceder a los formularios.

Recasamiento y Asuntos de Retiro

Puede parecer inimaginable cuando su cónyuge muere primero, pero es posible que en algún momento quiera volver a casarse. Tenga en cuenta que el nuevo matrimonio podría tener repercusiones económicas negativas con respecto a los beneficios de Seguro Social y los planes de pensiones. Por ejemplo, los pagos mensuales del Seguro Social podrían reducirse si se vuelve a casar antes de cumplir los 60 años de edad porque se pierde el privilegio de reclamar basado en el registro de su cónyuge fallecido. Si se vuelve a casar después de 60 años de edad, puede colectar ya sea en el registro de su cónyuge fallecido, el registro de su nuevo cónyuge después de cumplir con los requisitos de tiempo, o su propio registro. Parece un límite arbitrario de edad para el Seguro Social, pero debe estar al tanto en caso de que fuera a casarse con una persona que tiene ingresos de por vida más bajo que el cónyuge fallecido. Cuando él o ella alcanzan la edad de jubilación y el cónyuge aún vive, una persona tiene derecho a tomar ya sea su cantidad total de Seguro Social o la mitad de la cantidad mensual de su cónyuge, el que sea mayor. Como viuda o viudo, una persona puede obtener su cantidad total o la cantidad total del cónyuge fallecido, el que sea mayor. (Nota: las cantidades de pago aumentan cuando una persona retrasa el Seguro Social; yo discuto estas reglas más en el capítulo 5).

¿Puede usted ser responsables de la deuda de sus padres?

La mayoría de los padres esperan poder dejar dinero para sus hijos después de su muerte. ¿Que ocurre, sin embargo, si un padre muere en deuda? Son sus hijos adultos responsables de pagar sus deudas? La respuesta a esta pregunta es "Por lo general, no." Cuando una persona muere, su "patrimonio" (que es el dinero y los bienes que dejan atrás) es responsable por sus deudas. ¿Qué pasaría si el resto de la deuda es mayor que los bienes que dejó? En el caso de la "deuda garantizada" donde hay garantía como una casa, un coche o barco, el banco poseería el objeto y amortiza la pérdida si queda alguna. Deuda no garantizada, como préstamos personales, préstamos estudiantiles, o saldos de tarjetas de crédito se iría sin pagar después que se reduzcan a cero los bienes. Es cierto que en el pago de deudas el dinero que iba a ir a herederos se agota, pero los herederos no son responsables de pagar esa deuda fuera de sus propios bolsillos una vez que el patrimonio de la persona fallecida se ha ido. Si ha co-firmado un préstamo, se enumera como un propietario en una transacción de bienes raíces, es un co-acreedor en una tarjeta de crédito, o en alguna otra manera se ha hecho a sí mismo como responsable de la deuda, entonces la deuda saldría de su bolsillo.

Es interesante observar que más de la mitad de los estados de Estados Unidos tienen leyes de "responsabilidad filial", que son generalmente viejas leyes en los libros de la infancia de nuestro país que dicen que los hijos adultos son responsables de cuidar o financieramente ayudar a los padres que no pueden pagar por su cuidado. Estas leyes no suelen ser forzadas, aunque un caso en Pennsylvania dio lugar a un hijo que fue forzado a pagar por el cuidado de ancianos de su madre cuando ella se fue del país. Otros casos han sido reportados en donde los padres han demandado con éxito a sus hijos adultos para apoyo. Además, algunos estados con altos gastos de cuidado a largo plazo de Medicaid están buscando en estas leyes una posible manera de aliviar la carga. Sin embargo, en el 2016 es poco probable que usted tenga que pagar por el cuidado o la deuda de sus padres durante su vida o después de que hayan fallecido.

Capítulo 2 – Información Financiera Avanzada

Una vez que tenga los conocimientos básicos, y está ahorrando dinero, tendrá que averiguar dónde poner ese dinero para que pueda funcionar para usted. Es una gran sensación cuando se pone $1,000 en una cuenta en Enero y termina con $1,200 en Diciembre, solo por tener el dinero sentado allí. Hablé de interés compuesto en el capítulo 1. El interés es el dinero que un banco le paga por el privilegio de usar su dinero. En el 2016, las tasas de interés son bajas, por lo que el dinero en un sitio de bajo o ningún riesgo como un banco no gana mucho. Con el fin de obtener mayores rendimientos en su dinero, usted quiere aprender acerca de los diferentes tipos de inversiones que se pueden comprar, evaluar el riesgo que llevan, y determinar qué tipos de inversiones son las mejores para usted.

En este capítulo, voy a hablar de diferentes tipos de inversiones, el riesgo que pueden estar presentes en cada uno, y cómo determinar el nivel de tolerancia al riesgo que pueda tener con respecto a la inversión. También voy a ver cómo usted puede gestionar sus propias inversiones y lugares a donde puede ir para buscar ayuda.

Productos de Inversión

¿En qué se puede invertir? Tantas oportunidades están ahí, pero la siguiente lista representa los tipos de inversiones más comunes en los cuales inversores invierten.

- *Acciones* - poseer un pedazo de la empresa en la cual invierte. Si a la empresa le va bien, va a ganar dinero; si le va mal o cierra sus puertas, usted pierde su dinero.

- *Bonos* - prestar dinero a una empresa como lo haría un banco. Usted recibe intereses pagados por este préstamo a través del tiempo, pero la compañía va a tomar una cantidad de tiempo negociada para reembolsar el préstamo.

- *Certificados de depósito (CDs)* - Invertir en una cuenta de bajo riesgo y bajo rendimiento por un período de tiempo especificado y a una tasa conocida de retorno.

- *Los fondos de inversión* - Poner su dinero en común con el dinero de otros inversores para comprar directamente los fondos compuestos de acciones, bonos y otros inversiones.

- *ETF* - Poner su dinero en común con el de otros inversores para comprar directamente grupos de acciones.

- *Anualidades* - Le paga a una empresa para mantener su dinero y luego esa empresa le hace pagos regulares a través del tiempo.

- *REIT* - Poner su dinero en común con el de otros inversores para invertir en gran escala en bienes raíces que generan ingreso de renta.

- *Bienes raíces* - Poseer tierra o edificios que se espera que suban en valor.

- *Propiedad del negocio* - Poseer una compañía que se espera que suba en valor.

- *Inversiones de retiro* - Utilizar los tipos de inversiones descrito arriba para obtener un flujo de fondos regular cuando esté mayor de edad y deje de trabajar.

Acciones

Una acción es una parte de una empresa que se vende al público. Las empresas venden acciones para recaudar dinero para financiar las operaciones del negocio. Los precios de las acciones cambian, a veces por minuto. El mercado de valores es donde se compran y venden acciones de diferentes empresas.

Las personas compran acciones por varias razones, incluyendo la revalorización del capital (que se produce cuando una acción sube de precio) y dividendos (que son los pagos realizados a los accionistas cuando la compañía distribuye algunas de sus ganancias a accionistas). Como inversión, las acciones han producido los más altos rendimientos a largo plazo por encima de las últimas décadas. Inversores dispuestos a seguir con acciones durante largos períodos de tiempo, digamos 15 años o más, por lo general son recompensados con altos rendimientos positivos. Las acciones también han tenido las mayores oscilaciones en el rendimiento y están sujetas a un riesgo mucho mayor a corto plazo de la pérdida de dinero. Por supuesto, sólo porque algo sucedió en el pasado, no significa que vuelva a suceder.[27] Simplemente no hay garantía de que una persona haga dinero poseyendo acciones.

Hay alrededor de 8,000 empresas cuyas acciones se pueden comprar en dos principales bolsas de valores La Bolsa de Nueva York (NYSE) y la Bolsa de NASDAQ. Las acciones pueden clasificarse de muchas maneras. Una forma importante es mediante la comparación de la capitalización de mercado (que es básicamente el tamaño de la empresa), que incluye gran capitalización, mediana capitalización, y las empresas de pequeña capitalización. Las acciones de las empresas muy pequeñas a veces se denominan "stocks" microcap. Las acciones de muy menor precio se conocen como "la acción de centavo." Estas empresas pueden tener poco o nada en ganancias. La acción de centavo no paga dividendos y son altamente especulativos. Las acciones también se agrupan por cuánto y cuán rápido es probable que crezca la empresa.[28]

- *Las acciones de Crecimiento* tienen ganancias que crecen a un ritmo más rápido que el promedio del mercado. Ellos rara vez pagan dividendos y los inversores los compran con la esperanza de revalorización del capital. Una nueva compañía de tecnología es probable que sea una acción de crecimiento.
- *Acciones de Ingresos* pagan dividendos consistentes. Los inversores los compran por los ingresos que generan. Una empresa de servicio público establecida es probable que sea una acción de ingresos.
- *Las acciones de valor* tienen una baja relación precio-ganancias (PE), que significa que son más barata para

comprar que las acciones con un alto PE. Las acciones de valor pueden ser las acciones de crecimiento o de ingreso, y su baja relación de PE puede reflejar el hecho de que han caído en desgracia con los inversores por alguna razón. La gente compra las acciones de valor con la esperanza de que el mercado ha reaccionado de manera exagerada y que el precio de la acción rebote.

- *Las acciones líderes* o Blue Chip son acciones de empresas grandes y bien conocidas con una historia sólida de crecimiento. Por lo general, pagan dividendos.
- *Acciones de centavo* son las acciones de muy bajo precio de empresas con poco o nada de ganancias. No pagan dividendos. Estas acciones son de alto riesgo y deben ser evitadas. También son a menudo "falta de liquidez" (difícil de vender) porque la mayoría de los administradores de dinero profesionales no están autorizados a comerciar con ellos.[29]

Algunas compañías pagan "dividendos" a sus accionistas. Un dividendo es pagado en efectivo a sus accionistas regularmente por una empresa de sus beneficios o reservas. Cuando usted posee acciones de una empresa que paga dividendos, recibirá un pago en efectivo cada vez que se distribuyan dividendos, lo que para la mayoría de las empresas es trimestral. La compañía establece una tasa por acción de cuánto van a pagar. Por ejemplo, en el 2016, el Banco PNC paga un dividendo anual de $2.04 o (51 centavos por trimestre) por cada acción que posea. Esto significa que si usted era dueño de 100 acciones de la PNC, se le pagará $51.00 ese trimestre (51 centavos por 100 acciones). Podría seguir recibiendo ese pago en efectivo cada trimestre durante el tiempo que usted sea dueño de las acciones y el tiempo que la PNC eligió continuar pagando dicho dividendo. Hay muchos sitios web que listan cuáles acciones de compañías pagan dividendos, cuanto es el dividendo, y con qué frecuencia se paga el dividendo. Véase el Apéndice 3 para obtener una lista.

Bonos

Un bono es un título de deuda que es una promesa de pagar al final de un período determinado. Bonos se emiten para recaudar dinero de los inversores dispuestos a prestar dinero por una cierta cantidad de tiempo. Cuando usted compra un bono, usted le presta al "emisor", que puede ser un gobierno, municipio o corporación. A cambio, el emisor se compromete a pagar una tasa de interés especificada durante la vida del bono y de devolver el capital, también conocido como valor nominal o el valor nominal del bono, cuando "madura" o se vence después de un período de tiempo.[30] La gente compra bonos por muchas razones, incluyendo su flujo predecible de ingresos, el desplazamiento que proporcionan las acciones, y el retorno del capital al final del período de la inversión prescrita (llamada la "madurez") del bono.

Los tres tipos principales de bonos son bonos corporativos, bonos municipales y bonos del estado.[31] Los bonos corporativos son títulos de deuda emitidos por las instituciones públicas y privadas. Usted puede comprar bonos de grado de inversión con puntuaciones de crédito más altos que los relacionados con los bonos corporativos de alto rendimiento. Bonos de alto rendimiento tienen una calificación de crédito más baja que los bonos de grado de inversión y, por lo tanto, ofrecer mayores tasas de retorno para el aumento del riesgo. Bonos municipales, llamados "Muni", son títulos de deuda emitidos por estados, ciudades, condados y otras entidades gubernamentales. Los tipos de bonos municipales incluyen bonos de obligación general, bonos de ingresos, y los bonos de conducto. Cada uno tiene diferentes niveles de riesgo. El beneficio de un bono muni es que los propietarios no suelen tener que pagar impuesto Federal (y por lo general estatal) sobre los intereses que ganan. Los tesoros de los EE.UU. son emitidos por el Departamento del Tesoro de Estados Unidos en nombre del gobierno federal. Tipos de deuda del tesoro de los Estados Unidos incluyen Letras del Tesoro, pagarés y bonos de diferentes fechas de finalización o "vencimiento". El "bono de ahorro", que es muy popular actualmente, cae en esta categoría.[32] Títulos del Tesoro de los Estados Unidos son de bajo riesgo y por lo tanto son también de relativamente bajo retorno a comparación con otros tipos de bonos.

Certificados de depósito

Un certificado de depósito (CD) es una cuenta que tiene una cantidad fija de dinero por un período fijo de tiempo, tal como seis meses, un año, o cinco años, y, a cambio, el banco emisor paga intereses. Cuando va a redimir su CD, recibirá el dinero que invirtió inicialmente más los intereses. Los certificados de depósito son considerados como una de las opciones más seguras de ahorro. Sin embargo, es importante tener en cuenta que mientras más segura es la inversión, menor es el retorno.[33] También están sujetos a una multa de 10% si usted va a redimir su CD antes de la fecha de vencimiento especificada.

Fondos Mutuos

Una empresa de fondos mutuos pone el dinero de muchos inversores en común con el dinero de otros inversores e invierte el dinero en valores tales como acciones, bonos y deudas a corto plazo. La participación en conjunto de los fondos mutuos se conoce como su cartera. Los inversores compran acciones en fondos mutuos. Cada acción representa parte de la propiedad de un inversionista en el fondo y los ingresos que genera.[34] Los fondos de inversión son muy populares entre los inversores de los Estados Unidos especialmente para las inversiones de jubilación tales como el 401(k) y el IRA. Son útiles para los inversores inexpertos, ya que ofrecen:

- *Administración Profesional:* Los administradores de fondos hacen la investigación por usted. Ellos seleccionan los valores y monitorear el desempeño.
- *La diversificación* o "No poner todos los huevos en una canasta." Los fondos mutuos invierten típicamente en una gama de empresas e industrias. Esto ayuda a reducir el riesgo si una empresa falla.
- *El costo accesible (asequibilidad).* La mayoría de los fondos mutuos establecen una cantidad relativamente baja de dólares para la inversión inicial y las compras posteriores.
- *Liquidez.* Inversores de fondos mutuos pueden redimir fácilmente sus acciones en cualquier momento por el valor actual neto de los activos (NAV) más los honorarios de cancelación.[35]

La mayoría de los fondos mutuos caen en una de las cuatro categorías principales - fondos del mercado monetario, fondos de bonos, fondos de acciones y fondos con fecha objetivo. Cada tipo tiene diferentes características, riesgos y recompensas. Los fondos del mercado monetario son un tipo de fondo de inversión con menor riesgo y por lo tanto menor rendimiento. Pueden invertir sólo en inversiones a corto plazo de alta calidad, emitidos por las corporaciones de los Estados Unidos, y los gobiernos federales, estatales y locales. Fondos mutuos de bonos y acciones son los que invierten en bonos y acciones, respectivamente. Fondos mutuos de fecha límite o "ciclo de vida" asignan las inversiones basado su fecha de jubilación prevista.

Intercambio de fundos en bolsa (ETFs)

ETFs son un tipo de producto de inversión negociados en bolsa que ofrece a los inversores una manera de juntar su dinero en un fondo que invierte en acciones, bonos u otros activos y, a cambio, recibe un interés en ese fondo de inversiones. A diferencia de los fondos mutuos, sin embargo, las acciones de la ETF se negocian en una bolsa de valores nacional.[36] ETF no son lo mismo que los fondos mutuos. En general, los ETF combinan características de un fondo mutuo, que se pueden comprar o redimir al final de cada día de negociación a su valor teórico de la acción, con la característica de transacciones de la jornada de un fondo cerrado, cuyas acciones intercambian durante el día a precios de mercado.[37] Para poner la diferencia entre los fondos mutuos y ETFs en perspectiva, imagínese un día como el Lunes Negro, 19 de de Octubre del 1987, cuando el mercado de valores cayó un 22.6%. Si había sido propietario de los ETF (que en realidad no se vendieron en 1987), podría haber vendido sus acciones de la ETF en cualquier momento durante el día por su valor en el momento, que era más alto según el mercado estaba cayendo de lo que era cuando terminó ese día 22% más bajo. Si hubiera poseído un fondo mutuo y vendido durante el día, la agencia de corredores de bolsa habría tomado su orden cuando usted dijo venda, pero el precio de venta se habría calculado al final del día basado en el valor del activo neto, que en un bajo de 22%, habría sido muy baja. La capacidad de vender el ETF de inmediato por su precio justo, en lugar de obtener el valor final-del-dia como se hace para el fondo mutuo le podría haber ahorrado dinero en caso de una rara caída del mercado.

Los fondos mutuos siguen siendo la manera más común de inversión de muchos planes de jubilación, pero los ETF han ido ganando en popularidad en los últimos años. ¿Que es una mejor opción para su cartera de inversiones? Si usted es un inversor de largo plazo, que compra y mantiene las acciones y tiene poco interés en el comercio, usted probablemente está bien con inversiones de fondos sin carga en manos de un administrador de fondos de buena reputación ya que la capacidad de negociar a menudo y de forma rápida no es una característica que es importante para usted. Si usted prefiere comprar y vender con mayor frecuencia, los ETF ofrecen una mayor posibilidad de negociar, menos costos, diversificación y transparencia y, por tanto, pueden funcionar mejor para sus objetivos.

Anualidades

La gente puede comprar anualidades para ayudar a manejar sus ingresos durante la jubilación. Anualidades proporcionan tres cosas:

- *Los pagos periódicos durante un período de tiempo específico.* Pagos pueden ser para el resto de su vida o la vida de su cónyuge u otra persona.
- *Los beneficios por muerte.* Si usted muere antes de empezar a recibir pagos, la persona que designe como su beneficiario recibe un pago específico.
- *Crecimiento con impuestos diferidos.* Usted no paga impuestos sobre los ingresos y las ganancias de la inversión de su anualidad hasta que retire el dinero.

Hay tres tipos básicos de anualidades: fijo, variable e indexado[38] Así es cómo funcionan:

- *Anualidad fija*: La compañía de seguros le promete una tasa mínima de interés y una cantidad fija de pagos periódicos. Las anualidades fijas están reguladas por los comisionados estatales de seguros. Por favor, consulte con su comisión estatal de seguros acerca de los riesgos y beneficios de las anualidades fijas y para confirmar que su corredor de seguros se ha registrado para vender seguros en su estado.
- *Anualidad variable*. La compañía de seguros le permite dirigir sus pagos de la anualidad a diferentes opciones de inversión. Su pago variará dependiendo de la cantidad que

usted invierta, la tasa de retorno de sus inversiones, y sus gastos. La Comisión de Valores de los Estados Unidos (SEC) regula las anualidades variables. Una anualidad variable es un producto de inversión con características de seguro. Se le permite seleccionar de un menú de opciones de inversión, por lo general los fondos mutuos, dentro de la anualidad variable y, en una fecha posterior - como la jubilación - le permite recibir un flujo de pagos a través del tiempo. El valor de su anualidad variable dependerá de cómo realizan sus opciones de inversión. Una anualidad es un contrato entre usted y una compañía de seguros que requiere la aseguradora para hacer pagos a usted, ya sea inmediatamente o en el futuro. Usted compra una anualidad al hacer un único pago o una serie de pagos. Del mismo modo, su pago puede venir ya sea como una suma global o como una serie de pagos a través del tiempo.

- *Anualidad indexada.* Esta anualidad combina características de los valores y productos de seguros. La compañía de seguros le da crédito con una rentabilidad que se basa en un índice bursátil, tales como el índice Standard & Poor's 500. Anualidades indexadas están reguladas por los comisionados estatales de seguros.[3940]

Algunas personas ven a las anualidades como una manera de "asegurar" su jubilación y recibir pagos periódicos una vez que ya no reciben un salario. Hay dos fases en anualidades, la fase de acumulación y la fase de pago. Durante la fase de acumulación, usted hace pagos que pueden ser divididos entre varias opciones de inversión. Además, las anualidades variables a menudo le permiten poner algo de su dinero en una cuenta que paga una tasa de interés fija. Durante la fase de pago, usted obtiene de nuevo sus pagos, junto con cualquier rendimiento y ganancias. Usted puede tomar el pago en un pago único o como un flujo regular de pagos, por lo general mensual.

Todas las inversiones llevan un nivel de riesgo. Asegúrese de considerar la fortaleza financiera de la compañía de seguros que emite la anualidad. Usted quiere estar seguro de que la compañía todavía estará alrededor, y financieramente sólida, durante su fase de pago. Las anualidades variables tienen una serie de características que usted necesita entender antes de invertir en ellas. Comprenda que las anualidades variables están diseñadas como una inversión para objetivos a largo plazo, como la jubilación. No son adecuadas para los objetivos a corto plazo, ya que por lo general tendrá que pagar impuestos y cargas sustanciales u otras sanciones si retira su dinero antes de tiempo. Las anualidades variables también implican riesgos de inversión, al igual que lo hacen los fondos mutuos.[41]

Todas las inversiones vienen con honorarios - son productos vendidos por las empresas que necesitan hacer un lucro en sus ventas. Las anualidades son un tipo de inversión con un número de honorarios que usted podría no tener en cuenta. Ellos incluyen:

- *Cargo de rescate.* Este honorario es una penalización por hacer un retiro anticipado por encima de la cantidad de retiro gratuita, por lo general es un porcentaje de la cantidad retirada.
- *El cargo de mortalidad y riesgo de gastos.* Este cargo es equivalente a un determinado porcentaje del valor de su cuenta, por lo general es alrededor de 1.25% por año. Este cargo paga al emisor por el riesgo de seguro que adquiere en virtud del contrato de anualidad. El lucro de este cargo a veces se utiliza para pagar una comisión a la persona que le vendió la anualidad.
- *Gastos administrativos.* El emisor puede cobrar por el mantenimiento de registros y otros gastos administrativos. Esto puede ser una tarifa anual fija o un porcentaje del valor de su cuenta.
- *Gastos del fondo subyacente.* Además de los honorarios cobrados por el emisor, tendrá que pagar los honorarios y gastos por inversiones subyacentes de fondos mutuos.
- *Honorarios y cargos para otras características.* Los honorarios adicionales se aplican normalmente para funciones especiales, tales como los beneficios de ingresos mínimos garantizados o seguro de cuidado a largo plazo. Cargos iniciales de ventas, honorarios por la transferencia de parte de su cuenta de una opción de inversión a otra, y otros cargos también pueden aplicar.

- *Penalizaciones.* Si usted retira dinero de una anualidad antes de cumplir 59 años y medio de edad, es posible que tenga que pagar una multa de impuesto del 10% al IRS en adición a cualquier impuesto que debe en sus ingresos.

Fondos de inversión inmobiliaria ("REIT")

Fondos de inversión inmobiliaria ("REIT") le dan la oportunidad de invertir en bienes raíces de gran escala que producen ingresos. Un REIT es una empresa que posee y opera típicamente de bienes raíces como edificios de oficinas, centros comerciales, residencias de la universidad, apartamentos, hoteles, centros turísticos, instalaciones de auto-almacenamiento, almacenes, y las hipotecas o préstamos. A diferencia de otras compañías de bienes raíces, un REIT no desarrolla propiedades inmobiliarias para re-venderlas. En cambio, un REIT adquiere y desarrolla propiedades principalmente para su funcionamiento como parte de su propia cartera de inversiones. REIT proporciona una manera para que los inversores individuales puedan ganar una parte de los ingresos generados a través de la propiedad de bienes raíces comerciales sin tener que salir a comprar bienes raíces comerciales. REIT ofrecen una manera de incluir las propiedades inmobiliarias en su cartera de inversiones.[42] Estos fondos le dejan poseer pequeñas piezas de muchas propiedades de gran valor. Sin embargo, existen algunos riesgos, especialmente con los REIT que no son negociados en bolsa. Estos pueden ser difícil de vender cuando se les quiere vender. Los REIT son susceptibles a las subidas de tasas de interés porque el valor de los REIT generalmente aumenta cuando suben las tasas de interés.

Inmobiliaria

Ser propietario de una casa o terreno es una inversión financiera que a menudo resulta en un gran beneficio económico. Es un día emocionante cuando finalmente paga la hipoteca de su vivienda principal. Poseer el lugar libre y claro le da una garantía de que al menos tiene aseguramiento cómodo de que tiene un lugar para vivir, no importa lo duro que se pongan las cosas. Una casa de vacaciones puede ser otro gran vehículo de inversión si usted es capaz de pagar por una sin dejar de invertir para su jubilación. Una desventaja con respecto a las inversiones de bienes raíces es su falta de "liquidez". En otras palabras, una inversión que no es "líquida" es una que no se puede vender de forma rápida y fácil por la misma cantidad que se compro. Usted puede ir al banco y recoger el dinero que mantiene allí en efectivo, y puede vender rápidamente un certificado de depósito - estas inversiones son muy líquidas. También puede vender una acción fácil y rápidamente, lo que hace que sea líquida, pero si la acción ha disminuido en valor y usted necesita el dinero, va a tener que venderla cuando hay una pérdida si se vende a un precio más bajo que la compró. Los bienes raíces no se consideran líquidos. Usted puede o no ser capaz de vender una propiedad de inmediato, y el precio que obtiene puede ser mucho más bajo que el valor de mercado o menor de lo que pagó por ella. Pero las inversiones inmobiliarias si proporcionan la diversificación en una cartera de inversión.

Ser propietario o invertir en un negocio

Si usted tiene su propio pequeño negocio o es dueño parcial en el negocio de un amigo, está haciendo una inversión con todos los beneficios y riesgos potenciales que van con ellos. La propiedad del negocio puede ser una inversión lucrativa que le prepara financieramente para la vida o un error devastador que paraliza su plan financiero. Si usted es dueño de un negocio, asegúrese de comprar y mantener las primas para el tipo de seguro que mejor se adapte a ese tipo de empresas. Piense en sus contribuciones a una empresa como una inversión.

Inversiones de retiro

Todos los tipos de inversión anteriormente pueden ayudarle a prepararse para tener suficiente dinero durante la jubilación. También querrá tomar ventaja de los planes ofrecidos que le ahorran en impuestos ahora mismo en sus años de mayores ingresos a medida que pone dinero para la jubilación. Su empresa o unión pueden ofrecer un plan 401(k) de jubilación a la cual usted contribuye (y, a veces la empresa contribuye) dinero con impuestos diferidos. Cuando se retire y comience a tomar el dinero, es cuando se paga impuestos. Si su empresa no ofrece un plan 401(k), usted puede configurar y contribuir a su Cuenta de Retiro Individual (IRA). Independientemente de qué tipo de plan tenga, es probable que invierta en acciones, bonos, fondos mutuos, ETFs, y REIT dentro de ese plan. Capítulo 5, Jubilación, cubre más acerca de cómo prepararse para sus años de retiro.

RIESGO Y SU "TOLERANCIA AL RIESGO"

El pasatiempo de cazar ciervos de mi marido es una buena manera de ilustrar el riesgo de inversión. Él ama la caza e invierte mucho dinero en ese deporte. Él compra armas, munición, maíz, puestos de ciervos, aroma para distanciar, ropa de camuflaje, licencias, y otros artículos para que sea más probable que obtendrá un ciervo. Luego invierte mucho tiempo manejando a tierras de caza y sentado en gradas de ciervos. Al final de la temporada de ciervos, él pudo haber conseguido cinco venados o ningunos. El podía haber hecho todas las cosas correctas y pasar la cantidad adecuada de tiempo para así ver un retorno en el "principal" que invirtió en equipo y armas, pero ya que no tiene ninguna garantía de que va a conseguir ciervos, es posible que tenga poco o ningún retorno en esa inversión. También podría perder incluso más del "principal" que invirtió si fuera a caerse de la gradas de ciervos, ser corneado por un cerdo salvaje, o dejar caer un arma de fuego en el arroyo.

La inversión es similar. Puede hacer la investigación para encontrar buenas acciones, comprar a un precio bajo, mantenerse al día con el mercado, y seguir las noticias relacionadas con sus acciones, pero la economía o problemas con la empresa cuyas acciones usted es el propietario puede hacer que su inversión disminuya o llegue a cero. Incluso, algunas inversiones le pueden costar más que su inversión original. Así que podría hacer un montón de dinero en una acción o fondo cotizado (ETF), pero también es posible que pierda un poco, o todo el dinero que invirtió. Ese es el riesgo que usted necesita tener en cuenta. ¿Cómo es que los profesionales financieros definen los niveles de riesgo? En general, "un inversor agresivo", o uno con una alta tolerancia al riesgo, está dispuesto a arriesgarse a perder dinero para potencialmente conseguir mejores resultados. Un inversor conservador, o uno con una baja tolerancia al riesgo, favorece las inversiones que mantengan su inversión original."[43] "Su nivel de tolerancia al riesgo es algo personal; no existe una cantidad "correcta" de riesgo que una persona debe sentirse obligado a tomar.

En el caso de mi marido como un cazador de ciervos, el placer de la caza hace que valga la pena el costo. Pero la mayoría de nosotros invertiremos menos por placer y más por razones como pagar la educación universitaria o para retirarnos, por lo que las pérdidas pueden herir gravemente. Cuando se elige la inversión, tiene que ser consciente de cuánto se puede perder en esa inversión en particular, y reconocer que está dispuesto a perder mucho, o decidirse en un nivel en el cual va a vender (un "stop loss") para que no pierda más dinero de lo que usted es capaz de bajar de forma segura.

¿Cómo es que afecta a su tolerancia al riesgo a su rendimiento potencial? Cuando usted pone su dinero en el banco, no gana mucho, pero es seguro. Al comprar acciones o bonos, puede ganar más, pero también puede enfrentarse a un mayor riesgo de perder el dinero que ha invertido. Muchos sitios web ofrecen cuestionarios de inversión en línea gratuitos para ayudarle a evaluar su tolerancia al riesgo y algunos le dan un estimado de las asignaciones de activos basado en las respuestas a los cuestionarios. Mientras las asignaciones de activos sugeridas pueden ser un punto de partida útil, hay que tener en cuenta que los resultados pueden estar sesgados hacia los productos o servicios financieros vendidos por las empresas que patrocinan los sitios web.[44] Para tener una idea de su tolerancia al riesgo, vaya en línea y tome una encuesta imparcial, no basada en ventas (ver los enlaces en el Apéndice 2) para ver cuál es el riesgo que usted se siente cómodo tomando. Si tiene el estómago para perder parte o la gran cantidad de su dinero, usted podría elegir las inversiones más arriesgadas que tienen el potencial de hacer mayores ganancias. Si su nivel de tolerancia al riesgo es más bajo, usted querrá elegir las inversiones más seguras con menos rendimiento y menor probabilidad de pérdida. No se preocupe - no hay un nivel "adecuado" de la tolerancia al riesgo; es sólo el nivel que se siente bien para usted. Puede encontrar buenas inversiones en todos los niveles de riesgo.

¿Qué pasa si usted y su cónyuge o pareja tienen muy diferentes tolerancias al riesgo? Es cierto que "las fluctuaciones del mercado pueden ser desconcertante para algunos inversores. El precio de una acción puede ser afectada por factores dentro de la empresa, tal como un producto defectuoso o por los acontecimientos de la empresa al cual usted no tiene control tales como eventos políticos o de mercado. Las acciones son generalmente una parte de los valores en cartera de un inversor. Para los inversores que se sienten incómodos con el riesgo o que "simplemente no quieren perder dinero", las acciones pueden causar una gran cantidad de pérdida de sueño e incluso más peleas familiares.[45] Si ustedes dos como pareja no están de acuerdo en la cantidad de riesgo que se sienta cómodo en tomar, es probablemente mejor mantener sus finanzas e inversiones lo más separado posible. Es bastante difícil ver a un ser querido perder dinero como resultado de una caída del mercado o quiebra corporativa, pero perder su propio dinero es aún más doloroso.

Cómo invertir

Se pueden encontrar miles de libros sobre cómo invertir y muchos asesores financieros que se pueden contratar para dirigir sus inversiones. Usted puede contratar a alguien para gestionar las inversiones por usted o usted mismo lo puede hacer mediante el uso de una casa de inversión "robo-asesor (asesor electrónico)" como Betterment o puede invertir por su cuenta mediante la apertura de una cuenta de corretaje en Etrade, Fidelity o uno de los muchos otros. Para el enfoque de hagalo-usted-mismo, me gusta el sitio web seguro e imparcial del gobierno, http://www.investor.gov para aprender acerca de la inversión en general.

La SEC ofrece "principios de guía" para los inversores.[46]

- *Haga un plan* - Averigue de adónde va a empezar financieramente como se discutió en el Capítulo 1.
- *Ahorrar e invertir para el largo plazo* - Usted no va a hacerse rico de la noche a la mañana, y cualquier inversión que promete ese resultado es un truco, como menciono en el capítulo 3. La mejor protección contra el riesgo es el tiempo. En un día, la bolsa de valores puede ir hacia arriba o hacia abajo. A veces una caída del mercado puede durar meses o más. Con los años, los inversores que adoptan un enfoque de "comprar y mantener" a la inversión tienden a salir por delante de aquellos que tratan de adelantarse al mercado, aunque la gente también ha hecho un montón de dinero en el mercado activo.
- *Investigar antes de invertir* - Prepárese antes de partir con su dinero. Puede llamar al regulador de valores del estado para hacer una investigación de los antecedentes de

cualquier persona o empresa con la cual usted está pensando hacer negocios (véase el Apéndice 7). Averigüe todo lo que pueda acerca de cualquier empresa antes de invertir en ella. Las empresas que emiten acciones tienen que dar información importante para los inversores en un documento llamado un "prospecto" y por ley se supone que la información es veraz. Siempre lea el prospecto.

- *No espere* - El tiempo puede ser uno de los factores más importantes que determine cuánto va a crecer su dinero. Incluso si sólo tiene pequeñas cantidades para invertir, hazlo de todos modos.
- *Haga la matemática* - Use las calculadoras financieras. Varias calculadoras buenas están listadas en el Apéndice 7.

MANTENER SU DINERO SEGURO
En cualquier tipo de compras, es difícil saber si el producto que se le vende es un buen negocio. La compra de las inversiones es un tipo de compras, pero en un campo donde no se puede saber las condiciones o los productos que se ofrecen muy bien. Soy estupenda en la compra de alimentos o ropa; soy menos experta en la compra de herramientas eléctricas o equipo de caza. Cuando se comparan los diferentes tipos de inversiones como una persona común, puede ser difícil saber si está comparando manzanas con manzanas.

Si usted es un inversor por primera vez o ha estado invirtiendo desde hace muchos años, hay algunas preguntas básicas que usted debería siempre preguntar antes de comprometer su duramente ganado dinero para una inversión.

¿El vendedor es autorizado y certificado?
Investigue los antecedentes de cualquier persona que promueve guia de inversiones, incluso antes de aprender acerca de la oportunidad en sí. Usted puede leer acerca de las calificaciones, certificaciones, medidas disciplinarias, los honorarios y la filosofía de inversión de varios profesionales de las finanzas en los sitios web que se describen ampliamente en el Apéndice 7.

Lo primero que usted debe comprobar en cada uno de los tres sitios web que se enumeran a continuación es si su profesional financiero aparece allí. Si alguien se representa como que tiene una designación particular y no aparece en la lista, eso es una bandera roja o señal de alerta. No se puede operar legalmente como un corredor o asesor de inversiones a menos que esté registrado con la SEC o FINRA (en cuál de los dos depende de las circunstancias del negocio, pero la persona y la empresa debe estar registrada con al menos una). Una persona puede ser un planificador financiero sin ningún registro o regulación, pero si utiliza la designación CFP®, la persona debe aparecer en el directorio del CFP. Llame o escriba a la agencia apropiada para averiguar si la información que falta se debe a un fallo administrativo o a la deshonestidad de la persona que está pensando en contratar. Es difícil imaginar que un profesional descaradamente miente acerca de sus calificaciones, pero sucede. Por ejemplo, quería conectar con un profesional CFP® por medio de LinkedIn. Cuando llegué a su perfil, vi que no había enumerado dónde había ido a la universidad, lo cual es inusual en LinkedIn, donde el perfil de una persona por lo general enumera la educación y la formación. Los profesionales CFP deben tener un título universitario. Cuando comprobé en el directorio de la junta CFP, ella no estaba en la lista. Llamé al número de la junta CFP, y resulta que no había obtenido la designación CFP® pero se representaba a sí misma como haberla ganado.

El segundo control es buscar en Google el nombre del profesional financiero. Es poco probable que una persona continuaría practicando incluso bajo las sanciones, acusaciones, o las presuntas actividades delictivas, pero es posible. Una búsqueda también puede revelar comportamientos o acciones técnicamente no relacionados con el servicio financiero, pero cuales le podría hacer sentir incómodo con esa persona como cargos de violencia doméstica o un DUI. También puede descubrir si la persona está activa política o socialmente en causas distintas a las que usted apoya y que por lo tanto podría no ser una buena opción para usted. Una búsqueda en Internet también le ayuda a acudir los artículos, libros o columnas de consejos y respuestas escritas por la persona que le puede dar una idea del tipo de consejo que él o ella ofrece.

A continuación, vamos a pasar a la materia más difícil. Visite los sitios oficiales proporcionados por la organización que regula estos profesionales. Las siguientes secciones describen los pasos para evaluar cada designación de corredores.

Investigando corredores: Detalles de los antecedentes de un corredor y sus cualificaciones están disponibles gratuitamente en el sitio web BrokerCheck de FINRA (http://brokercheck.finra.org/). En este sitio web, puede buscar el nombre de un agente específico, una firma específica, o el código postal para que aparezca una lista de las empresas locales. Una vez allí, seleccione la pestaña "Firma" y ponga su código postal. Una lista de las empresas en su área van aparecer. También puede buscar un asesor o firma. Haga clic en una firma, después mire a la derecha para ver un cuadro de color naranja que dice "Obtener detalles." La página que aparece muestra cuatro iconos que identifican el tipo de firma, divulgaciones regulatorias o disciplinarias, fecha de inicio de la firma, y la ubicación de registro(s). Desplácese hacia abajo a una caja rectangular de color naranja que dice "Descargar Informe completo en PDF." Este informe proporciona detalles más específicos sobre el asesor y/o la firma. Podrá ver las calificaciones del corredor, su historia laboral, y quejas de los clientes. La sección de divulgaciones será la más útil en su evaluación de un corredor. Proporciona una descripción de las acciones que el corredor o empresa han tomado que han resultado en quejas. También muestra cómo se resolvieron estas quejas. Dependiendo del tamaño de la empresa, este informe puede ser largo. Por ejemplo, el informe de Merrill Lynch es un formidable 1,528 páginas, compuestas en su mayoría de las quejas y los casos judiciales contra la empresa. En este sitio, se verá las empresas enumeradas como "Firma de corretaje" y/o "Firma de Asesores de Inversiones." Una empresa puede ser ambos o cualquiera. Una firma de corretaje vende productos de inversiones basados en un estándar de idoneidad en contraste a una firma de asesoría de inversiones que se requiere que sea un "fiduciario" para así poner los intereses del cliente por delante de su propio interés.

Investigando asesores de inversiones/asesores financieros/representantes de asesores de inversiones: La página web de Divulgación Pública de Asesores de Inversiones (http://www.adviserinfo.sec.gov/) proporciona información acerca de las empresas de asesores de inversiones registradas con la SEC y la mayoría de las empresas de asesores de inversiones registradas por el estado. Una vez allí seleccione la pestaña "Firma" y ponga su código postal. Una lista de las empresas en su área van aparecer. También puede buscar un asesor o firma específica. Haga clic en una firma y luego mire las opciones de la ficha en el extremo izquierdo. Usted verá "Parte 2 Folletos". Haga clic en él; abra el folleto. Este folleto proporciona información importante sobre el asesor y la compañía en la cual él o ella trabajan. Punto 5 en ese folleto dirá "Honorarios y Comisiones". Allí puede ver la cantidad de los cargos que el asesor cobra para administrar su dinero y si hay una cantidad mínima de inversión. Muchos asesores sólo aceptan clientes que invierten más de cierta cantidad (como más de $ 100,000 o más). Sin embargo, otros asesores requieren una baja o nula mínima cantidad para invertir. Tenga cuidado y compruebe que los gastos de gestión siguen siendo razonables, incluso con una cantidad baja de inversión. Por ejemplo, nuestra firma cobra 1% independientemente de la cantidad invertida hasta $250,000; por encima de esa cantidad se cobra 0.9%. Otras empresas pueden cobrar, por ejemplo, 2% para gestionar cuentas debajo de $100,000, y reducir la tasa de gestión de cuentas más grandes. Si desea aprender más acerca de la firma, vuelva a la página web principal y en la parte izquierda verá una pestaña para la Forma ADV de la firma - "Vea ADV por la sección." El formulario ADV le dirá todo tipo de información sobre la empresa y sus prácticas de negocio y estructura. Punto 11, por ejemplo, es la sección de Divulgación donde se puede ver si los clientes han presentado quejas o demandas en relación con la firma de financieros.

Investigando planificadores financieros: Los planificadores financieros no están sujetos a los requisitos de registro que afectan y regulan los corredores y asesores de inversión. Cualquiera puede afirmar que es un planificador financiero y cobrar por el asesoramiento. El planificador no necesita tener ninguna formación, educación, grados o certificaciones para llamarse a sí mismo un planificador financiero. Esta falta de regulación se debe probablemente al hecho de que los planificadores financieros en realidad no manejan su dinero; su trabajo consiste en trabajar con usted para lograr la salud financiera general en todos los aspectos de su vida financiera, incluyendo el flujo de fondos, presupuestos, seguros, gestión de riesgos, los impuestos, la planificación de la universidad, la jubilación y administración patrimonial. Por el contrario, un corredor o asesor financiero invierte directamente sus dólares en varios vehículos de inversión como acciones, bonos, títulos del Tesoro, fondos mutuos, etc. Un planificador financiero podría dar malos consejos acerca de su camino financiero en general, pero un asesor financiero o corredor toma decisiones que podrían resultar directamente en la pérdida de dinero.

Aunque los planificadores financieros no tienen requisitos, hay una organización que certifica, prueba, regula y supervisa los planificadores financieros. La designación CFP® es ofrecida por la Junta CFP. Vaya a la página web CFP Board (http://www.cfp.net) para asegurarse de que su asesor financiero es un profesional CFP®. Ponga su código postal para localizar a una persona o busque por nombre. El nombre y perfil de cada persona va aparecer, y usted será capaz de ver si el planificador requiere una cantidad mínima de activos. También puede utilizar este sitio web si desea reportar su planificador por comportamiento poco ético o fraudulento. Otra designación de la planificación financiera es ofrecida por el Colegio Americano. La designación Consultor Financiero Colegiado (ChFC) requiere que el candidato tome un cierto número de clases en línea de planificación financiera. Sin embargo, no se requiere que los CHFCs tengan títulos universitarios o tomen un examen comprensivo de una junta.

Aunque sea posible que usted pueda encontrar un excelente planificador financiero sin educación o certificaciones formales, el mejor consejo probablemente proviene de los planificadores financieros capacitados. La mayoría de los planificadores financieros que se han comprometido a ofrecerles a sus clientes un servicio óptimo, también tomen el tiempo y el costo para educarse formalmente y demostrar sus conocimientos pasando exámenes difíciles.

Toma mucho tiempo hacer toda esta investigación, y al final, aun va a tomar un riesgo en la elección de un asesor. Después de haber completado la investigación, su mejor apuesta es, probablemente, escoger el profesional que más le guste y con quien se sienta más cómodo. Ustedes tendrán que pasar tiempos juntos desarrollando una relación, por lo que después de comprobar las credenciales y la práctica anterior, se va a alegra que usted eligió el mejor ajuste con respecto a la personalidad. Estas herramientas pueden parecer un poco abrumadoras cuando se empieza a usarlas, pero una vez que se mira a un par de reportes de corredores o los Folletos de Parte 2 colocados en el Formulario ADV de asesor de inversiones, usted comenzará a ver las similitudes y ser capaz de tomar decisiones informadas sobre quién puede servir mejor a sus necesidades. Véase el Apéndice 7 para obtener más información.

Diversificación y Asignación de activos

Asignación de activos consiste en dividir sus inversiones entre distintos activos, tales como acciones, bonos, bienes raíces, y efectivo. La decisión de asignación de activos es de carácter personal. La asignación que funciona mejor para usted cambia en diferentes momentos de su vida, dependiendo de cuánto tiempo usted tiene para invertir y su capacidad para tolerar el riesgo. Su horizonte de tiempo (cuando se necesita el dinero) y su tolerancia al riesgo determinan cómo asignar su dinero entre sus inversiones.[47]

La diversificación es una estrategia que puede resumirse como "no poner todos los huevos en una canasta." Una forma de diversificar es asignar sus inversiones entre diferentes clases de activos, incluyendo bienes raíces. Históricamente, las acciones, bonos y dinero en efectivo no se han movido hacia arriba y hacia abajo al mismo tiempo. Los factores que pueden causar una clase de activos que funcionan mal pueden mejorar la rentabilidad para otra clase de activos. La gente invierte en diferentes clases de activos con la esperanza de que si una clase está perdiendo dinero, las otras clases compensen esas pérdidas. Usted también estará mejor diversificado si prolífica sus inversiones dentro de cada clase de activos. Eso significa guardar una serie de diferentes acciones o bonos, e invertir en diferentes sectores de la industria, tales como bienes de consumo, el cuidado de la salud y la tecnología. De esta manera, si un sector está haciendo mal, se puede compensar con otras participaciones en sectores que lo están haciendo bien. A algunos inversores les resulta más fácil diversificar siendo propietarios de fondos mutuos. Un fondo mutuo es una empresa que combina el dinero de muchos inversores e invierte el dinero en acciones, bonos y otros productos financieros. Los fondos mutuos hacen que sea fácil para los inversores tener una pequeña parte de muchas inversiones. Un fondo total de índice de la bolsa, por ejemplo, posee acciones en miles de empresas, proporcionando una gran cantidad de diversificación para una inversión.[48] Sin embargo, usted quiere tener en cuenta que sólo porque usted posee los fondos de inversión no significa que usted está diversificada, especialmente si el fondo se centra en un solo sector de la industria. A medida que agrega más inversiones para su cartera, es probable que pague los honorarios y gastos adicionales, lo que reducirá su rendimiento de las inversiones. Por lo que tendrá que considerar estos costos al momento de decidir la mejor manera de diversificar su cartera.[49]

Descifrando Que Tan Bien Van sus Inversiones

¿Cómo se puede averiguar qué tan bien va una inversión? Una manera simple y fácil de tener una idea de como va es calcular el retorno de la inversión. Usted puede hacer este cálculo con cualquier inversión que tiene. Se toma la cantidad que ha realizado en su inversión (la ganancia) y de ella se resta lo que pagó por la inversión (el costo). Después se divide esa cantidad por el costo total.

ROI (Retorno de la inversión) = (Ganancias - Costo)/Costo

Así que si usted compra 100 acciones de valores de First Energy a $30, el costo es de $30 x 100 o $3,000. Entonces usted vende esas acciones por $35 o $3,500, obteniendo una ganancia de $500. Su retorno de la inversión es sencilla ($3,500 - $3,000) / $ 3,000 o 0.16678, que es un retorno de 16.67%. Sin embargo, para un verdadero retorno de la inversión, es necesario tener en cuenta los costos involucrados en la compra y venta de las acciones. Digamos que usted maneja sus propias inversiones y que le cuesta $9.95 para comprar la acción y $9.95 para venderla. Entonces su retorno de la inversión es un poco menos, es 16.07%, calculado como ($3,480.10 - $3,000) / $3,000. La razón por la que usamos $3,480.10 aquí es porque restamos las comisiones de operación de la ganancia para mostrar lo que realmente se ha realizado en la transacción. Si ha utilizado un agente o asesor, es posible que haya pagado $20 para comprar y vender las acciones y una comisión del 0.9% al corredor. En este caso, los costos totales de comercio son $67 ($20 + $20 + $27). Una comisión del 0.9% sobre $3,000 son $27. Así que de la ganancia, $3,500, se restan los costos para obtener $3,433, o lo que en realidad hizo sobre la inversión. Su retorno de la inversión sería

($3,433 - $3,000)/$3,000 o 14.43%. ¿Qué tal si usted vende las acciones en una pérdida? Si vendió sus 100 acciones en $28, el retorno de la inversión (sin añadir los costos de ventas) sería ($2,800 - $3,000)/$3,000 o una pérdida de 6.67%. Fondos mutuos y otros productos de inversión son más complejos y requieren un cálculo de ROI más complicado, pero las tarifas siguen reduciendo sus rendimientos globales.

¿Qué hay de un fondo mutuo sin carga? Las declaraciones de su banco o compañía de inversión calculará por usted y le mostrará en su declaraciones, pero usted mismo puede practicar. Usted compró acciones de un fondo mutuo en $12,000. Son ahora de un valor de $18,000. Su retorno de la inversión es sencilla ($18,000 - $12,000) / $12,000 o 50%. Sin embargo, incluso un fondo mutuo sin carga tiene gastos. La proporción de gastos, que no es un cálculo simple de hacer, reducirá su retorno. Cuanto mayor sea la proporción de gastos, más su rendimiento se ve afectado. En un cálculo simple como lo estamos haciendo, no podemos explicar con precisión los porcentajes de gastos; Sin embargo, puede comparar los porcentajes de gastos entre los fondos. Una buena manera de analizar los fondos de inversión es utilizar la herramienta de análisis de FINRA[50] que se muestra en el Apéndice 7.

En los dos ejemplos anteriores, parece que el fondo de inversión hace más dinero que las acciones. Sin embargo, otros factores influyen en la evaluación del retorno de la inversión: la cantidad invertida y el tiempo que sostuvo la inversión.

Cantidad invertida

Es importante tener en cuenta otros factores al evaluar el retorno de una inversión. Hacer $1,000 en una inversión suena muy bien, pero depende de la cantidad que invirtió y la longitud de tiempo que la sostenía. Por ejemplo, si usted compró terrenos por $150,000 en el 2006 y los vendió por $151,000 en el 2016, el beneficio de $1,000 no es tan impresionante. Claro, usted utilizo la tierra (y estamos asumiendo que el beneficio de $1,000 incluye todos los costos de los últimos 10 años), pero compare eso con una inversión que ató menos de su dinero por un período de tiempo más corto.

Supone que compra 500 acciones de valores en $30 por acción ($15,000, más los costes de negociación), y en una semana sube a $32 y cambio. Usted las vende y recibe $1,000 después de los costos. Esa ganancia requiere mucho menos de su dinero, sino ganó la misma cantidad. Al mismo tiempo, usted fue dueño de la tierra durante 10 años, esto ató el dinero que podría haber sido invertido en otros lugares para obtener mejores rendimientos, mientras que las acciones de valores sólo ataron su dinero durante una semana. Una proporción denomina tasa compuesta de crecimiento anual (CAGR), es una medida más avanzada del retorno de la inversión a través del tiempo, se integra el valor temporal del dinero en su tasa de rendimiento. Usted tendría que utilizar una calculadora financiera para calcular esta tasa.

Tiempo

Cuanto más tiempo mantenga una inversión también es factor en la evaluación de una inversión. En el caso anterior, usted era dueño de la tierra durante 10 años, que ató el dinero que pudo o no haber sido invertido en otros lugares para obtener mejores rendimientos. Las acciones sólo ataron su dinero durante una semana. ¿Qué hay de los fondos mutuos que se discutió anteriormente? Un rendimiento de 50% parece bastante bueno. Sin embargo, ha guardado este fondo de inversión durante 20 años, lo que hace que el retorno de la inversión sea mucho menos deseable. La tasa compuesta anual, como se mencionó anteriormente, tiene en cuenta el impacto del tiempo en el retorno de una inversión y usted usaría una calculadora financiera para calcular esta tasa. Aunque la ecuación de retorno de la inversión es una forma sencilla de comparar sus inversiones, usted querrá usar calculadoras financieras o confiar en un asesor financiero de confianza para los cálculos más complejos y profundos.

Entendiendo Honorarios

La compra y venta de acciones y obtener asesoramiento profesional sobre cómo gestionar sus inversiones dará lugar a honorarios. Las cuotas no son inherentemente "malas" o torcidas, pero quieren asegurarse de que son razonables y competitivas con las de otros proveedores similares. Asesores de inversiones basadas en honorarios cambian las tasas porcentuales sobre la base de la cantidad de dinero que están manejando para usted. Un plan de acciones directas o un plan de reinversión de dividendos pueden cobrar una cuota por este servicio. Los corredores que compran y venden acciones para usted cobran una comisión. Un corretaje de descuento cobra comisiones más bajas de lo que pagaría en una casa de valores de servicio completo, pero hay que investigar y elegir las inversiones por sí mismo. Un corretaje de servicio completo cuesta más, pero las comisiones altas pagan por asesoramiento de inversiones basadas en la investigación de esa firma.[51] Siempre que utilice los expertos financieros profesionales, usted quiere estar seguro de que sabe cuánto cuesta cada servicio, hora, programa o paquete.

Buenas Calculadoras

La ecuación de retorno de inversión es una forma sencilla y útil para comparar el rendimiento de la inversión. Con tantos factores diferentes, no hay un número fijo para un retorno de inversión bueno o malo. Usted querrá usar calculadoras financieras o confiar en un asesor financiero de confianza para los cálculos más complejos y profundos. Independientemente de los métodos que utiliza, trate de comprobar regularmente sus inversiones para que pueda hacer los cambios necesarios. Y recuerde, los rendimientos son sólo una parte de la ecuación para determinar la mejor estrategia de inversión para usted. Usted puede acceder las calculadoras financieras en línea para averiguar cómo van sus inversiones. Mis favoritos son en www. investor.gov e incluyen las herramientas enumeradas en el Apéndice 7.[52]

Cómo Invertir Dinero

Para resumir, aquí están las tres maneras de invertir:
- Solo (a través de "robo-asesores (asesores electrónico)" o corretajes en línea como Vanguard, Etrade, TradeStation, etc.)
- A través de un asesor de inversiones registrado o corredor
- Por medio de un IRA o empresas 401(k)s

Usted puede comprar y vender acciones a través de:
- Un plan de acciones directas (la compra de acciones directamente de la compañía)
- Un plan de reinversión de dividendos (usando los dividendos para comprar más acciones)

- Un corredor en línea cómo Etrade, Fidelity, TD Ameritrade, etc.
- Un fondo de acciones (fondos mutuos que invierten solo en acciones)
- "Robo-asesores (asesores electrónico)" como Betterment

Comprar acciones directamente de una compañía a través de un DSPP o DRIP

Una forma de comprar acciones directamente de una empresa en la que desea poseer acciones se llama un plan de acciones directas de compra (DSPP), que es un servicio de inversión que le permite comprar acciones directamente de la empresa o a través de su agente de transferencia. No todas las compañías ofrecen DSPPs y los planes a menudo tienen restricciones sobre cuándo una persona puede comprar acciones. Corre el riesgo de ser poco diversificado cuando se elige una o unas pocas empresas y simplemente compra acciones de ellas, pero algunos inversores utilizan este método de inversión.

Con DSPPs en ciertas empresas, se puede comprar tan solo $25 en acciones de un momento sin tener que pagar dinero u honorarios para comprar esa acción. Algunas compañías tienen DSPPs que manejan ellos mismos. En ese caso, vaya a la sección de relaciones con inversores del sitio web de la empresa y siga las instrucciones. Puede ser que la empresa cobre o no una cuota para comprar acciones. Un ejemplo de este servicio es el plan de compra de la compañía de cereales Kellogg. Usted puede obtener más información acerca de su DSPP en su sitio web de relaciones con inversores.[53]

Otras compañías le permiten comprar acciones directamente de ellas a través de lo que se llama un "agente de transferencia." Un ejemplo de un agente de transferencia que muchas empresas utilizan es Computershare. Vaya a la página web de Computershare[54] y vea "Comprar Acciones Directa." Allí se puede encontrar una lista de todas las empresas para las que Computershare es el agente de transferencia, los símbolos de las acciones, el dinero mínimo a invertir, y el método para llevar a cabo las compras. Si desea comprar acciones de una empresa en particular, simplemente vaya a la sección de relaciones con los inversores en su página web para ver si manejan su propio DSPP o quién es su agente de transferencia.

Yo hable de dividendos de acciones anteriormente en esta sección - un dividendo es dinero en efectivo pagado regularmente a sus accionistas por una empresa de sus beneficios o reservas. Cuando usted posee acciones de una empresa que paga dividendos, recibirá un pago en efectivo cada vez que se distribuyan dividendos, lo que para la mayoría de las empresas es trimestral. La compañía establece una tasa por acción de cuánto va a pagar. Por ejemplo, en el 2016, el Banco PNC paga un dividendo de $2.04 por año o (51 centavos por trimestre) por cada acción que posea. Esto significa que si usted era dueño de 100 acciones de la PNC, se le pagará $51.00 por ese trimestre (51 centavos por 100 acciones). Usted sigue recibiendo el pago en efectivo cada trimestre durante el tiempo que usted es dueño de las acciones y el tiempo que la PNC elija continuar pagando dicho dividendo.

En un plan de reinversión de dividendos (DRIP), usted decide que los dividendos en efectivo pagados por la empresa sean reinvertidos automáticamente en acciones adicionales de acciones de la compañía. Si configura un DRIP, el proceso se automatiza y por lo general requiere un monitoreo mínimo. Un ejemplo de un DRIP, sería un plan ofrecido por el agente de transferencia del Banco PNC, como se muestra en su página web. [55] Si se ha registrado para ese plan, cada trimestre cuando se paga un dividendo, su parte del dividendo ($51 de nuestro ejemplo anterior) sería utilizado para comprar más acciones PNC en vez de ser pagados a usted. No se cobran gastos de compra en esta transacción.

Si usted se siente seguro de que una empresa en particular va a seguir haciendo bien y quiere ser parte de ese crecimiento anticipado, podría participar en el DRIP de esa compañía. Al igual que con todas las inversiones, debe evaluar periódicamente la fortaleza de la empresa y el lugar que ocupa en su cartera.

La compra de acciones o fondos mutuos a través de un corredor en línea

Si usted quiere comprar y vender acciones o ETF por su cuenta, puede configurar una cuenta con un corredor en línea. En el 2016 hay muchos corredores de renombre que puede elegir para comprar acciones, incluyendo Etrade, TradeStation, Fidelity, TD Ameritrade, Charles Schwab, Interactive Brokers, TradeKing, Merrill Edge, Options House, y otros. Vanguard, Fidelity, y T. Rowe Price son los corredores que se especializan en fondos mutuos. Asegúrese de comparar antes de comprar para las mejores características, tarifas y ofertas.

Conclusión

Mientras se prepara para invertir o si toma más interés y control sobre su 401(k), tenga en cuenta que la mejor orientación y la información que puede obtener provienen de fuentes que no están tratando de venderle cualquier cosa. Utilice fuentes de gobierno, fuentes basadas en la universidad, u otros libros imparciales y fuentes de Internet como los que se enumeran en el Apéndice 3 para aprender más sobre la inversión y ayudarlo a crecer su dinero.

CAPÍTULO 3 – ¿A DÓNDE VA EL DINERO?
TRAMPAS FINANCIERAS PARA EVITAR

Yo he discutido maneras de ahorrar y hacer crecer su dinero. Lo que es frustrante es cuando todo ese trabajo se desperdicia porque se cometen errores. Y ¡es fácil cometer errores financieros! Ya sea que usted perdió $30 porque deja que su saldo bancario caiga por debajo del mínimo o $30,000 debido a un asesor financiero deshonesto, las pérdidas ocurren y hacen daño emocional y económicamente. Les pasa a los inversores ricos y con experiencia, igual que a los inexpertos. Mira el esquema piramidal de Bernie Madoff donde los millonarios perdieron millones - esas víctimas se encontraban en el grado superior de conocimientos financieros, y sin embargo, todavía fueron engañados y perdieron dinero. Imagino que le molesta a un multimillonario tener una pérdida tanto - o más - que le duela al resto de nosotros. Vamos a hablar de escenarios financieros incompletos que se pueden encontrar, discutir los errores comunes, y explorar maneras en que puede detectar y evitar dichas prácticas. En este capítulo, hablaremos de:

- ¿Qué hacer cuando se necesita dinero en efectivo?
- Evitar el fraude y la mala orientación
- Encontrar asesores de confianza
- Documentos importantes para mantener
- Los temores de dinero que pueden afectar las finanzas

¿QUÉ HACER CUANDO SE NECESITA EFECTIVO?

En cierto modo me irrita cuando los gurús de ayuda dicen que "coma menos; muévase más"; "gaste menos; guarde más"; u "odia menos; ama más. Estos "simples" consejos son difíciles de seguir. ¿No saben ellos lo bueno que son mis rollos de canela con mantequilla, lo maravilloso que se ve mi hija con resaltes rubios costosos y iluminaciones de cabello, o como mi nana (¡que adoro!) me puede volver loca? Simplemente no es tan fácil manejar el deseo. Es muy bueno que algunas personas tengan la fuerza de voluntad de acero, pero yo no la tengo. Muy pocos de nosotros la tenemos. Toda la mejor planificación y el escatimar del mundo no detienen problemas, las crisis, y el deseo de algo nuevo. Como el escritor Neal Gabler tan claramente pone en su artículo "La vergüenza secreta de los estadounidenses de clase media", "La vida pasa, sí, pero [cosas] suceden, también - los gastos inesperados que son una característica inevitable de la vida. Emergencias de cuatrocientos dólares no son meros hipotéticos, ni son casos de emergencia de $2,000, ni son ... bueno, escoja un número. El hecho es que siempre surgen situaciones de emergencia; que son una parte intrínseca de nuestra existencia. Los asesores financieros sugieren que ahorremos por lo menos 10 a 15 por ciento de nuestros ingresos para la jubilación y contra tales eventualidades. Pero la razón principal por la que muchos de nosotros no podemos ahorrar para un día lluvioso es que vivimos en una tormenta en curso. Todos los días, al parecer, hay una novedad, no anticipada de gastos - una estufa que no se enciende, un coche que no arranca, un perro que cojea, un grifo que gotea - y esos son sólo las cosas pequeñas. En una encuesta de las finanzas estadounidenses publicada el año pasado por el Pew, el 60 por ciento de los encuestados dijeron que habían sufrido algún tipo de "shock económico" en los últimos 12 meses - una caída de los ingresos, una visita al hospital, la pérdida de un cónyuge, una mayor reparación. Más de la mitad tuvieron problemas al fin del mes después de su más cara emergencia económica. Hasta el 34 por ciento de los encuestados que ganan más de $100,000 al año dijeron que sentían tensión como resultado de una crisis económica.[56] Estas son palabras que dan de qué pensar de un famoso periodista a nivel nacional que él mismo ha sentido la ansiedad de vivir al día. ¿Qué se puede hacer cuando el próximo cheque de pago no viene o cuando golpea una emergencia que no se puede pagar?

Hablé sobre el fondo de emergencia en el Capítulo 1, y es importante que usted tenga uno. ¿Pero y si tuviera una emergencia y luego otra antes de que pudiera reponer el fondo? ¿Qué puede hacer cuando se necesita dinero y no lo tiene? En realidad, las opciones son bastante limitadas - se necesita traer más dinero a través de otro puesto de trabajo, vender lo que tiene, reducir las facturas, o pedir prestado. Si usted tiene buen crédito, capital de casa, o la capacidad para obtener tarjetas de crédito con saldos temporales de 0%, pedir prestado de dinero no es tan difícil, aunque todavía le acompaña los riesgos y preocupaciones. Cuando su puntuación de crédito es baja, obtener un préstamo es más difícil.

Capítulo 1 discute el interés compuesto y cómo hacer para que su dinero trabaje para usted. Cuando usted pide dinero prestado, ese dinero trabaja para el prestamista a un ritmo mucho más eficiente y rentable, ya que tendrá que pagar un interés más alto de lo que alguna vez gane. Si su crédito es bueno y es propietario de una casa, usted tiene opciones con menor interés, como los préstamos hipotecarios, préstamos personales y transferencias de saldo de tarjeta de crédito o anticipos. Préstamos disponibles para las personas con crédito deteriorado incluyen préstamos personales de mayor interés (con y sin garantía), préstamos de día de pago, préstamos para título de automóviles, y los préstamos peer-to-peer, todos los cuales pueden ser costosos. Discuto cada uno de estos tipos de préstamos a continuación.

Un "préstamo garantizado" significa que pone un activo tal como su coche o casa como garantía para el préstamo. Las tasas tienden a ser más bajas para los préstamos garantizados porque los prestamistas calculan que pueden vender la casa o el barco para recuperar su dinero si usted no paga el préstamo. Un préstamo sin garantía está garantizado solamente por su promesa de devolver el dinero. Si usted no paga, los prestamistas trabajarán para recuperar su dinero, pero, como dice el dicho "no se puede obtener sangre de un nabo." Así que los prestamistas corren el riesgo de no recuperar el dinero que prestaron. Es por eso que cobran una tasa de interés más alta en un préstamo sin garantía.

Si usted pide prestado usando cualquiera de los siguientes métodos de préstamo, debe tener cuidado con multas por pago anticipado, cargos por sobregiro accidentales, las tasas variables, y estafadores en general. Aunque un préstamo de capital tendrá menores tasas de interés, usted debe asegurarse de que usted no está pagando honorarios adicionales o poco comunes. En un préstamo de día de pago, usted debe considerar el total importe de reembolso (TAR), además de la más familiar tasa de porcentaje anual (APR). Los préstamos son a menudo citados en términos de la tasa de porcentaje anual, pero el TAR también debe ser considerado. El TAR es el costo total y completo del préstamo desde su primer pago a su último, incluyendo toda iniciación, vuelco, procesamiento y otros cargos.

Para casi cualquier cosa que usted pide dinero prestado, es probable que vea el acrónimo "apr" en algún lugar de los documentos. En términos simples APR significa el porcentaje que tendrá que pagar en un año por pedir prestado ese dinero. Piénselo de esta manera - cuando usted compra cualquier tipo de servicio, usted tiene que pagar algo por él. El préstamo de dinero es un tipo de servicio, y usted tiene que pagar una cierta cantidad por ese servicio. Si usted pide prestado para una casa con una hipoteca, el APR (o costo del préstamo) es bastante bajo - tal vez 3% - 5% en 2016. Por otro lado, si usted tiene un saldo en su tarjeta de crédito, usted puede pagar hasta un APR de 23% en intereses y honorarios - que es mucho más caro. Y si se mete en un préstamo de día de pago o préstamo del título que después voltea un par de veces, su APR puede ser tanto como 396%. Se puede ver la increíble diferencia que puede encontrar en el mismo "servicio" de un préstamo de $1,000. Al 2% APR, usted pagaría $20 en un año; al 5%, pagaría $50; al 22% pagaría $220; y al 396% pagaría $3,960. Así que por el privilegio de pedir prestado $1,000, se podría pagar entre $20 al 2% y $3,960 al 396%. Una alta tasa anual significa que usted está pagando un montón por pedir dinero prestado. A veces los prestatarios no tienen más remedio que pagar una alta tasa anual, ya que tienen un historial de crédito pobre y el prestamista está preocupado que el prestatario no sea capaz de pagar el préstamo. Cuando los prestamistas consideran los prestatarios como de "alto riesgo", cobran más por prestar el dinero.

Para ser claros, aunque la tasa de interés y el APR son por lo general relativamente similares, sus definiciones son ligeramente diferentes. La **tasa de interés** es el costo real por tomar prestado el dinero, expresado como un porcentaje. El APR incluye el costo de pedir prestado el dinero y otros cargos como puntos, los honorarios del corredor de hipoteca y otros cargos que usted puede pagar para obtener el préstamo. Así que por lo general es más alto que la tasa de interés. Otro aspecto confuso de la APR es cuando es un porcentaje que se expresa en semanas o meses. En ese caso, usted tiene que averiguar cuánto está pagando por el año que pide prestado ese dinero para que pueda comparar manzanas con manzanas en la compra de un préstamo. Si usted pide dinero prestado de un prestamista que cobra el 1% mensual, el APR es en realidad el 12% o el 1% de interés por 12 meses en un año.

Usted va a ser un comprador más confiado y consciente del valor si usted es capaz de entender los conceptos básicos del APR. Cuando usted compara las tarifas de pintar su cabello, reparar su coche, o tomar un tour guiado en kayak, usted se asegura de saber el costo exacto, incluyendo los cargos adicionales. Cuando usted busca el mejor lugar para pedir dinero prestado, puede usar el APR para comparar y tomar la decisión correcta.

Consejos Prácticos Para Aumentar el Dinero en Efectivo
Cuando llega la hora de la verdad y tiene que conseguir algo de dinero, una o más de estas ideas le podrían ayudar.
- Trabaje horas extra si están disponible en su trabajo.
- Venda cosas que no necesita en eBay o en IWanta, teniendo cuidado de no ser estafado por inescrupulosos "compradores." Amigos y familiares también pueden querer comprar cosas de usted.
- Considere pedir un aumento en el trabajo si usted no ha recibido uno desde hace tiempo. No te van a despedir por preguntar, y lo más que pueden decir es no. Si usted trabaja para una unión, sus salarios son fijados por el contrato de trabajo del proyecto, pero podría recibir una formación adicional que lo mueve de oficial a capataz.

- Consiga un trabajo de tiempo parcial, un segundo trabajo, o un trabajo de temporada - pero ¡encontrar uno puede ser difícil! Es posible que tenga mejor suerte durante la temporada de Navidad, cuando las tiendas hacen mucha contratación adicional. Use esta táctica en Septiembre y Octubre para que no se lo pierda. Sea creativo sobre lo que puede hacer. Mi marido y yo tenemos 57 y 54 años y a lo largo de nuestra carrera siempre hemos tenido al menos dos puestos de trabajo - un trabajo principal y uno o más en el lado. Incluso si su carrera no es del tipo que se presta a la consulta, tal vez usted podría ganar algo de dinero adicional por cuidado de bebe, perro, o casa o por servicio de alimentos o césped. Tener un segundo empleo trae más dinero cada mes y reduce lo que gasta en entretenimiento debido a que más de sus horas son absorbidas por el trabajo.

- Reduzca facturas innecesarias. Cortar la TV por cable o pedicuras técnicamente no generan dinero en efectivo, pero le deja más dinero al final del mes. Es difícil renunciar a sus programas favoritos o a una actividad que le hace sentir bien, pero puede consolarse con la idea de que el sacrificio es temporal, eso le ayudará.

- Considere pedirle ayuda a un ser querido más rico. Es posible pedirle ayuda para pagar una factura médica o una factura de servicio público que es particularmente costosa en lugar de pedirle dinero en efectivo - a veces un regalo concreto de una sola vez es más fácil pedir y dar. Muchas personas que se sienten cómodos financieramente disfrutan ayudar a sus seres queridos que están en un apuro, pero tienden a no ofrecer ayuda por miedo a herir sus sentimientos o a abrirle la puerta a pedidos de dinero constantes de familiares que buscan ayuda. Puede ser difícil pedir, pero podría valer la pena dependiendo de sus circunstancias. Puede ser mejor pedir un regalo en lugar de un préstamo porque así no tiene "devolución" sobre su cabeza, y asegúrese de incluir una "salida" para la persona a la cual le está preguntando por si ellos no quieren o no son capaz de ayudar. Usted puede enviar un correo electrónico o una carta para preparar el terreno antes de pedir verbalmente. Sea honesto acerca de lo difícil que es para usted pedir y lo bien que esta si la persona no puede ayudarlo. Si acepta su solicitud, asegúrese de dar las gracias verbalmente y por escrito.

- Aplique por ayuda si está calificado para recibirla. No tenga vergüenza al usar cupones de alimentos, WIC, almuerzos gratis o a precio reducido para los niños en la escuela, u otras formas de ayuda gubernamental. Considere también ayuda basada en la fe de su iglesia, otras iglesias, bancos de alimentos, u otras organizaciones benéficas religiosas.

Cuando Tiene que Pedir Prestado

Si las sugerencias anteriores no ayudan y necesita obtener un préstamo, ¿cuáles son las mejores opciones? Las estadísticas dis-alentadores muestran que el 76% de los estadounidenses viven de cheque a cheque y el 60% no tienen ningún fondo de emergencia, por lo que no está solo si se queda atascado y necesita dinero.[57] Como ya he comentado anteriormente, debe pedir dinero prestado a la menor tasa de interés posible. La tasa de interés es el dinero que paga por el uso del dinero de la entidad crediticia. A pesar de que estamos en un entorno muy bajo de tasas de interés en el año 2016, todavía cuesta más pedir dinero prestado de lo que probablemente puede ganar cuando usted lo presta. En otras palabras, cuando se necesita un préstamo de $10,000, usted podría pagar entre el 3% y el 100% + dependiendo del prestamista que está utilizando. Cuando usted "presta" su dinero (poniéndolo en un banco, CD, cuenta de mercado de dinero, o un bono), va a ganar entre el 0.01% y tal vez hasta aproximadamente un 5%. Es por eso que los planificadores financieros son tan insistente que los consumidores se deshagan de la deuda de tarjeta de crédito - que puede ser tan alta como 23% de tasa de interés, y es una forma muy costosa de pedir dinero prestado. Su dinero invertido le ganaría entre un 0.05% y un 8% en promedio. Pero el dinero prestado simplemente cuesta más: las tasas de préstamo para la vivienda son aproximadamente el 3%; préstamos personales son alrededor de 8%; las tasas de tarjetas de crédito son alrededor del 15% o más en el 2016. Préstamos de día de pago y otros depredadores cuestan aún más: la APR para un préstamo de día de pago de un solo pago de $100 puede variar desde 260.71% a 782.14% en 14 días de plazo. Se puede ver lo fácil que es entrar en deuda y por qué tantos estadounidenses están allí. Gabler informa que "sólo el 38 por ciento de los estadounidenses podrían cubrir una visita de sala de emergencias de $1,000 o $500 en reparación de coche con dinero que ahorraron ... 55 por ciento de los hogares no tenían suficientes ahorros líquidos para reemplazar el valor de un mes de pérdida de ingresos, y [muchos] estaban preocupados por tener suficiente dinero para cubrir los gastos diarios."[58]

¿Dónde se puede pedir dinero cuando lo necesita? Vamos a discutir cada uno de estos lugares:

* Su hogar en la forma de un préstamo con garantía hipotecaria
* Su hogar mediante la refinanciación
* Préstamo de automóvil
* Préstamo personal de un banco o cooperativa de crédito
* Préstamo personal de un amigo o un familiar
* Préstamo peer-to-peer
* Préstamo de reembolso de impuestos
* Adelantado en efectivo de su tarjeta de crédito
* Préstamo de Título
* Préstamo de día de pago o "cheque-en-efectivo"
* Casa de empeño
* Su 401(k)

Préstamo con Garantía Hipotecaria o Línea de Crédito de su Hogar (HELOC)

Un préstamo con garantía hipotecaria es un "préstamo para una cantidad fija de dinero que está garantizado por su casa. Usted paga el préstamo con pagos mensuales iguales durante un período determinado, al igual que su hipoteca original. Si usted no paga el préstamo según lo acordado, el prestamista puede anular la hipoteca de su casa. La cantidad que puede pedir prestado generalmente se limita al 85 por ciento del valor de su casa. La cantidad real del préstamo también depende de sus ingresos, historial de crédito, y el valor de mercado de su casa."[59] Una línea de crédito de su hogar o HELOC le permite pedir prestado hasta una cantidad aprobada escribiendo un cheque. Ambos vehículos de préstamos utilizan su casa como garantía para el préstamo. Esto puede poner en riesgo su hogar si su pago se retrasa o no puede hacer su pago en absoluto. Y, si usted vende su casa, la mayoría de los planes requieren que usted pueda pagar su línea de crédito. Estos tipos de préstamos pueden ser buenos si usted es dueño de una casa con equidad en el mismo (lo que significa que su préstamo es menor que el valor de la casa) y que está seguro de que usted será capaz de hacer los pagos. Ambos de estos préstamos ofrecen reducciones de impuestos, y ambos tienen cargos asociados con ellos. Sin embargo, la tasa de interés en este tipo de préstamos es muy baja - no muy por encima de las tasas hipotecarias, que están en el rango de 3% y un 4% en el 2016.

La refinanciación de su hogar

La refinanciación puede ser una mejor opción que un HELOC si va a permanecer en su casa durante más de 5 años y si se puede refinanciar a una tasa de interés más baja que su tasa actual. Cuando se refinancia, usted vende esencialmente su casa de nuevo al banco, paga la hipoteca número uno, y luego volve a comprar su casa con una segunda hipoteca que tiene una tasa de interés más baja. Como le cuesta menos ahora pedir prestado por la misma cantidad, termina con un pago mensual más bajo.

Muchos prestatarios hacen un "refi con dinero en efectivo" en las que financian la cantidad restante que deben en la casa además de dinero en efectivo adicional. Por ejemplo, si usted es dueño de una casa que vale $100,000 y todavía tiene $70,000 en una hipoteca con tasa de préstamo en 5%, podría refinanciar $80,000 con una tasa de 3.5% y terminar con $10,000 en efectivo y una tasa de interés más baja. El banco le permite hacer un refinanciamiento con dinero en efectivo sólo si se ha acumulado suficiente valor en su casa y se presta como garantía si no paga su préstamo. Las apuestas son bastante altas ... usted puede perder su casa si no cumple con esta deuda. Es por eso que muy pocos planificadores financieros recomiendan que usted tome un HELOC para pagar la deuda de tarjetas de crédito o tomar unas vacaciones de lujo. Las consecuencias son demasiado grandes si las circunstancias de la vida giran y hacen que sea imposible para que pueda pagar su nuevo pago mensual de la hipoteca.

Si usted piensa que pueda mudarse pronto o si su tasa de hipoteca actual ya es baja, un HELOC probablemente sería una opción mejor que una refi. Debido a que la madre, el pastel de manzana, y la propiedad de vivienda son muy queridas en los corazones de los americanos, nuestro gobierno estructura las hipotecas de viviendas de la forma más asequible posible para que incluya recortes de impuestos para las hipotecas originales y los subsiguientes préstamos con garantía hipotecaria y HELOC. Ambas estrategias de endeudamiento con garantía hipotecaria le permiten tomar las deducciones fiscales. Un refi probablemente ofrece más deducciones de impuestos que un HELOC, pero eso es porque cuesta más en honorarios, por lo que las deducciones se basan en dinero del cual ya usted se ha desprendido. En general, los propietarios de viviendas refinancian para obtener una tasa más baja y pagar cuotas más bajas; Sin embargo, si recibe dinero en efectivo, además de su refinanciamiento, usted podría terminar con un pago mensual de la hipoteca más alta. Usted no quiere reducir su tasa de ahorro - por ejemplo, empezar a contribuir menos a su 401(k) - como resultado de una refinanciación.

Si se decide por un refi, compare las mejores tasas de hipoteca, y no olvide evaluar las ofertas en su cooperativa de crédito local. También, asegúrese de que reduzca el crédito pendiente tanto como sea posible y pague sus cuentas a tiempo en preparación para el proceso de solicitud para que usted obtenga el mejor precio posible.

Aunque el préstamo con garantía hipotecaria y dinero HELOC se pueden utilizar para cualquier cosa, la mayoría de las personas utilizan este tipo de préstamo como una forma de mejorar sus hogares. Sea honesto con usted mismo ... son estas las reparaciones del hogar que *desea* (reemplazar un patio feo, pero funcional) o que *necesita* (reparar una gotera en el techo). A veces hay reparaciones que son necesarias e inevitables, por lo que si va a permanecer en su casa durante unos cuantos años, una refinanciación podría ser la solución perfecta. Sin embargo, usted no quiere refinanciar sólo para instalar una piscina que los niños superan rápidamente, dejándolo flotando en la soledad como Puff el Dragón Mágico mientras se le hace difícil conseguir dinero en efectivo para cubrir sus pagos más altos más la cuota de la universidad o escuela técnica de los niños. Trate de no ponerse en una posición financiera insegura por alcanzar mejoras que simplemente no puede permitirse.

Préstamo de Automóvil de Parte de un Banco o Fabricante de Automóviles

Si usted quiere comprar un coche, puede obtener un préstamo de su banco, cooperativa de crédito, o directamente del fabricante de automóviles. Un préstamo de auto es un tipo de préstamo garantizado en el que el coche actúa como garantía en caso de que los pagos fallen; las tasas de interés pueden ser algo mayores que las tasas de hipoteca y HELOC aunque en el 2016 esas tasas son bastante similares. Otro fenómeno de bajas tasas de interés popular desde la década del 2010 para la compra de automóviles es el de 0 por ciento o cerca del 0 por ciento de la financiación para una determinada marca de coche. Préstamos de auto-maker pueden funcionar muy bien si desea el vehículo en cuestión, tiene un buen crédito, y puede hacer pagos más altos ya que el préstamo es por lo general de 3 años en lugar de 5 años. Asegúrese de leer la letra pequeña de cualquier préstamo que firme.

Préstamo personal de un banco o cooperativa de crédito

Los bancos o las cooperativas de crédito prestan dinero en la forma de un préstamo personal, que es un tipo de préstamo sin garantía. Las tasas de interés y los honorarios varían dependiendo de su calificación de crédito y de la institución que hace el préstamo. En general, las uniones de crédito, son los bancos locales que son propiedad de los miembros en lugar de los accionistas, ofrecen las mejores tarifas, términos y honorarios, pero vale la pena comparar los bancos locales y nacionales, para así obtener la mejor oferta. En el 2016, la tasa de préstamo más baja de un préstamo personal para los que tienen el mejor crédito es de aproximadamente 6%, pero la mayoría de la gente pagaría el 10% o más por un préstamo personal.

Préstamo personal de un amigo o un familiar

Considere pedirle a un ser querido un préstamo. Yo hablé acerca de maneras de pedir un regalo anteriormente en este capítulo en la sección dedicada a recaudar dinero. Puede utilizar las mismas técnicas para pedir un préstamo. Esta acción puede ser muy difícil, pero siento que si usted nunca pregunta, usted nunca lo sabrá. La gente puede ser muy generosa, y muchas personas realmente quieren ayudar a sus seres queridos de cualquier manera posible.

Préstamo Entre Pares

Desde el año 2005, un tipo de préstamo llamado peer-to-peer (entre pares) o P2P se ha hecho popular. La ventaja potencial es que un prestatario normalmente consigue un precio mejor y es más probable que consiga un préstamo, incluso con mal crédito, mientras que el acreedor obtiene un mejor retorno de su dinero que de un banco. Algunos de los sitios que ofrecen este servicio incluye Prosper, Lending Club, y Peer form. Hasta hace relativamente poco, estos préstamos tenían un toque personal, que le permitía introducir la cantidad que esperaba tomar prestada, el motivo de su endeudamiento, y su estado de crédito en general. En el pasado, usted podría proveer información sobre qué dificultades había sucedido, y los prestamistas con un interés en ayudar a resolver su problema podrían presentarse. Basado en la información que introduzca, el sitio web le indica si un préstamo estará disponible para usted y le cotiza una tasa de interés aproximada. En el año 2016 y más adelante, los préstamos P2P se han vuelto más comercial pues que prestamistas institucionales se han apoderado de la industria. Estos prestamistas son menos propensos a pedir las razones por la necesidad o de trabajar con usted de una manera personal. Otra técnica innovadora de financiación denominado crowdfunding o crowdsourcing también se ha popularizado. Los sitios como Kickstarter, Indiegogo, Crowdrise, y GoFundMe ofrecen formas para que grandes grupos de personas conozcan y ayuden a satisfacer las necesidades financieras de un individuo para realizar proyectos creativos, gastos médicos, gastos legales, emergencias familiares, invenciones, etc.

Préstamo de reembolso de impuestos

Durante la temporada de impuestos, entre Enero y Abril, se puede obtener un préstamo basado en el dinero que usted espera de vuelta en su devolución de impuestos. Este tipo de préstamo también se llama un Préstamo de Reembolso Anticipado. Además de los honorarios y costos asociados con este tipo de préstamo, si por alguna razón usted no recibe el reembolso de impuestos que esperaba debido a un error que el IRS descubre, todavía tiene que devolver la totalidad del préstamo. Al igual que los préstamos de día de pago y de título, muchos de los prestamistas que ofrecen este tipo de préstamo cobran una alta tasa anual.

Adelantado en efectivo de su tarjeta de crédito

Si usted tiene una tarjeta de crédito, se puede tomar un préstamo en efectivo utilizando parte del crédito de la tarjeta. Usted utiliza su tarjeta de crédito en un cajero automático o en un banco al igual que una tarjeta de cajero automático. La diferencia es que usted está pidiendo prestado el dinero, no retirarlo de sus propios fondos, como con una tarjeta de débito, por lo que tiene que pagar intereses sobre el mismo. La tasa de interés es por lo menos tan alta como lo que demanda su tarjeta, entre el 12% y el 23% o, a veces más alta porque por lo general las compañías de tarjetas de crédito cobran una tasa más alta para adelantos en efectivo. Además de la alta tasa de interés, tiene que pagar una cuota de anticipo de efectivo, que es generalmente de 2% - 5% de la cantidad del anticipo. Así que si usted fuera a tomar $300 como un anticipo en efectivo con una tarjeta de crédito que lleva un recargo por adelanto de 4%, tendrá que pagar $12 para así conseguir el dinero, encima de las tasas de ATM e intereses. Después tendrá que pagar cualquier tasa de interés que cobre la tarjeta de crédito para adelantos en efectivo, además de que se le cobrará ese interés de inmediato ... ¡no hay período de gracia para adelantos en efectivo! Si decide tomar un adelanto en efectivo, tendrá que pagarlo tan pronto como sea posible porque no hay período de gracia para el pago como se obtiene cuando se utiliza la tarjeta para comprar artículos a crédito.

Préstamo de Título

Un préstamo de título de coche - también conocido como un préstamo de carta de despido, título de promesa, o título de empeño - es un pequeño préstamo a corto plazo, de alta tasa que utiliza el título claro en su vehículo como garantía. Algunos prestamistas ofrecen préstamos de título de automóvil si usted tiene la equidad en el vehículo, incluso sin un título claro. Estos préstamos son por lo general de 15 o 30 días y tienen una tasa de tres dígitos de porcentaje anual (APR) - un tipo de interés mucho más alto que la mayoría de las formas de crédito. Préstamos de título de automóvil a menudo son por una cantidad que es 25 por ciento a 50 por ciento del valor del coche. En promedio, estos préstamos son de $100 a $5,500, pero pueden ser de $10,000 o más de algunos prestamistas.[60] Para obtener un préstamo de título de coche, usted se trae el coche, el título, su identificación, y aveces una copia de las llaves del coche. El prestamista toma el título de su coche y lo devuelve a usted después de que usted pague el préstamo y los intereses. Asegurarse de que sabe la cantidad total en dólares que tendrá que pagar y también cuando termina el plazo. Si usted pide prestado más de lo que puede pagar en el plazo del préstamo, perderá su coche.

Préstamo de día de pago o "cheque--en-efectivo"

En un préstamo de día de pago o "cheque en efectivo", se escribe un cheque personal para el prestamista para la cantidad que desea pedir prestado, además de la tarifa que se cobra por el préstamo. La compañía le da la cantidad del cheque menos el cargo y guarda el cheque hasta que el préstamo es debido, usualmente hasta el próximo día de pago. Si continúa transfiriendo el préstamo, se le cobrará nuevas tarifas cada vez que lo prolonga.[61] Usted tendrá que pagar una enorme cantidad de interés si se utiliza este tipo de préstamo. Por ejemplo, diga que necesite pedir prestado $100 por dos semanas. Escribe un cheque personal por $115, con $15 como cuota para pedir prestado el dinero. El pagador de cheques o prestamista de día de pago se compromete a guardar su cheque hasta su próximo día de pago. Cuando llegue ese día, el prestamista deposita el cheque y usted lo reembolsa mediante el pago de los $115 en efectivo, o transfiere el préstamo y paga $15 más para ampliar la financiación por 14 días más. El costo del préstamo inicial de $100 es un cargo financiero de $15 y una APR de 391 por ciento. Si transfiere el préstamo tres veces, la carga financiera podría subir a $60 por un préstamo de $100.[62] Aunque este tipo de préstamo es tan caro que realmente se debe evitar, en el 2016, los prestamistas de día de pago le prestan a más de 19 millones de hogares estadounidenses - eso es uno de cada seis hogares, y estos son los hogares en los niveles socioeconómicos más bajos de los EE.UU. Es triste que "una de las grandes ironías de la América moderna es que cuanto menos dinero tiene, más paga para usarlo."[63] Antes de tomar un préstamo de día de pago, revise las ideas para recaudar dinero como discutido anteriormente en este capítulo en la sección *Consejos Prácticos Para Aumentar el Dinero en Efectivo*. Un préstamo de día de pago es uno de los préstamos más depredadores que se puede obtener, y si puede evitar el uso de uno, será mucho mejor para su salud financiera.

Casa de empeño

Si todo lo que necesita es una pequeña cantidad de dinero en efectivo - como $100 o $200 - se puede tomar un objeto de valor a una casa de empeño y utilizarlo como garantía para un préstamo. El prestamista le da efectivo para el artículo y se compromete a no venderlo hasta una fecha determinada. Si trae el dinero (más intereses) antes de esa fecha, obtiene el producto de regreso. Si no es así, se vende. Usted no recibirá el valor de mercado completo por el artículo, pero va a conseguir el dinero que necesita. Asegúrese de guardar cualquier billete o nota que el prestamista le de para que así pueda obtener su artículo de nuevo cuando esté listo para pagar el préstamo.

Su 401(k)

Los ahorros de jubilación se describen en el Capítulo 5. Si trabaja para una empresa que ofrece un plan de retiro llamado un 401(k) y ha contribuido, es posible que pueda obtener un préstamo de ese plan. Los planificadores financieros fuertemente no aconsejan pedir un préstamo a su cuenta de jubilación, pero puede ser una opción cuando se está en un atasco financiero. No todos los planes permiten préstamos, y puede ser que usted no cumpla los requisitos para un préstamo. El plan especificará la cantidad que necesita tener en la cuenta, cuánto tiempo puede tomar prestado el dinero, y en qué porcentaje usted ha pedido el prestado. Si usted deja su trabajo, es probable que tenga que pagar el dinero de vuelta rápido, por lo general dentro de 60 días. Esta opción no es recomendable ya que como están las cosas la mayoría de estadounidenses no tienen suficientes ahorros para la jubilación, pero puede ser una manera de tener acceso a dinero con una tasa de interés más baja que algunas de las opciones que se mencionan anteriormente.

CÓMO EVITAR EL FRAUDE Y MALA ORIENTACIÓN

Yo he vivido en la misma ciudad desde hace 26 años - e ido al mismo gimnasio, tiendas de comestibles, los médicos, centro comercial, etc., con más o menos las mismas personas durante todos esos años. Después de un tiempo, es difícil no sentir que usted conoce y confía en estas caras conocidas, incluso si nunca has hablado con ellos. Sería relativamente fácil para uno de estos conocidos perpetrar algún tipo de fraude debido a mis bajas sospechas. También estoy más susceptible al fraude cuando estoy fuera de mi liga en esa particular superficie comercial. Puedo identificar precios justos y de buena calidad en las tiendas de comestibles, los estilistas, o cuidados de enfermería en el hogar porque tengo experiencia en esas áreas. Yo podría ser mucho más fácil - defraudada o descarriada cuando se trata de la reparación de automóviles, porque no sé mucho sobre los coches. Para protegerme a mí misma y mí dinero cuando compro productos o servicios, comparó los posibles proveedores y le pregunto a acerca de su trabajo y uso de las verificaciones en línea como la lista de Angie, Yelp, y otros lugares confiables. Se puede - y debe - hacer lo mismo cuando se está preparando para contratar a un agente, asesor financiero o planificador financiero visitando el Check FINRA Broker o sitios web IAPD como se discutió en el capítulo 2 y en el Apéndice 7.

Lugares Seguros para Investigar

Cuando usted hace su investigación, busque sitios web, artículos y libros. Si el gobierno de los Estados Unidos o agencia del gobierno ofrece información, usted sabe que no están tratando de venderle nada. Sin fines de lucro por lo general no tienen nada que ganar al conectarse con usted, puede sentirse seguros allí también. Revise Apéndice 3 para obtener una lista de sitios web confiables e imparciales que puede visitar sin que le vendan nada.

Cinco pasos[64]simples:

La Oficina de Protección Financiera al Consumidor de los Estados Unidos ofrece cinco pasos que vale la pena tomar cuando se está decidiendo sobre si se debe contratar a un profesional financiero y quién elegir.

- *Pare* - dese tiempo para tomar la decisión. Váyase físicamente lejos y planifique reunirse o llamar otro día. Culpe su reluctancia a su cónyuge o sus padres.
- *Pregunta* - Haga preguntas acerca de los costos, los riesgos y el peor de los casos. Si la persona pone los ojos en blanco o lo hace sentir mal por querer entender, vaya a otro lugar.
- *Verifique* - Vuelva a corroborar y comparar antes de comprar, si es posible. Si un trato parece demasiado bueno para ser verdad, probablemente lo es, por desgracia. El

producto o servicio es probablemente una falsificación, un fraude, un truco, o un artículo robado.

- *Estimar* - Trate de averiguar el costo real, incluyendo los derechos y cargas y los términos del contrato.
- *Decida* - ¡Cómpralo! O de las gracias y váyase si simplemente no se siente bien. No se preocupe por herir sus sentimientos o sentir vergüenza; es su dinero y no quiere perderlo. Tenga en cuenta que la mayoría de las decisiones son reversibles en el período inmediato después cuando se puede cambiar de opinión y obtener su dinero de vuelta. La persona o empresa tiene la obligación de informarle de la duración del "período de rescisión" del contrato o acuerdo que está firmando.

Tácticas de Fraude Comunes

Todos sabemos sobre el escándalo de Bernie Madoff del "esquema Ponzi", pero existen muchos otros esquemas torcidos similares. Como se explica por la SEC, "un esquema Ponzi es un fraude de inversión que implica el pago de los rendimientos supuestos a los inversores existentes de los fondos aportados por los nuevos inversores. Organizadores del esquema Ponzi a menudo solicitan nuevos inversores con la promesa de invertir los fondos en oportunidades de inversiones que generan altos rendimientos con poco o ningún riesgo. En muchos esquemas Ponzi, los defraudadores se centran en atraer nuevos fondos para hacer pagos prometidos a los inversores durante sus primeras etapas para crear la falsa apariencia de que los inversores se están beneficiando de un negocio legítimo."[65] El fraude de Madoff fue dirigido a los ricos financieramente inteligentes; no es poco realista esperar que los esquemas Ponzi más pequeños podrían estar dirigidos a las personas promedio.

Puede ocurrir en cualquier lugar. Tuvimos un esquema Ponzi operado por un asesor financiero en nuestro pequeño pueblo de 30,000 habitantes. En el pueblo donde practico, un asesor financiero se mudó aquí, hizo amigos, llevó a cabo eventos ostentosos, visitó a los enfermos, dio a los pobres, estableció un fondo de inversión, y fundó una escuela ... hasta que fue detenido por estafar esos "amigos" que él aconsejaba. En su juicio, se disculpó diciendo: "Yo los amaba mucho. Mis clientes eran mi vida.

... Sólo espero que no pierdan la confianza en las personas.[66] Aunque mi corazón está con aquellos que han perdido dinero debido a ese asesor, como Pablo escribe a los Corintios:"Y no es maravilla; porque el mismo Satanás se disfraza como ángel de luz"(2 Corintios 11:14). Me di cuenta de lo fácil que es dejarse seducir por una persona encantadora.

Otros tipos de fraude financiero siguen afectando a los inversores. Algunos incluyen:

- La táctica "Riqueza Fantasma" - colgar la perspectiva de la riqueza, tentarlo con algo que desea, pero no se puede tener: "Estos pozos de gas le garantizan unos $6,800 al mes en ingreso."
- La táctica "Fuente de Credibilidad" - tratan de construir credibilidad afirmando ser de una empresa de buena reputación o tener una credencial o experiencia especial: "Créeme, como vicepresidente de la firma XYZ, yo nunca vendería una inversión que no produce."
- La táctica "Consenso Social" - haciéndole creer que otros inversores inteligentes ya han invertido:" Así es como _____ consiguió su comienzo. Sé que es mucho dinero, pero estoy metido - y mi madre y la mitad de su iglesia - y vale la pena cada centavo."
- La táctica de "Reciprocidad "- ofreciendo hacer un pequeño favor a cambio de un gran favor: "Te voy a dar un descanso en mi comisión si compras ahora - a mitad de precio."
- La táctica "Escasez" - crear una falsa sensación de urgencia alegando recursos limitados: "Sólo quedan dos unidades por lo que yo firmara hoy si fuera tú.[67]

Sitios Web "Educativos" y Eventos con Motivos Ocultos

¿Qué tal una cena gratis a cambio de escuchar un seminario de "educación"? Esta táctica de venta es muy popular, y aunque a veces puede ser segura, por lo general viene con una venta dura que es difícil de resistir. Después de todo, ellos pagaron por la cena, ¿verdad? Soy de las personas menonitas, y no me gusta dejar pasar nada gratis. ¿Café de cortesía en Publix? Sí, no importa cuán débil. ¿Bolígrafo gratis? Me doy cuenta de que tengo un cajón lleno en casa, pero nunca se sabe. ¿TODAS las muestras en Costco? Bueno, nada con pescado. Pero cuando alguien le ofrece una cena gratis en uno de los restaurantes más elegantes de la ciudad sólo para escuchar una presentación sobre la planificación de la jubilación, tendría que decir que no. ¿Por qué? Amigos, si cualquier entidad de finanzas o relacionada con el dinero le ofrece desayuno, almuerzo o cena a cambio de un "seminario educativo", debe decir que no, incluso si como escribe Jane Byrant Quinn, "usted piensa que es lo suficientemente fuerte ir sólo para la comida."[68] Estos eventos de ventas tratan de que compre los productos caros y con frecuencia no proporcionan información precisa. Las personas que ofrecen estas comidas son vendedores entrenados, y saben las técnicas psicológicas para hacerlos comprar. Ellos pueden ser no necesariamente malos; la mayoría tienen un producto legal para vender, pero si están dando una comida gratis, el producto es probablemente demasiado caro. Quinn llega a decir que "los productos que venden podrían venir de empresas de renombre, pero a menudo son del todo mal para alguien en su situación personal. Si sucumbe, cuente con pagos de altos costos y ocultos (estos vendedores ganan grandes, grandes comisiones por atraparlos)." ¿Que tal el almuerzo "gratis"? Otra tentación es que muchos de estos eventos están a cargo de los jóvenes, y si son de mi edad, todo lo joven es hermoso. Estoy mucho más en riesgo de separarme de mi dinero para ayudar el récord de ventas de una mujer joven seria o un hombre como mi propia hija o hijo. Incluso asesoramiento financiero en la iglesia a veces puede ser sospechoso. Si asiste a seminarios financieros relacionados con la iglesia, asegúrese de entender el verdadero costo del servicio o del producto que se vende.

Tenga en cuenta que la mayoría de los asesores de inversión o asesores financieros o planificadores financieros ofrecen una consulta gratis donde se puede aprender todo lo que necesita saber sobre sus servicios. Nuestra firma, David Wilson Asesores de Inversión, ofrece una o más sesiones gratuitas para potenciales clientes para que nos conozcan. También tengo seminarios educativos gratuitos en las bibliotecas, colegios y grupos de la comunidad en la que se ofrece un buen consejo y nada está a la venta; mi misión en estas sesiones es promover la educación financiera y es independiente de mi negocio.

Demasiado Bueno para Ser Verdad

Si algo parece demasiado bueno para ser verdad, probablemente lo es, sobre todo cuando se trata del retorno financiero de la inversión. Aunque pocas personas pueden tener la suerte de anotar un golpe de suerte, la mayoría de los inversores hacen cerca de la misma cantidad de su dinero basado en el nivel de riesgo del vehículo de inversión que elija. Básicamente, mientras más segura la inversión, menos dinero que tendrá de retorno. Bonos del gobierno de los Estados Unidos son casi libres de riesgo, y por eso sólo se hace alrededor de 1% cuando se invierte en ellos. Usted no tiene garantías en la inversión: un bono corporativo o acciones de biotecnología podrían dar un rendimiento del 50% - o la empresa podría ir a la quiebra y usted no ganaría retorno y perdería la totalidad de la cantidad del principal invertido. Una buena guía es comparar sus rendimientos con las devoluciones aceptadas generales que las inversiones comparativas están haciendo. Los documentos de la corte del distrito de Nueva York sobre el escándalo de Bernie Madoff señalan que en el caso Madoff, el "rendimiento de las inversiones conseguidas mediante a fondos de [los valores de Madoff] ... es tan consistente y significativamente por delante de sus compañeros de año en año, incluso en las condiciones predominante del mercado, que se parecen demasiado bueno para ser verdad - lo que significa que probablemente lo es."[69] En el caso Madoff, sus clientes estaban ganando un retorno constante de su inversión que era consistentemente muy por encima de lo que otras inversiones similares estaban haciendo - eso es una señal de alerta clásica. El esquema Ponzi que Madoff corría era falso, y cuando se derrumbó, sus clientes perdieron el dinero que habían invertido con él.

Secretos y Apresuramiento

Casi cualquier (¡y probablemente todas!) las oportunidades de inversiones que requiere que se compre en ese momento debe ser evitada. Pocos de nosotros estamos en el alto poder adquisitivo, donde una rara oportunidad, de un vehículo de inversión válido, lucrativo y de rápida respuesta, podría ser ofrecida a nosotros. Incluso aquellos que están en esa categoría debería tener cuidado porque pocas - si cualquier - decisión financiera razonable debe hacerse inmediatamente. Siempre tome su tiempo para hacer preguntas, pensar las cosas, y leer la letra pequeña de una inversión que usted pueda comprar.

También evite cualquier inversión que es un "secreto" o es "sólo para ti." La contadora forense Tracy Coenen explica que "cada esquema de fraude a largo plazo vive y muere por el secreto de aquellos que participan ... Cualquiera que corre una empresa legítimamente y con éxito no tiene un código de silencio. A lo mejor no están buscando publicidad, pero ciertamente no van a prohibir a sus clientes hablar sobre el éxito que han tendido. Cuando un inversor tiene prohibido hablar de la inversión, cualquier persona razonable debería saber que algo está mal."[70] Coenen se refiere específicamente al caso Madoff, pero su consejo se aplica a cualquier inversión que está considerando. Si no se le permite decir a los demás sobre él, no puede encontrar información sobre él fácilmente en el Internet, y no hay anuncios públicos, manténgase alejado. Su agencia estatal de valores puede ayudar aquí, también - contacte a ellos si tiene alguna pregunta sobre una oferta particular.

Vaya Lento, Especialmente Durante una Crisis

Cuando su vida está en un trastorno, debe ser aún más cauteloso y lento para actuar. Si un ser querido ha muerto, ha perdido su trabajo, su ciudad ha sido afectada por un desastre natural, está pasando por un divorcio, o cualquier otra situación de estrés que está ocurriendo en su vida, necesita tomar decisiones lentamente, y darse cuenta de que este es un momento estresante e incierto. Aunque válidas ofertas especiales que se mueven rápidamente pueden ser ofrecidas a los muy ricos con excelentes conexiones, es poco probable - y probablemente imposible - que una lucrativa oferta que requiere una decisión rápida se ofrezca a una persona regular como usted y yo. Cuando esté presionado a tomar una decisión rápida debido a que la oferta "sólo es buena para hoy" o "tiene un número limitado de oportunidades," tiene que parar, cavar en sus talones, decir no, y alejarse. Si usted puede encontrar un abogado - un familiar cercano o un profesional de confianza - para ayudarle con asuntos verdaderamente urgentes, como una reunión de impuestos o un plazo de presentación de informes financieros, eso lo llevaría muy lejos en mantenerlo financieramente seguro. Es inevitable que la vida nos traiga dolores de cabeza y problemas, pero no queremos añadir a la misma por tomar de decisiones financieras apresuradas a raíz de una tragedia.

ENCONTRANDO ASESORES DE CONFIANZA

¿Cómo se puede encontrar un asesor financiero o planificador en el cual se pueda confiar? Por desgracia, no hay maneras infalibles para garantizar la honestidad. A pesar de ello, puede hacer su tarea para asegurarse de que evite los asesores que ya se han comportado de manera poco éticas o criminales, y se puede obtener referencias para ver lo que los clientes actuales y clientes anteriores - piensan sobre ese profesional financiero. Véase el Apéndice 7 para los pasos específicos para evaluar las personas que podría usted emplear.

Comprobar las Credenciales

Un primer inicio es preguntarle directamente a su profesional financiero si él o ella es un fiduciario. La definición del Departamento de Trabajo de los Estados Unidos especifica que los profesionales financieros se adhieran a una norma fiduciaria de "actuar en el mejor interés de sus clientes; adoptar procedimientos razonablemente diseñados para detectar posibles conflictos; eliminar los conflictos de intereses siempre que sea posible; adoptar procedimientos de supervisión escrito razonablemente diseñados para asegurar que cualquier conflicto que haya quedado, como la compensación diferencial; no fomentan asesores económicos para proporcionar un servicio o recomendar cualquier producto que no está en el mejor interés del cliente; obtener el consentimiento del cliente al por menor de cualquier conflicto de intereses en relación con las recomendaciones o servicios prestados; y proporcionar a los clientes la información, en lenguaje sencillo, sobre las recomendaciones y los servicios prestados, los productos ofrecidos y todas las comisiones y gastos relacionados."[71] Considere contratar un asesor financiero que es un fiduciario porque es más probable que sus intereses vendrán en primer lugar, lo que resulta en un mejor resultado financiero para usted.

Lea el Papeleo

Sabemos que debemos leer la letra pequeña de los formularios, pero ¿cuántos de nosotros tomamos el tiempo para realmente hacerlo? Haga todo lo posible para tratar de leer y entender lo que está firmando. No deje espacios en blanco en los formularios que tiene que llenar y que otra persona podría completar más adelante sin su conocimiento o consentimiento - escriba "N/A" para "no aplicable" en las zonas en blanco de importancia. Asegúrese de obtener copias impresas de los documentos finales y presentados. Si no se siente cómodo en el Internet o no tiene una impresora, solicite copias impresas de los documentos. Incluso si hay un cargo para documentos impresos, puede valer la pena pagar por ellos para que se los envíen a usted.

Confirmación de Terceros

Asegúrese de que recibe las declaraciones regulares de fuentes de independientes terceros. Por lo general, estas fuentes son los guardianes de sus activos - ya sea una firma de corretaje o una sociedad fiduciaria. Debe conciliar las declaraciones con los informes que reciba de su profesional financiero y pregunte acerca de cualquier discrepancia. Aunque las declaraciones impresas no garantizan necesariamente la seguridad a pesar de asegurar que las declaraciones provienen de un independiente tercero y no de la propia firma del asesor, le ofrece seguridad adicional. En el caso del escándalo Madoff y con el evento de fraude del asesor financiero Aiken en mi ciudad natal, los clientes recibían estados de cuenta impresos con regularidad que falsamente confirmaron que sus cuentas se encontraban bien.

Corazonadas

Sería estupendo si pudiera contar con su "*corazonada*" para decirle cuándo comprar y cuándo salir corriendo. Sin embargo, los sentimientos viscerales funcionan mejor cuando se está en un ambiente en el que usted es un experto. Cocino mucho, así que cuando mi instinto me dice que el agua es demasiado fría para hacer que el pan suba correctamente, estoy en lo cierto. Soy menos experta en el mantenimiento de mi coche, por lo que cuando hay un sonido en mi Toyota podría significar que la manga de mi chaqueta está colgando hacia fuera de la puerta o que se está yendo la transmisión. Cuando no se sabe mucho acerca de las cuestiones financieras, es más difícil juzgar la competencia y la honestidad de un asesor potencial. Creo que si no *le gusta* la persona o si tiene un sentido general de desconfianza, haría bien en elegir a otra persona, pero lo contrario no es necesariamente cierto: muchos de nosotros hemos cometido el error de gustar de personas que luego nos han traicionado.

¿Qué tipos de asesores tienen el mayor potencial de conflictos de interés y de dar un mal consejo? Recursos de Inversores Paladin sugiere que consumidores eviten asesores que son:

- Los empleados de empresas que determinan qué tipo de inversión serán vendidos a los inversores, como las empresas de marca con sus propios productos de inversión
- Pagos con comisiones, no honorarios
- Licenciados de Valores, pero no se ha Registrado como Asesores de Inversión o representantes de Asesor de Inversiones
- Fiduciarios no reconocidos
- No documentan credenciales, la ética y las prácticas de negocio[72]

¿Qué tal si usted piensa que está siendo engañado? Qué le diría a la gente al respecto? Muchos no lo hacen. La Federal Deposit Insurance Corporation teoriza, en su informe del consumidor, que la vergüenza, la negación y el sentimiento de culpa son factores que contribuyen a no presentar informes.[73] Si no está seguro acerca de una inversión que usted puede ser que compre o que ya haya comprado, llame a una de las agencias gubernamentales que figuran en el Apéndice 7. Le ayudarán.

Equilibrio de Poderes
Puede ser tedioso, pero mire sus estados financieros con regularidad. Si ya dispone de una inversión en particular, lea los estados de cuenta impresos y acceda regularmente sus estados de cuenta en línea. El periodista financiero, Jack Waymire, advierte a los consumidores que deben "recibir mensualmente, trimestralmente, del año hasta la fecha y anuales los informes que documentan su rendimiento. El informe debería proporcionar datos de rendimiento que son bruto y neto de todas las cuotas para que usted pueda ver el impacto de los gastos en sus resultados."[74] Tengo que admitir que soy la peor para comprobar todas mis declaraciones de varios lugares ahora que están en línea y tengo que tirar de ellos e imprimirlos yo misma. La mayoría de los bancos y

casas de inversión cobran una tarifa ahora para la entrega de papel, por lo que necesito acostumbrarme a descargar, imprimir, y revisar todas mis declaraciones regularmente, como solía hacer cuando llegaban por correo. Si usted puede tener declaraciones de cuenta impresos entregados a usted sin cargo, elija esa opción.

El Estándar Fiduciario

He utilizado el término "fiduciario" aquí y brevemente definí sus características anteriormente. ¿Por qué es el término importante para usted? Como un fiduciario es un profesional que ha sido encargado para gestionar los activos al beneficio del cliente en lugar que de su propio beneficio, es menos probable que le venda productos que se ofrecen en base a la comisión del profesional financiero que ganará en lugar de lo que es mejor para usted. La Junta del Planificadores Financiero Certificados (CFP) considera un fiduciario a ser una persona que actúa de buena fe, de manera que él o ella cree razonablemente que es en el mejor interés del cliente. Estas son las definiciones legales que obligan al asesor actuar en su mejor interés, no su propia, y si el asesor no lo hace, él o ella es responsable de las sanciones civiles y potencialmente criminales. Los fiduciarios aún podrían ofrecerle productos de inversión que los benefician más a ellos que a usted, pero es ilegal que lo hagan - a diferencia de los corredores/agentes que pueden beneficiarse legalmente de las inversiones que le venden y que no son adecuadas para usted, siempre y cuando se adhieran a un "estándar de idoneidad" relativamente vaga en lo que ellos tratan de vender. Si su asesor no es un fiduciario, pregunte acerca de las tarifas asociadas con la inversión que se recomienda, como estos honorarios se comparan con otras inversiones, y si él o ella va a ganar una comisión si se elige la inversión.

Con la Posibilidad de Alta Rentabilidad, el Riesgo es SIEMPRE presente

Piense en todos los programas de pérdida de peso y píldoras que existen. Si cualquiera de esas soluciones fáciles realmente trabajaran, todos nosotros los utilizaríamos y estaríamos delgados. Usted básicamente sólo tiene que comer menos calorías de las que quema, que es muy difícil de hacer. Es un hecho que el cuerpo humano promedio quema una cierta cantidad de calorías y no existe nada seguro que lo dejará comer enormes cantidades y que se mantenga delgado. Anfetaminas o el virus del VIH puede adelgazar, pero a un costo enorme para su salud física. Es lo mismo con la salud financiera. Por una baja cantidad de riesgo, sólo va a hacer cierta cantidad de dinero. Con los CD a corto plazo, el retorno es aproximadamente 0.075% en 2016; con la participación a largo plazo en el mercado de valores, la rentabilidad media durante toda la vida convencionalmente se ha calculado en alrededor de 8% -10% (aunque los expertos están empezando a revisar esa cifra a alrededor del 6% - 8%). Por lo tanto, si se le ofrece una inversión que está garantizada para hacer un retorno del 40%, el riesgo es alto de que no va a obtener esa cantidad y usted podría perder su principal. Aunque se *puede* hacer un 40% o un mejor retorno, no hay garantía de que usted *va* hacer tanto; el riesgo inherente a la posibilidad de un alto rendimiento significa que hay una probabilidad de que se produzca menos dinero, perder parte de su dinero, o perderlo todo.

Dese Cuenta Que Las Transacciones Financieras Tienen Costos Al Igual Que Otras Compras

Siempre que se le presenta una transacción propuesta, pregunté "¿Qué me cuesta?" Pregunte sobre los costes de venta, cargos de rescate, cargas, comisiones, gastos de administración, y otros gastos de transacción. No es malo o ilegal que existan cargos; Sin embargo, no es ético (y en muchos casos ilegal) ocultar o descuidar a revelarlos. Está bien preguntarle a su profesional financiero si él o ella se le pagan por la transacción. Pagos a independientes terceros o comisiones no son señales de alerta por sí mismos, pero si los beneficios no son suficientes para que las comisiones de mérito, busque otras opciones de inversión. Profesionales éticos de finanzas trabajan siempre con el mejor interés de sus clientes al hacer recomendaciones de inversión. Por el contrario, los profesionales sin escrúpulos pueden basar sus sugerencias sobre el tamaño de su comisión o tasa. Si la empresa que utiliza constantemente le está empujando a comprar y vender (una práctica ilegal llamada "batido"), es posible que desee ir a otro lugar. Recuerde que sólo porque usted no paga de su bolsillo, no significa que la inversión es gratis.

Hable Cuando Usted No Entiende

Informe a su profesional financiero cuando usted no entiende;

profesionales éticos estarán encantados de explicar. Si aún no recibe la explicación, pregunte al profesional financiero que lo ponga en términos más simples. También puede investigar la inversión o el concepto por su cuenta y presentar su asesor con sus hallazgos como una manera de empezar una conversación sobre una transacción que le preocupa.

No Confunda Familiaridad con Confianza

Cuando usted vive en una ciudad pequeña como yo lo hago, se llega a conocer a mucha gente y tienden a sentirse muy conectados y de confianza. Es muy bueno preguntarle a amigos y conocidos recomendaciones acerca de en quién confían en el mundo financiero. Lo que desea es asegurarse de que la persona a la que acaban de elegir está capacitada para aconsejarle. Es posible que tenga mucho en común con la persona recomendada para usted, pero hay que ejecutar las mismas comprobaciones de verificación discutidas en el Apéndice 7 en un amigo en común como se debe ejecutar en un extraño.

DOCUMENTOS IMPORTANTES QUE GUARDAR

Un componente clave de la seguridad financiera es ser capaz de acceder información personal y documentación vital. ¿Qué documentos debe mantenerse en el mínimo?

- Certificados de nacimiento, adopción, matrimonio y defunción y tarjetas de el número de Seguro Social (SSN) (y copias que se debe mantener en un lugar diferente en su casa)
- Los pasaportes y tarjetas de identificación (y mantener copias en un lugar diferente en su casa)
- Documentos de planificación de la jubilación (plan de retiro del lugar de trabajo, Descripción Resumida del Plan)
- Estimado de beneficios de jubilación del Seguro Social
- Planificación fiscal y documentos de la declaración de impuestos (declaraciones de impuestos durante el año pasado; recibos de pago; W-2)
- Declaraciones y documentos relacionados con la inversión y las finanzas (cuentas bancarias, fondos mutuos, corretaje, acciones, bonos en poder, acuerdos comerciales)

- Documentos de préstamo, declaraciones e informes de crédito (préstamos estudiantiles, hipotecas, coches, números de tarjetas de crédito e información, el reciente informe de crédito)
- Los documentos de seguro y declaraciones (salud, discapacidad, seguro de cuidado a largo plazo, vida, propietarios, inquilinos de automóviles, las pólizas de seguro de paraguas, etc.)

Muchas personas no tienen impresoras más en casa, así que es difícil para generar las copias en papel que hay que tener para protegerse a sí mismo. Vale la pena el dinero para poner las declaraciones en una unidad flash y llevarlas a imprimir en la biblioteca o a Staples. Active los impresos de los estados de cuenta si no hay cargo para recibirlos por correo y asegúrese de archivarlos donde se puede acceder a ellos más tarde. Si usted no recibe estados de cuenta impresos, comprométase a imprimir artículos y declaraciones importantes periódicamente, si no todos los meses. Por lo menos, tenga por escrito todos los números de cuenta, números de acceso, información de contacto, y códigos, y mantengalos en un lugar seguro. Usted también puede escanear estos documentos a una unidad flash que mantiene en una caja a prueba de fuego en su casa.

LOS MONSTRUOS DE DINERO QUE LO MANTIENE DESPIERTO EN LA NOCHE

En nuestra discusión de las trampas financieras que pueden atraparnos, vale la pena hablar sobre el miedo y la preocupación con respecto al dinero que puede afectar nuestras decisiones financieras. Una sensación de pánico real puede ser atada a asuntos de dinero, especialmente si usted no entiende los conceptos básicos relacionados con el dinero. El conocimiento es poder, así que cuanto más sabes, menos miedo tendrá. Si usted tiene hijos - o un recuerdo duradero de su propia infancia - comprende el temor de los monstruos debajo de la cama. Monstruos de dinero aterrorizan a los adultos tanto como vampiros asustan a niños de 5 años de edad. ¿Por qué estamos tan preocupados por el concepto de dinero? ¿Y cómo podemos calmar nuestros temores?

Los monstruos son grandes. Los niños son pequeños, y los monstruos son grandes. Nuestros sueldos son pequeños, y nuestras cuentas son grandes. El ser tan pequeño en la cara de un trol imponente es aterrador, y problemas de dinero pueden fácilmente tomar la forma de un monstruo gigantesco. Llevamos una gran cantidad de equipaje mental con respecto al dinero: puede significar la alegría, la tristeza, la energía, la falta de control y mucho más que simples dólares y centavos.

Monstruos que te pueden herir. Los niños no saben lo que un monstruo podría hacerle, y una fuerte imaginación magnifica el terror. Los adultos no son diferentes cuando se trata de monstruos de dinero, especialmente cuando se presentan de una manera desconocida. Una mala inversión puede hacerte daño, y eso es un verdadero terror. No siempre se sabe si una decisión financiera va a llegar a ser un demonio o un amigo.

Los Monstruos Saltan Inesperadamente. Los niños esperan con temor por el momento que el monstruo finalmente salta. Los adultos esperan con miedo por el inesperado accidente de coche, la crisis de salud, la caída de la bolsa, u otra catástrofe potencial, sin saber cuando el desastre podría golpear. La incertidumbre - al igual que la anticipación del dolor en la silla del dentista - hace la vida difícil.

A veces los monstruos pueden ser reales. Desafortunadamente, cosas realmente espantosas les pueden suceder a los niños por la noche. Los niños no pueden ser protegidos de todo peligro, y tampoco es posible que su bolsillo lo sea. Tornados arrancan techos. Cánceres potencialmente mortales se desarrollan. Y, como la cartelera conocida muestra sin rodeos, cuando su hijo adolescente conducía borracho y "acaba de soplar $10,000," ese es su dragón financiero para matar.

¿Cómo se puede aliviar sus temores de dinero?
- *Convertir un problema en una oportunidad.* Continuamente estar corto de dinero en efectivo puede ser el impulso necesario para que usted pueda entrenar para un nuevo trabajo. Altas facturas de seguros de coche pueden hacer que un conductor sea más seguro. Las preocupaciones sobre el pago de cuidado de la salud en la vejez podría ser la razón

de dejar de fumar. Las acciones que se toman para reducir el miedo puede afectar a su vida de manera positiva.

- *Reconocer y extraer temores.* Simplemente decir "estoy asustado" puede iniciar el proceso de sentirse mejor. Admitiendo el poder que el dinero tiene por encima de nosotros nos puede guiar a un camino de mayor control.
- *Seguir el gatillo.* El problema de cómo pagar la universidad de sus hijos o el entrenamiento técnico es aterrador. En ese caso, hacer su investigación y analizar el peor de los casos puede reducir el miedo.
- *Diga la verdad.* Ignorando los problemas de dinero no va a hacer que desaparezcan. En los días buenos intenta enfrentar el ogro del dinero, haga un balance de su situación financiera, haga planes, y trate de atenerse a ellos.
- *Crear un entorno menos temeroso.* Trate de ser realista acerca de lo que debe. Hacer una lista o elaborar una hoja de cálculo puede mostrar los hechos, que son a menudo menos grave de lo que se imagina. Haga su lista después del amanecer, porque el realismo por lo general no funciona cuando se ha visto cada media hora en el reloj desde la 1 de la mañana. A la luz del día se puede tomar el tiempo para preguntar honestamente a sí mismo si las cosas son tan malas como parecían bajo las sábanas anoche.
- *Cambie las falsas percepciones y creencias.* Muchos temores son simplemente tontos. El Seguro Social es altamente improbable que desaparezca. No vas a terminar como una señora excavando a través de los basureros. Ser rico no te convierte en una mala persona. Puede ser un hábito aferrarse a las creencias poco realistas, pero se sentirá mejor si usted puede librarse de los miedos poco realistas. Soy personalmente culpable de esta práctica, pero trabajo continuamente para mantener mis preocupaciones en perspectiva, para evitar "globalizar" pequeñas ansiedades, y tratar de ser realista en cuanto a lo peor que puede suceder.

No se sienta mal si son reacios a hablar de los monstruos de dinero que perturban su sueño. Usted no está solo: las estadísticas muestran que los estadounidenses preferirían discutir sus ideas personales sobre la muerte, la política, el sexo o la religión más de lo que quieren hablar de asuntos relacionados con el dinero privado.[75] Nos escondemos nuestros temores acerca de nuestra deuda, los impuestos, nuestro valor neto, el retiro, y muchas otras cuestiones financieras. Todos sabemos que los monstruos se esconden en las sombras y desaparecen cuando la luz brilla sobre ellos; pruebe algunas de estas ideas para desterrar sus propios monstruos de dinero.

CAPÍTULO 4 – UNIVERSIDAD Y FORMACION

Muchos americanos asumen que una educación universitaria es el único camino al éxito. Si su hijo es capaz de entrar a la universidad, es un hecho que él o ella deben ir. Tendemos a pensar en un título universitario como el tiquete a los empleos mejor pagados y de mejores vidas. Un título universitario sin duda puede llevar a una gran carrera, pero no es una garantía. Por ejemplo, una carrera de cuello azul como un cerrajero capacitado gana mucho más a largo de la vida que una carrera como maestra de escuela universitaria. Echemos un vistazo a las ventajas y desventajas entre ir a la universidad y elegir una ruta diferente, que incluye:

- Los beneficios de una carrera de cuello azul
- Las desventajas del trabajo
- Formación y preparación para los trabajos de cuello azul
- Ahorrar y pagar la universidad

BENEFICIOS DE UNA CARRERA DE CUELLO AZUL

Graduarse de la universidad es un logro que vale la pena, pero no es una garantía de que terminará con un trabajo bueno. ¿Por qué no? Echemos un vistazo al pago, horas, deuda, ganancias de por vida y los intereses personales en el contexto de obtener un título universitario.

¿Es necesario una persona graduarse de una universidad tradicional de 4 años para progresar en el trabajo? Sin duda, muchas personas con educación universitaria continúan carreras lucrativas en las que ganan altos sueldos. Sin embargo, muchos de los graduados son incapaces de encontrar empleos bien remunerados, o a veces cualquier trabajo, porque su grado en historia o filmación o bellas artes no cumple los requisitos para ser contratados en empleos que paguen bien. Además, los estudiantes universitarios que se enfocan en temas como la educación o trabajo social se someten a ganar bajos sueldos por toda la vida porque esos empleos pagan los salarios más bajos.

Matthew B. Crawford, autor del *Clase de Taller como Soulcraft: una investigación sobre el valor del trabajo*, en su reciente artículo"aprender un oficio," escribe que "a menudo escuchamos que los grados de cuatro años ganan más que los que no. De hecho, ganan muchísimo más - en promedio. Pero estas categorías son engañosas. Si compara las ganancias de un mecánico de diésel trabajando con equipo pesado en los campos de petróleo de Dakota del Norte a los de una persona con un grado en sociología trabajando en retail o al por menor (como a menudo hacen tales estudiosos), usted conseguirá una imagen muy diferente. El mecánico probablemente gana hasta tres veces más. No sólo es probable que va a ganar más dinero, seguramente él está ejerciendo su capacidad intelectual más intensamente en el trabajo. Si el diagnóstico de máquinas puede reducirse a simplemente siguiendo reglas, el mecánico no se ganaría $100,000 al año."[76] La disparidad entre los ingresos de cuello blanco y azul puede ser sustancial, razón por la cual es importante considerar la trayectoria de trabajo de cuello azul.

Muchos trabajos de cuello azul tienen altas escalas salariales. Por ejemplo, según un artículo de Enero de 2016, en la revista titulada *Comstock,* "El Trabajador de Cuello Azul En Peligro De Extinción": "los que obtiene la certificación para arreglar la calefacción y sistemas de aire acondicionado hacen cerca de seis cifras dentro de cinco o seis años," dice Jon Zeh, Presidente del Departamento de tecnología mecánica eléctrica en el Sacramento City College." Y puede conseguir entrenamiento en un programa que ofrece un grado de 2 años por menos de $3,500, o para estudiantes de bajos recursos, no costará nada. Esto es en contraste a la matrícula promedio de $37,000 por una licenciatura en universidades públicas de California."[77] Otro ejemplo reciente es el gran potencial de pago que surgió en el Centro de Motores Grandes de Caterpillar Inc. en Lafayette, Indiana, donde una nueva campaña llamada ' avance de fabricación: que tienen puestos de trabajo aquí, que tienen entrenamiento aquí ' fue introducido para promover la capacitación para empleos como operadores de máquinas, trabajadores de producción, operadores de grúa, personal de mantenimiento, soldadores, técnicos de extrusión y los fabricantes de metal.[78] Es el momento de tomar un segundo vistazo a la sabiduría que dice que la universidad es el único camino para la felicidad hacia una carrera y éxito financiero.

Tasas de Pago

Como se señaló anteriormente, muchos trabajos que requieren un título universitario no pagan bien. Maestros, profesionales de banco, trabajadores sociales, analistas de recursos humanos, trabajadores de laboratorio y otros profesionales tienen trabajos importantes, pero nuestra sociedad no está dispuesta a pagar altos salarios para esas habilidades particulares. Hay muchas razones que pueden causar las bajas tasas incluyendo la alta competencia por esos trabajos, un exceso de trabajadores con las habilidades, una profesión dominada por mujeres trabajadoras donde los salarios tienden a ser menores, o trabajos con horarios flexibles. Independientemente de las razones, si usted obtiene un grado que lo califica para uno de esos trabajos, usted no será capaz de ganar mucho más que el promedio de ese sector, no importa lo talentoso que sea. Un profesor de la escuela primaria hoy en día no es probable que gane $170,000 por año en su profesión.

Los sueldos anuales representativos para trabajos que requieren un título universitario son:

- Profesor en Carolina del sur – $26,000 ($ 12.50/hora)
- Consultor en comunicación-$32,000 ($ 15.38/hora)
- Analista de negocios (Maestría necesaria)-$45,000 ($ 21.63/hora)
- Gerente de recursos humanos ($45,500) – ($ 21.87/hora)

Esos sueldos no son tan buenos. Si tenemos en cuenta que estos empleados también tienen deuda universitaria, que promedia $35,000 por alumno en el año 2016, puede ser difícil hacer alcanzar el dinero y aún más difícil será para progresar como empleado en muchas profesiones de cuello blanco. Los datos publicados por la Junta de Gobernadores de la Reserva Federal de Estados Unidos muestran que la generación del Milenio gana menos hoy después de ajuste por inflación que lo que sus compañeros lo hicieron en el pasado.[79] Bajos ingresos juntados con deuda estudiantil hacen aún más difícil la vida. Teniendo en cuenta estos datos alarmantes, tiene sentido que un estudiante de secundaria que no está seguro de lo que él o ella quiere hacer como carrera y que realmente no está interesado en obtener un título universitario de 4 años eche un vistazo a otras opciones.

En el capítulo 1 figura una muestra de sueldos de empleos típicos de cuello azul. Muchos de ellos superan los sueldos de algunos trabajos que requieren un título universitario. Como se explica en el informe de la Fundación de la Cámara de Comercio de Estados Unidos 'Estados Emprendedores 2014'"ahora es imperativo que la gente reconsidere sus opciones educativas." Las personas van a la universidad no porque quieran sino porque sus padres les dicen que es lo que deben hacer,' observa Kirk [Jeff] [manager de Kaiser Aluminums Heath, planta de Ohio]. 'Los niños necesitan tomar conciencia de la realidad de que gran parte de lo que aprenden en la escuela no es realmente necesario en el lugar de trabajo. No se dan cuenta que un plomero hace tres veces más que un trabajador social.'"[80] Es interesante notar lo difícil que puede ser la búsqueda de empleo para chicos llamados "millennials" con títulos universitarios pero que no tienen habilidades específicas vendibles: En 2011, más de la mitad de los graduados de la universidad (53.6 por ciento, 1.5 millones de graduados) bajo la edad de 25 estaban desempleados o subempleados, según un análisis de los datos de la encuesta de población actual por Northeastern University y la investigación del economista de Drexel University, Paul Harrington.[81]

Horas Extras

Además de los salarios relativamente bajos que proporcionan estos tipos de empleos asalariados, las horas extras no son generalmente remuneradas, algo que baja aún más el salario efectivo. Por ejemplo, si trabaja 50 horas por semana como consultora de comunicaciones con un salario de $32,000 (o $15.38 por 40 horas por semana), se obtiene el mismo salario como si trabajará 40 horas normales. Esto significa que usted realmente gana $12.30 por hora en lugar de $15.38. Los jefes de empleos más profesionales esperan que sus trabajadores hagan horas extras no remuneradas. Podría negarlo, pero es probable que lo reemplacen con otra persona graduada de Colegio que está desempleada pero que tiene más ganas y dispuesta a ganar $12 la hora. Cuando se trabaja en la mayoría de los campos de cuello azul, pagan sus horas extras y muchas veces a tiempo-y-medio.

Deuda

Según la oficina de estadísticas laborales, "en los últimos años, deuda estudiantil ha rondado alrededor de $ 1 trillón, convirtiéndose en la segunda mayor obligación de consumidor después de hipotecas e invoca paralelos a la burbuja inmobiliaria que precipitó la recesión en 2007-2009....la proporción de la población de Estados Unidos con préstamos estudiantiles aumentó de alrededor del 7 por ciento en 2003 a 15 por ciento en 2012. Además, durante el mismo período, la deuda promedio de un prestatario de 40 años casi se duplicó, alcanzando un nivel de más de $30,000."[82] Estudiantes de posgrado incurren más deuda, y los salarios, especialmente en la educación, no son generalmente lo suficientemente altos como para que el Máster (que es un gran impulso *académico)* valga la pena y que sea una buena inversión *financiera*. Si resulta que la universidad no es para usted o si tiene problemas que le impiden graduarse, puede acabar con un montón de deuda y nada para mostrar. El hecho de tener horas o semestres terminados no califica para un trabajo que requiere de un grado, por lo que podría terminar con la deuda y sin las letras necesarias detrás de su nombre. En cambio, entrenamiento o formación en un trabajo de cuello azul requiere menos costos y años que un título universitario; en algunos campos, se aprende en el trabajo y ese tiempo es pagado.

Lo Más Que Se Puede Ganar en la Vida

Muchos de estos trabajos profesionales no tienen límites de cuanto un empleado puede ganar. La mayoría de las profesiones tienen límites en la cantidad que un trabajador, después de una larga y exitosa carrera puede ganar. Sin embargo, los límites para un abogado, médico o equipo científico – que sólo los graduados de la universidad élite y específicamente capacitado – exceden los de periodistas, conservadores de museos, la mayoría de los empleados en buenas obras religiosas, consejeros de rehabilitación, locutores de radio, trabajos en áreas de recreación, legisladores en los gobiernos locales, consejeros de matrimonio, historiadores, trabajadores sociales y técnicos biológicos. No es que estos puestos de trabajo de menos pago no sean importantes, pero el hecho es que simplemente no pagan mucho al principio de su carrera y tampoco al final. Cuando se convierte en un curador de museo, está consignando a sí mismo una vida de pobreza relativa. Si tiene préstamos estudiantiles para pagar también, no podría ser una forma cómoda de vivir.

Cuando consistentemente gana un sueldo menor, hace menos a lo largo de su carrera. Por ejemplo, el sueldo promedio de un consejero es aproximadamente $43,000, que serían cerca de $1.5 en una carrera de por vida. Un herrero haciendo aproximadamente $72,000 al año podría ganar alrededor de $3 M. Una cifra tan dramáticamente diferente en ganancias de por vida es suficiente para hacerle considerar opciones que no sean universitarias.

Siguiendo su pasión

Como comentamos en el capítulo 1, los estadounidenses no gustan hablar de dinero. El dinero, sin duda, no lo es todo, y no compra la felicidad. Sin embargo, es una parte esencial de la vida, y si no tiene suficiente, la vida puede ser muy difícil y limitada. Tenemos que considerar los hechos cuando elige una carrera o cuando guiamos a nuestros jóvenes hacia opciones de carrera. Si se siente llamado a hacer un trabajo en particular, ignore los siguientes consejos. Sabe lo que quiere hacer, y usted debe hacerlo. En mi caso, supe temprano en lo que me gustaba, me encantaba escribir y enseñarles cosas a otras personas. Desde mi edad en el jardín de la infancia, mantenía diarios y hacia a mi hermana y mis amigos jugar a la escuelita. Me comprometí a ser una maestra y estudiante a lo largo de mi vida. Me encanta ir a la escuela y sigo yendo. Pero en elegir enseñanza y escritura, me comprometí inicialmente a un salario bajo hasta que transformé mis habilidades en desarrollo de negocios y luego en el campo financiero. Encontré que, con la edad, me sentía frustrada de que no podía ganar salarios más altos enseñando o escribiendo. Si una pasión por las clases de historia o trabajo ambiental o Dios puede llevarlo por una vida financieramente restringida, todo listo. El problema podría venir en la edad avanzada, si tienen hijos, se incapacita o encuentra su pasión disminuyendo. En ese momento, es difícil y costoso cambiar de carrera.

Si se siente llamado a enseñar kínder, servir a Dios o salvar a las ballenas, deben seguir esa pasión y obtener el título universitario que necesita. Pero ¿qué pasa con los muchos estudiantes que se sienten que no hay tal pasión todavía y están bajo presión para ir a la universidad? ¿Deben simplemente ir a la universidad y esperar que descubran lo que deben estudiar? En algunos casos, la respuesta es sí. En otros - como cuando un estudiante tiene poco interés académico – una respuesta mejor, al menos financieramente, es no.

Muchos, o Pocos, Intereses Convincentes

¿Qué pasa si usted no está particularmente interesado en una sola cosa? ¿Y si le gusta un montón de cosas, pero ninguna más que otras? ¿Qué pasa si desea un trabajo que le permita vivir una gran vida pero ese trabajo no necesariamente inspira su pasión? Me canso un poco de todos los consejos que escucho con frecuencia de "sigue tu pasión". La mayoría de nosotros pasamos enormes cantidades de tiempo haciendo trabajos que no es nuestra pasión. No espero que el cerrajero atando la pieza de refuerzo número 6,000, el contador creando otra hoja de balance, o la enfermera dispensando medicamentos en la sala de pacientes de Alzheimer que constantemente sientan pasión por lo que hacen. Ojala sientan el valor de sus contribuciones a la eficiencia del mundo al construir un depósito de residuos de alto nivel o al mejorar la calidad de vida de los ancianos, pero gran parte de su existencia diaria es bastante aburrida. Decirles a nuestros jóvenes que sean apasionados por su trabajo cada día es hacerles un perjuicio. Incluso famosos actores o deportistas tienen partes aburridas de sus puestos de trabajo – aprenderse sus líneas o ejecutar un buen pase – es probablemente aburrido.

El aburrimiento que el pensamiento estereotípico le atribuye al trabajo de cuello azul no es necesariamente exacto. El defensor de cuello azul, Jeff Torlina, pregona la importancia de la repetición: "otro error de los intelectuales es que el trabajo repetitivo es simplista y sin sentido. Lo incomprendido es que la habilidad es producto de la repetición. Cualquier artista debe practicar hasta que la forma de arte llega a ser casi natural. La única forma que un masón puede aprender a poner un acabado perfecto en un piso de concreto o para construir un muro de bloque que es perfectamente vertical, recto, plano y constantemente puesto es haber realizado esas tareas miles de veces. Con la repetición viene el movimiento adecuado que dirige los músculos para aplicar la presión correcta en la paleta y mantenga la herramienta en el ángulo correcto."[83]

DESVENTAJAS DE TRABAJO DE CUELLO AZUL
Tenga en cuenta, sin embargo, ese trabajo de cuello azul no es sin problemas. Vale la pena tener en cuenta los aspectos negativos posibles de un trabajo de cuello azul. Seis vienen a la mente:

- Horarios de pago irregular
- Cambios económicos que causan desempleo
- Trabajo temporal en empleos de cuello azul
- Peligro físico y desgaste en el cuerpo
- Una carrera de duración corta
- Actitudes sociales hacia el trabajo de cuello azul

Día de pago
Un número de trabajos de cuello azul, especialmente aquellos en construcción, el petróleo y el gas y el paisajismo y jardinería (o *landscaping*) dependen de buen tiempo. Como un trabajador de cuello azul, usted generalmente se considera "no exentos" para propósitos de recursos humanos y pago. Esto significa que usted sólo se le paga cuando trabaja, a diferencia de un trabajador asalariado que recibe una cantidad acordada cada semana sin importar cuántas horas él o ella realmente trabaja. Así que cuando llueve, no va a trabajar y no cobra. Un Noviembre lluvioso durante un proyecto de construcción de tanque de concreto puede hacerle

un hueco enorme en su billetera y poner en duda a sus hijos de que Papá Noel existe. Además, en campos de construcción, madera y otros, el propósito del proyecto es trabajar hasta que esté todo hecho. Cuando el tanque se construye y se despeja el bosque se queda sin trabajo hasta que llegue el próximo proyecto. Muchas, aunque no todas, de las personas asalariadas son mantenidas por la empresa entre proyectos, pero son despedidos los trabajadores de cuello azul, forzandolos a cobrar subsidio de desempleo hasta que llegue el siguiente proyecto.

Cambios en la economía

Cambios económicos pueden afectar negativamente a los trabajadores de cuello azul. En el verano de 2015, la industria petrolera experimentó una sacudida enorme. Petróleo, que estaba en $80 el barril apenas hace un año, había llegado a bajar a $27 el barril. La caída de las reservas de petróleo y las empresas que producen petróleo sufrieron. Una industria cuya función inicial fue contratar nuevos empleados de una forma meteórica que su único requerimiento era "si puede deletrear 'pizarra', usted puede conseguir un trabajo"[84] había ya despedido los empleados nuevos y muchos más. La pérdida de empleos en todo el país siguió la caída de precios de petróleo crudo ya que las empresas de producción y exploración redujeron gastos y proyectos futuros, despidieron trabajadores, y redujeron producción. En Alaska solamente, la industria de petróleo y gas tuvo una pérdida de 5.7% en empleos en 2015.[85] Despidos masivos, sin duda, pueden ocurrir en otras industrias (como la banca durante las crisis de 2008 y la recesión posterior), pero habilidades de cuello blanco pueden a veces ser cambiados de puesto más fácilmente a otras industrias que habilidades de cuello azul.

Además, vale la pena discutir aquí las diferencias hoy entre trabajadores de cuello azul en la fabricación y dentro de las fábricas en comparación con los trabajadores de cuello azul en otros campos como la construcción, transporte, energía, etc. Trabajo de la fábrica no proporciona tan buen salario como antes: Según informes de bienes duraderos de 2015, los trabajadores de la fabricación ganaron $20.79 por hora en marzo; trabajadores del sector privado global ganaron $20.89. En otras palabras, "trabajadores de la fábrica no ganan más que otros trabajadores. En general, la prima salarial ha desaparecido. Los trabajadores en la fabricación de vehículos y piezas de motor, por ejemplo, ganan 50 por ciento más que trabajadores del sector privado en general, en la década de 1990. Ahora, la prima que ganaba este tipo de trabajador bajo un 2 por ciento".[86] Después que la recesión de 2008 llegó a su fin, la fabricación comenzó a crecer, pero "los empleos nuevos de producción son menos propensos a ser de sindicato y pagan salarios bajos".[87] El sector manufacturero se ha convertido en un lugar menos accesible para los trabajadores de cuello azul, siendo reemplazados por otros tipos de trabajos más lucrativos de cuello azul, como se analizó en el capítulo 6. La razón de este cambio puede ser debida en parte a la externalización de trabajo a otros países o el hecho de que muchas fábricas utilizan tanta tecnología automatizada que ha disminuido la necesidad de trabajadores capacitados y cualificados.

Trabajadores Temporales

Una tendencia en el empleo de cuello azul ha sido el aumento de trabajo temporal. Trabajo de construcción de cuello azul es intrínsecamente de carácter temporal ya que los trabajadores construirán, demolerán, renovarán o repararán el trabajo hasta que se termina. Sin embargo, representación sindical ayuda a mantener estabilidad y más consistencia en esos campos. En zonas donde los sindicatos no son tan fuertes y por lo tanto no son capaces de ayudar a los trabajadores, la inestabilidad del trabajo temporal puede erosionar algunos de los beneficios de ser trabajador de cuello azul. Los resultados del trabajo temporal pueden ser negativos como la probabilidad de no recuperar el mismo nivel de ingresos anteriores en un nuevo trabajo y el hecho de que durante ese período, ningún salario se gana.

Como una planificadora financiera, el término "trabajo temporal" me hace preocupar. Es difícil para las personas con ingresos fijos de manejar el flujo de efectivo bien y ahorrar para la jubilación; Para aquellos que no pueden contar con un cheque de pago regular es aún más difícil. Si usted es un trabajador de cuello azul en una situación de empleo temporal, necesita planear mejor que la persona promedio.

Una vida dura

Un trabajo de cuello azul, especialmente en la industria de la construcción, puede ser físicamente más difícil y más peligrosa que el trabajo de oficina. Estadísticas[88] de las muertes en construcción en 2013, muestra que el 20% de las muertes en los lugares de trabajo se produjo en la industria de la construcción, principalmente de:

- Caídas – 302 de 828 total de muertes en la construcción (36.5%)
- Ser golpeado por un objeto – 84 (10.1%)
- Electrocuciones – 71 (8.6%)
- Ser atrapados– 21 (2,5%)

Violencia en el trabajo[89] es también un problema mayor en los entornos de cuello azul. Según OSHA, el porcentaje de las empresas estadounidenses que sienten los efectos de la violencia en el trabajo corre alrededor del 39%. En algunos campos de cuello azul, el porcentaje es mucho mayor: en el sector de servicios públicos era 69% en 2005 (últimos datos disponibles); en el sector de la construcción, 93.1% de las empresas reportaron al menos una incidencia de violencia en el trabajo.

Carreras más cortas

Aunque algunos trabajadores de cuello azul son bendecidos con buena genética y estilo de vida que le permitan trabajar bien más allá de la edad de jubilación habitual, la mayoría de los trabajadores de cuello azul necesita retirarse antes que la mayoría de los trabajadores de cuello blanco. Las demandas físicas de subir andamios de 22 pies, atar barras de refuerzo, ajustar líneas de transmisión y otros trabajos extenuantes, son demasiado exigentes para un empleado de 70 años terminar de forma segura y efectiva. Llegará el momento en que un trabajador necesitará jubilarse. Muchos trabajadores de cuello azul retirados encuentran segundas carreras lucrativas que son menos exigentes y son capaces de continuar a ganar salarios. Habilidades desarrolladas durante muchos años pueden utilizarse para enseñar, estimar, ser un mentor, y para ser un guía. Incluso si es posible una segunda carrera, se deben considerar las demandas físicas de su carrera principal.

Normas de la sociedad

Por alguna razón, "blue collar" o "cuello azul" ha conseguido una mala reputación en algunos círculos. En vez de estar orgullosos de los ciudadanos que construyen un depósito de residuos, transportan fundamental, mueven a la gente alrededor de las ciudades, o garantizan la electricidad y gas para mantener el mundo en movimiento, los medios de comunicación y el mundo del entretenimiento a veces pintan a los trabajadores de cuello azul como ignorantes, ingeniosos y tontos. Aunque probablemente podrá encontrar a alguien que ve a estas personas de esta manera en cada lugar de empleo, los trabajadores de cuello azul ciertamente no encajan en ese molde de estereotipo.

A pesar de las crecientes opciones para un trabajo de cuello azul, el mito persiste que la universidad es la única manera de tener éxito. Echando un vistazo a las siguientes secciones se dará cuenta del valor potencial de una carrera de cuello azul. Matthew B. Crawford escribe que "cualquier Principal de escuela secundaria que no tenga como su objetivo '100% de asistencia de estudiantes a la universidad' será probable acusado de albergar 'bajas expectativas' y será corrido de la ciudad por padres indignados. Esa indignación es difícil de resistir como lleva todo el peso moral del igualitarismo (todos los niños pueden ser estudiosos). Sin embargo también es pretencioso al medir que estos oficios son como una 'expectativa baja'. El mejor tipo de educación democrática no sería ni pretencioso ni igualitarista. Por el contrario, tomaría sus aspectos de lo que es mejor."[90] El punto que hace Crawford suena especialmente cierto en el caso de un estudiante de secundaria que no tiene interés en asistir a la universidad pero se encuentra allí porque asistencia universitaria es una práctica habitual en los Estados Unidos en esta época.

Tom Owens de North American Building Trades Unions (NABTU) señala que entre los políticos de hoy que contemplan sus electores de cuello azul "usted casi puede oírlos preguntar, en privado, como llegaron a ese punto. Es casi como si ellos preguntaran cómo una persona inteligente y capaz podría terminar en una carrera tan innoble. No parecen darse cuenta, como es el caso de los hombres y mujeres que forman el NABTU, que una enorme cantidad de trabajo altamente técnico, tanto en el aula y en el trabajo, es necesario para que puedan certificarse en su profesión."[91]

El periodista de empleo Jason Lange resume la situación en febrero de 2015 como esto: "América ha agregado más de 1 millón de empleos en solo tres meses, pero los salarios, especialmente para los trabajadores de cuello azul, muestran pocos signos de ganancias. Eventualmente, será más difícil encontrar operadores de montacargas, maquinistas y soldadores."[92] En el momento, elegir una carrera como un trabajador de cuello azul es como hacer una apuesta porque en los Estados Unidos no han llegado todavía a un punto de crisis necesario para que la demanda de estos tipos de trabajo de cuello azul suba más. Sin embargo, muchos trabajos de cuello blanco no están dando salarios dignos, por lo que la decisión para elegir una carrera de cuello azul, incluso en el caso donde los salarios no están en su punto más alto, puede ser una buena opción para los jóvenes que no están interesados en la universidad. El futuro de Estados Unidos requerirá a empleados de cuello azul capacitados, y serán pagados bien por sus destrezas y habilidades.

PAGAR POR FORMACIÓN DE CUELLO AZUL

¿Qué tipo de entrenamiento se requiere para conseguir un trabajo bueno de cuello azul, y donde puede usted obtener una formación? Estos empleos hoy no son sin competencia ni son necesariamente "fácil". Algunas profesiones de cuello azul sólo requieren un grado de bachillerato, pero muchos requieren amplia formación, aprendizaje y años de duro trabajo antes de empezar a ganar salarios más altos. Además, las demandas de alta tecnología de fabricación creará una "nueva línea de robótica y software donde se generan industrias derivadas que... se convertirán en una fuerza laboral más educada, más altamente calificada. En este sentido, el trabajador estadounidense puede estar en buen camino."[93] Apéndice 4 lista los trabajos de cuello azul y el tipo de entrenamiento o aprendizaje que requieren.

El experto Joe Lamacchia en su libro, *Ser de cuello azul y orgulloso*, proporciona un apéndice de las escuelas que ofrecen formación para muchos tipos de carreras de cuello azul (ver Apéndice 4 de este libro para obtener información. En esta sección, me refiero a la formación para trabajos de cuello azul como "entrenamiento de la escuela técnica." También puede ver por el internet o llame a la oficina de admisión de cualquier escuela técnica para obtener más información acerca de qué tipos de carreras existen que le interese. Algunas carreras de cuello azul pueden requerir que usted asista (y pague) algunos meses o años de entrenamiento: "en dos años, un estudiante puede obtener un grado de asociado en profesiones como técnico de laboratorio, técnico en computación, radioterapeuta y paralegal. Una escuela postsecundaria se enfoca en un currículo riguroso y relevante que claramente prepara a un estudiante con habilidades específicas de trabajo, los estudiantes se gradúan listos para una carrera, con una certificación o un grado académico o profesional."[94]

Hablé con la Dra. Susan Winsor, Presidente de nuestro Colegio Técnico local, Aiken Technical College en Aiken, SC. Ella señala que "las exigencias del mercado de trabajo actuales y futuros no son bien entendidas. Al mismo tiempo, las empresas tenían la capacidad y las finanzas para ejecutar sus propios programas de formación interna completa, pero muy pocos pueden hacer eso hoy. Por lo tanto, las empresas quieren contratar a empleados que están capacitados, cualificados y listos para trabajar. Aiken Technical College crea los empleados. Hay una escasez de trabajadores y de oportunidades de trabajo muy grande".[95]

Vease Apéndice 6 para obtener información sobre entrenamiento de la escuela de tecnología. La información en esta sección de préstamos y becas universitarias se aplica a los institutos técnicos de 2 años y muchos otros tipos de escuelas de tecnología para carreras de cuello azul. Consulte con los departamentos de admisión y ayuda financiera para averiguar para qué tipo de ayuda financiera, usted o su hijo son elegibles.

Para un trabajo en los oficios de la construcción, puede inscribirse en el sindicato del comercio que está interesado en seguir y convertirse en un aprendiz. La Unión o el sindicato proporcionarán formación en clase y capacitación mientras que se convierte en un trabajador elegible para recibir el pago de acuerdo a la unión. Aunque este proceso puede tardar 3-4 años, tiempo durante el cual le pagan menos por hora, después de completar el programa, usted puede contar con ganar a una tasa mejor (con aumentos de costo de vida anual, beneficios y pago de horas extras) por el resto de su carrera. No tiene que sacar un préstamo de 4 años para llegar allí. Véase el Apéndice 5 para obtener información sobre los sindicatos.

Según Anthony Carnevale de Georgetown University Center de Educación y Fuerza de Trabajo, señala que sólo para electricistas hay 600.000 puestos de trabajo en los Estados Unidos hoy, "los trabajadores de generación 'baby boomer' (nacidos entre 1946 y 1965) se están retirando y dejando gran cantidad de puestos para los trabajadores jóvenes o 'millenials'... es una gran oportunidad para esta generación nacida entre 1980 y 2000. Con tantos 'boomers' retirándose de los oficios, los Estados Unidos va a necesitar muchos más instaladores de tuberías, operadores de plantas de energía nuclear, carpinteros, soldadores, trabajadores de la utilidad, la lista es larga. Pero el problema es que no hay suficiente gente joven recibiendo ese tipo de formación."[96]

¿Cómo se puede pagar para la formación que usted o sus hijos necesitan? Si la carrera que elige requiere capacitación en el trabajo, se le pagará mientras aprende. Si usted necesita asistir a una escuela, la siguiente sección sobre cómo pagar la universidad también se aplica para colegios técnicos de 2 años y otro tipo de formación necesaria para un trabajo de cuello azul. Lo interesante sobre la educación de cuello azul es que cuesta menos y lleva menos tiempo que un título universitario de 4 años.

PAGAR LA UNIVERSIDAD Y CAPACITACIÓN

¿Qué pasa si sus hijos o usted quieren ir a la universidad? ¡Entonces usted debe ir! Las discusiones en este libro sobre el valor de un trabajo de cuello azul no significan que la universidad debe ser excluida para cualquiera de mis lectores. Consejos sobre cómo aplicar y pagar la universidad varía dependiendo de si estamos hablando de un estudiante de secundaria dirigido allí después de graduación o un adulto que quiere ir a la escuela. En esta sección, discutiremos los fundamentos de financiación de la universidad y escuela tecnológica para todo tipo de estudiantes. Un montón de libros y fuentes en internet pueden proporcionar mucha más información y, en el caso de su hijo de escuela secundaria, el

Departamento de Orientación escolar en conjunto con la universidad o escuela de tecnología que él o ella planea asistir le guiará paso a paso.

La matrícula universitaria es cara – en 2016, colegios privados como Vassar y Harvey Mudd cuestan más de $60.000 por año para la matrícula, habitación y comida. Las universidades públicas dentro de su estado también son caras, sobre todo cuando se da cuenta que los gastos universitarios implican mucho más que el costo de la matrícula. También usted necesitará pagar la vivienda, alimentos, cuotas, libros y estacionamiento. Por ejemplo, en el año 2016, nuestra escuela del estado, la universidad de Carolina del sur, cobra $11,854 para la matrícula, $7,200 la vivienda, $3,650 las comidas, $200 la cuota de tecnología y aproximadamente $1,080 en libros para un total de $23,984 por año. Si va a un colegio comunitario local o a Stanford, este tipo de oportunidades educativas es caro. Vamos a discutir las maneras de pagar por una educación universitaria:

- Ahorros personales
- Ayuda Federal, Estatal, de la universidad y donaciones privadas y becas – basadas de acuerdo a la necesidad
- Ayuda Estatal, de la universidad y donaciones privadas y becas – basado en el mérito
- Ayuda Federal, del estado, y la universidad y préstamos privados

Tenga en cuenta que el dinero de *préstamos* tiene que pagarlo; el dinero proporcionado por *subvenciones* y *becas* no.

Ahorros para la universidad

La mayoría de los padres con bebés quieren empezar a ahorrar de inmediato para la educación universitaria de sus hijos. El deseo de ahorrar generalmente aumenta a medida que los niños estén más cerca a la graduación de la escuela secundaria. A menos que circunstancias financieras de su familia estén muy graves, usted o su hijo probablemente tendrá que pagar una parte de la matrícula universitaria y otros gastos. ¿Cuáles son las mejores maneras de ahorrar para la universidad y capacitación? Se puede preparar por adelantado ahorrando dinero para la matrícula universitaria de su hijo. Usted puede ahorrar dinero en un banco, cuenta de ahorros, cuenta del mercado monetario o cuenta de *brokerage (*o corretaje), pero también puede tomar ventaja de dos tipos de planes de ahorros fiscales que existen para el colegio. Cuentas de ahorro educativas (también conocidas como ESA, cuentas de Coverdell o cuentas de IRA de educación) y planes llamados 529 College plan (también llamados Plan de Matrícula Calificado QTP) son dos formas tributarias de ahorrar para la educación universitaria de su hijo.

Un Coverdell ESA es un fideicomiso o cuenta de custodia para pagar los gastos educativos calificados de un beneficiario. A diferencia de una cuenta individual de retiro (IRA) o 401(k), el dinero que aporta es "después de impuesto" o "after-tax" (que ya han pagado impuestos). Cuando usted toma el dinero, no paga más impuestos sobre el dinero que fue aportado. Si utiliza el dinero para pagar gastos de educación, no es necesario pagar ningún impuesto sobre el dinero que ha ganado a causa de su inversión en esa cuenta durante los años. Si tiene que sacar el dinero y no lo utiliza para gastos de educación, tendría una multa del 10% y tendría que pagar impuestos sobre la cantidad de dinero ganado durante esos años. Puede contribuir hasta $2,000 por año en una cuenta Coverdell para su hijo u otro niño que cumpla los 18 años. ` Su ingreso bruto ajustado modificado (MAGI) debe ser menos de $110,000 (menos de $220,000 si presenta una declaración conjunta) para participar.[97] Una cuenta Coverdell debe distribuir todo el dinero al beneficiario designado antes que cumpla los 30 años, excepto en el caso de un beneficiario con necesidades de desarrollo especiales.

Un plan de matrícula calificado (QTP) o 529 College Plan, un programa creado para permitir contribuir a una cuenta establecida para pagar los gastos de educación calificados de un estudiante en la universidad o escuela tecnológica. QTPs pueden ser establecidos y mantenidos por los Estados y las instituciones educativas elegibles. El beneficiario de la cuenta es el estudiante para quien la QTP pretende proporcionar beneficios. El beneficiario designado puede cambiarse después de la participación en la QTP.[98] Este plan tiene límites de contribución fijados por los Estados y pueden ser tan altos como $380,000 en total. Para evitar las consecuencias de impuesto de regalo, la ley federal permite que los contribuyentes individuales depositen hasta $14,000 máximo en un año o una sola contribución de una suma acumulada de $70,000 dólares en un periodo de cinco años (vea información sobre el impuesto de regalo en el capítulo 5). Las parejas casadas pueden contribuir $28,000 por año o $140,000 como una suma en total a un QTP.[99] No existen límites de ingreso bruto ajustado o "AGI" que le impiden ser capaz de contribuir a estas cuentas QTPs como es en el caso de las cuentas de Coverdell. Otra gran cosa sobre dinero QTP es que puede ser utilizado para la escuela de tecnología u otras escuelas vocacionales – no solo los colegios de 4 años– y puede ser utilizado para la educación a tiempo parcial.[100] No hay límites de edad con un Plan 529 – para contribuir o para utilizar el dinero. Así que a los 45 años podría empezar un plan 529 para usted si quiere volver a la universidad después de jubilarse a los 65 años. Cuando usted saca el dinero de la cuenta, usted tiene que utilizarlo para pagar gastos universitarios elegibles para evitar impuestos y sanciones.[101] Si retira el dinero de un plan 529 y no lo utiliza en un gasto elegible del colegio, generalmente estarán sujetos a un impuesto sobre las ganancias y otra penalización adicional de 10% de impuesto Federal. No se preocupe, usted no "perderá" el dinero que contribuye y tampoco lo perdería si el beneficiario no va al colegio. Siempre tendrá acceso a el dinero que ha contribuido, simplemente le rebajan de las ganancias el impuesto y la penalización. Muchos estados ofrecen a los residentes incentivos y otros beneficios para invertir en un plan 529.[102]

Becas que ofrecen ayuda financiera para la universidad y escuela de tecnología-depende de sus necesidades

El dinero de ayuda está disponible para estudiantes de todas las edades con niveles de ingresos anuales y patrimonio neto financiero bajo los importes fijados por el gobierno y la universidad. Ayuda basada en su situación financiera se denomina "basada en la necesidad", y se determina llenando un formulario en línea llamado el Free Application for Federal Student Aid (FAFSA). Federal Student Aid, una parte del Departamento de Educación de Estados Unidos, es el mayor proveedor de ayuda financiera estudiantil de la nación.[103] El departamento de ayuda federal desarrolla y procesa 22 millones de solicitudes presentadas por los candidatos de colegio cada año. También administran el programa de préstamo federal para estudiantes.[104]

Repasemos lo que la FAFSA es y por qué es importante.[105] Casi todas las universidades basan ayuda en un documento llamado la FAFSA.[106] Asignan y distribuyen más de $150 mil millones en subvenciones federales, préstamos, y fondos a más de 13 millones de estudiantes para pagar la universidad o escuela tecnológica. Eso es un montón de ayuda financiera, y en muchos casos, usted o su hijo será elegible para financiación o préstamos determinados según la FAFSA. Usted puede aprender más acerca de esta aplicación y el financiamiento que proporciona en fafsa.ed.gov.

Usted puede obtener dos tipos de becas federales basados en su necesidad financiera. Tenga en cuenta que una *beca* es un tipo de ayuda financiera que no tiene que pagarse en contraste a un préstamo que debe pagarse con interés o con un programa que le ofrece un trabajo para ganar dinero para ayudarlo a pagar la escuela.[107] Becas basadas en su necesidad financiera ofrecidas por el Gobierno Federal son:

- Federal Pell Grants
- Beca Federal Suplementaria para Oportunidad Educativa (FSEOG)

Las becas Pell Grants se otorgan a estudiantes de pregrado en la universidad de 4 años o 2 años que han demostrado la necesidad financiera. Para el año 2015-2016, el premio máximo es $5,730; el año 2016-17, la suma máxima es $5,815. Dependiendo de su necesidad financiera determinada por la solicitud FAFSA y el costo de la universidad o escuela, es posible que usted no califique para ningún dinero de Pell Grant. Siempre vale la pena llenar la FAFSA para ver si usted es elegible para esta beca; aunque sus ingresos y activos estén muy por encima del límite. Otras becas basadas en mérito pueden requerir datos de la FAFSA y la mayoría de las universidades requiere que los estudiantes completen el formulario de todas maneras. En 2016, muchas becas Pell se dieron a estudiantes cuyas familias ganan menos de $30,000 al año, aunque las familias ganando $60,000 anuales pueden calificar ya que la ayuda es basada en el número de dependientes en la familia, cuántos miembros de la familia están en la universidad, y el costo de sus universidades.

Beca Federal Suplementaria para Oportunidad Educativa (FSEOG), discutido extensamente a continuación, son otorgados por la universidad y no por el gobierno federal pero son solo para estudiantes que califican para Pell Grant. El valor máximo de este subsidio es de $4,000 en 2016.

¿Qué es la típica situación financiera de los estudiantes que reciben estas becas? El dinero se otorga dependiendo de la situación financiera del estudiante y/o de la familia. Su elegibilidad depende de su Aporte Familiar Esperado (EFC), el año en la escuela, su estado de inscripción y el costo de la asistencia a la escuela que asistirá. La oficina de ayuda financiera en su colegio o escuela tecnológica determinará cuánta ayuda financiera usted puede recibir.[108]

Su "EFC" o Aporte Familiar Esperado es un número de índice que la universidad utiliza para determinar cuánta ayuda financiera recibiría si usted asistiría ese colegio. La información que usted reporta en su FAFSA se utiliza para calcular su EFC. El EFC se calcula según una fórmula establecida por la ley. Ingresos, activos y beneficios de su familia (como el desempleo o el Seguro Social) podrían ser considerados en la fórmula. También se considera que grande es su familia y el número de miembros de la familia que asisten a la universidad durante el año. Existe una guía que explica con detalle la fórmula usada para el EFC y muestra exactamente cómo se calcula. Su EFC no es la cantidad de dinero que su familia tendrá que pagar la universidad, tampoco es la cantidad de ayuda estudiantil federal que usted recibirá. Es un número usado por su escuela para calcular cuánta ayuda financiera usted es elegible para recibir.[109] El cálculo del EFC es complicado. El equipo de administración de FAFSA calcula la cantidad basada en la información introducida en la aplicación cada año. Los siguientes pasos son complicados pero se proporcionan aquí para que vea el proceso; la escuela hace todos los cálculos.

- El personal de ayuda financiera comienza por decidir su costo de asistencia (COA) en esa escuela.

- Consideran entonces su EFC.
- Restarán su EFC de la COA para determinar el monto de su necesidad financiera y por lo tanto cuánta ayuda basada en necesidad usted puede conseguir.
- Para determinar cuánta ayuda que no es basada en bajos recursos se puede conseguir, la universidad toma su COA y resta cualquier ayuda financiera que ya le han dado.

Si fuera a recibir el dinero total de estas ayudas, recibiría solo $9,730 en 2016, que es menos de lo que cuesta un año en muchas universidades. Si su situación financiera es tal que usted calificaría para otros fondos no federales o estatales basados en necesidad, usted querrá explorar esas opciones. Hay muchos libros y sitios de internet que ofrecen listas de lugares donde se puede aplicar para diferentes tipos de ayuda que no son gubernamentales (ver Apéndice 6). Cuando aplique para becas según la necesidad, estos utilizarán sus datos de FAFSA y algunos lugares solicitarán información financiera adicional como declaraciones de impuestos, declaraciones de patrimonio neto, entre otros requisitos. Al llenar las aplicaciones de beca, asegúrese de:

- Leer todas las instrucciones
- Aplicar temprano y prestar atención a las fechas límite
- Enviar todos los documentos requeridos
- Completar cualquier formulario necesaria adicional
- Mantener registros de becas solicitadas, vencimientos, ensayos escritos e información adicional
- Seguimiento de aplicaciones

Ayuda financiera de su estado

Su *estado* también puede ofrecer ayuda financiera. Cada estado es diferente en lo que puede ofrecer ayuda basada en necesidad y basada en mérito. En Carolina del sur, el estado proporciona generosas becas basadas en mérito financiadas por una lotería a los estudiantes de high school (escuela secundaria) que son residentes y que asistirán a la universidad dentro del estado. Para el año 2016, la beca de Carolina del sur llamada "Life" ofrece $5,000 y la beca Palmetto Fellow ofrece $6,700 por año durante 4 años en 2016 a los residentes de la high school que cumplan los requisitos académicos.

Ya hablamos de la FAFSA arriba, pero además de llenar la aplicación,[110] usted debe estar seguro de completar los pasos que le ayudará a usted y su hijo a determinar de cuál otra ayuda financiera de la universidad de su *estado* se pueden beneficiar. ¿Cómo se puede maximizar la cantidad de ayuda estatal basada en la necesidad ofrecida por la universidad? Echemos un vistazo a los pasos y los plazos que necesita satisfacer.

Además del dinero de Pell Grant, cada estado también recibe fondos para administrar del Gobierno Federal para los estudiantes con necesidad económica. Esta subvención se llama Federal Supplemental Educational Opportunity Grant (FSEOG) o Beca Federal Suplementaria para Oportunidad Educativa[111] y como con otras ayudas, no necesitan ser pagadas. La FSEOG puede completarse con otras subvenciones del estado (cada estado puede tener un nombre diferente para las subvenciones). Este dinero se otorga al estudiante en adición a la ayuda Federal. A diferencia de FAFSA administrado por fondos del gobierno federal, los fondos de FSEOG son otorgados por el Colegio que asiste su estudiante y tienden a agotarse temprano en el año de concesión. Por lo tanto, si usted cae en una categoría donde el EFC es bajo porque su ingreso bruto ajustado (AGI) es bajo o porque tiene muchos dependientes en la universidad, usted debe asegurarse de completar rápidamente los requerimientos necesarios además de la FAFSA para que su hijo este de primeras en la lista para recibir esos fondos del estado.

Cada universidad es algo diferente en los pasos que requieren antes de que el estudiante pueda recibir los fondos de FSEOG; sin embargo, los siguientes consejos se aplican a cada universidad o escuela.

- Asegúrese de que su hijo se haya inscrito formalmente en el colegio y que haya avisado de que va asistir a esa universidad.
- Llame al departamento de ayuda financiera de la universidad y conozca los consejeros y escriba sus

nombres y la información de contacto para futuras consultas en caso que lo necesite.

- Haga que su estudiante establezca y compruebe su correo electrónico de la universidad y haga que revise el correo con regularidad porque algunas universidades comunican a través de esa cuenta tan pronto el estudiante esté matriculado. No acceso o comprobación de la cuenta puede significar que usted pierda comunicaciones claves.

- Pídale a su hijo inscribirse en el sistema electrónico de la universidad para revisar el estado de su aplicación para la ayuda financiera. Hay que acceder al sitio regularmente para ver qué documentos faltan.

- Aunque usted y su estudiante completen la FAFSA temprano, verifique que la universidad lo tenga en su sistema. Aclare cualquier desconexión o problemas lo más antes posible.

- Trate de hacer su declaración de impuestos temprano en la temporada de impuestos si es posible. Los documentos de W-2s están disponibles desde el 31 de enero, pero si usted tiene inversiones, es posible que no tenga todos los documentos que necesita para presentar hasta marzo. En ese caso, la universidad, probablemente, le dejará enviar W-2s para el año presente para verificar su ingreso.

- Si usted pide una solicitud de extensión de impuestos al IRS, la universidad le pedirá llenar un formulario para indicar ese plan y después poder presentar su forma 4868 del IRS. La universidad utilizará sus documentos de W-2s para determinar la elegibilidad.

- Una vez que haya completado su declaración de impuestos del año, la FAFSA tiene un sistema llamado (DRT) Data Retrieval Tool que le permite transmitir una versión oficial de su declaración de impuestos a la universidad para que puedan ver si su hijo es elegible para la FSEOG u otro tipo de ayuda. Completa este paso tan pronto esté disponible en su cuenta electrónica de la FAFSA.

- Use un escáner y fax en vez de correo regular para acelerar el tiempo que demora en recibir la respuesta. Si la página web de la universidad dice que debe mandar los formularios por correo, llame y pregunte sobre un correo electrónico y fax. Vale la pena el costo para escanear o mandar por fax los documentos porque el tiempo es tan importante.

- Las universidades tienen fecha límite para fondos estatales porque son tan limitados y la necesidad es muy grande. La "fecha de prioridad" a menudo no está disponible en el sitio web de la escuela, así que llame a la oficina de ayuda financiera para averiguar esa fecha. Asegúrese que toda su información requerida haya sido presentada y procesada por la universidad antes de esa fecha.

Si han presentado la mayoría de los documentos necesarios, hasta que no haya entregado todos los documentos, el estudiante no está en la línea y no será considerado. Estará *cerca de* la línea, pero al igual que en Disney World, no va a montar en la rueda si no está realmente *en* línea. Si la fecha límite pasa antes de que su hijo esté en la línea, probablemente no recibirá ninguna ayuda de este origen. En muchos estados, una vez que ha recibido este dinero del estado, se utiliza en ese mismo año escolar. Usted conseguirá para el próximo año pero la ventana de oportunidad para este año se cierra después de la fecha límite.

Incluso si usted piensa que es poco probable que usted califique para los fondos Federales o Estatales basados en necesidad, asegúrese de completar todos los requerimientos de todas maneras lo antes posible para asegurar que su hijo termine con la mayor cantidad de ayuda financiera para la cual califique.

Becas que ofrecen ayuda financiera para la universidad – basado en el mérito

Fondos basados en la necesidad pueden estar disponibles a usted o a sus hijos. Sin embargo, su familia puede tener demasiado alto un ingreso o un valor de patrimonio neto muy alto para ser elegibles para becas según la necesidad. Becas basadas en mérito, que se basan en calificaciones del estudiante, competencias deportivas, membresía a clubs, actividades extracurriculares y otras experiencias de vida, también pueden ser una fuente de dinero de la universidad. El futuro financiero de un niño puede depender mucho de sus decisiones en la escuela secundaria. Pocas decisiones son irreparables, pero actividades y logros de la escuela secundaria a menudo recorren un largo camino para determinar su forma de vida de adultos y seguridad financiera. La experiencia de escuela secundaria de sus hijos, y calificaciones, incluyendo resultados de los exámenes SAT/ACT, deportes y actividades extracurriculares puede ayudarle a conseguir dinero para la universidad. Vale la pena animar y apoyar a su hijo a participar en actividades que disfruta. Nuestra hija jugaba voleibol en la escuela secundaria. No era lo suficientemente buena como para ser reclutada para una beca deportiva, pero sin embargo jugó en la universidad de Carolina del sur. Su condición de deportista le permitió conseguir mucha ropa y bolsos o maletines gratis, se pudo registrar temprano para las clases con los mejores maestros, se conectó con otros atletas y entrenadores y disfrutan de viajes con el equipo. Además, suele ser una recompensa mejor para su hijo de poder enfocarse para conseguir buenas calificaciones en lugar de trabajar en una tienda como mesera ganando $8 la hora.

Sus propias conexiones también pueden ayudar a conseguir dinero para la universidad, la empresa en que usted trabaja, las organizaciones a las que usted forma parte, y lugares donde usted es voluntario pueden ofrecer becas a estudiantes dirigidos a la universidad. Investigue y pregunte qué becas existen y tome el tiempo para aplicar. Algunas de las aplicaciones pueden ser una molestia porque toman mucho tiempo, pero usted puede pensar del esfuerzo en términos de inversión. Si pasa 3 horas llenando una solicitud de beca que le dará $3,000 libres de impuestos para la universidad, eso equivale a $1,000 por hora. Buenos lugares para averiguar sobre oportunidades de becas son su biblioteca pública o universidad local y el personal de ventas en las librerías. El departamento de orientación de la escuela secundaria probablemente le hará saber sobre oportunidades de becas para el estudiante. Apéndice 6 ofrece información sobre becas universitarias. Al solicitar becas basadas en mérito, muchas utilizarán sus datos de FAFSA y requerirán relatos explicando por qué se merecen la beca. Al llenar las aplicaciones de beca, asegúrese de:

- Leer todas las instrucciones
- Aplicar temprano y prestar atención a las fechas límite
- Enviar todos los documentos requeridos
- Completar cualquier forma necesaria adicional
- Mantener registros de becas solicitadas, vencimientos, ensayos escritos e información adicional
- Seguimiento de aplicaciones

Dos subvenciones educativos más del Gobierno Federal se basan en las actividades de la carrera, pasadas o futuras. La beca llamada **Irak y Afganistán Grant** ofrece hasta $5,311.71 y se da a los estudiantes que hayan tenido un padre miembro de las fuerzas armadas estadounidenses y murieron cumpliendo el servicio militar en uno de estos dos países después de los acontecimientos del 9/11. Becas llamadas **Teacher Education Assistance for College and Higher Education (TEACH) Grants** se dan independientemente de la necesidad a estudiantes que van a la universidad para convertirse en maestros de primaria o secundaria. Este subsidio de $4,000 por año es más como un acuerdo de trabajo y estudio; Si recibe estos fondos, después de la graduación se debe enseñar a tiempo completo durante al menos 4 años en un campo de alta necesidad en una escuela o agencia de servicio educativo que sirve a estudiantes de bajos recursos. Si cae por debajo de los requisitos, su beca se convierte en un préstamo no subsidiado y usted deberá pagar.

Préstamos universitarios que ofrecen ayuda financiera para la universidad

Si ha agotado todas las posibilidades de ayudas basadas en necesidad y mérito y no tiene suficientes ahorros o ingresos para cubrir los gastos universitarios, puede ser que necesite pedir prestado dinero para asistir a la universidad o para pagar otro tipo de formación. Préstamos subsidiados y no subsidiados del gobierno o préstamos privados pueden proporcionar parte de esa financiación. En general, las universidades esperan que los padres (o los mismos estudiantes si se trata de adultos regresando a estudiar) contribuyan un máximo de 5.64 por ciento de sus activos total. Se espera que los estudiantes dependientes contribuyan hasta 35 por ciento de sus activos y 50 por ciento de sus ingresos.

Hemos leído y escuchado hablar de la agobiante deuda estudiantil con la que muchos de la generación del milenio cargan. No deben reducirse las dificultades que enfrentan estos jóvenes, pero es importante darse cuenta de que una cantidad razonable de deuda estudiantil no debe ser temida. No es realista para la mayoría de nosotros ser capaces de acumular en los 18 años posteriores de la vida de nuestro recién nacido las decenas de miles de dólares necesarios para pagar una educación universitaria. ¿Qué es una cantidad razonable de dinero prestado? Comparemos estos ejemplos. Si usted está tomando un préstamo de $5,000 al año para obtener un título como ingeniero en una universidad de un estado donde usted reside, es lógico con el futuro trabajo de ingeniería ganando $70,000 al año, usted será capaz de pagar ese préstamo de $20,000 con relativa facilidad. Sin embargo, si usted decide ir a un colegio privado, fuera del estado para un título de fotografía y pedir prestado $20,000 al año para cubrir los costos, será probablemente duro pagar $80,000 de deuda estudiantil con trabajo de arte "freelance" ganando $18,000 por año que es probablemente lo que terminan haciendo. Cuando usted elija un colegio y su especialización, usted querrá ser realista sobre el sueldo que tiene probabilidades de ganar cuando gradúe para saber que cantidad de préstamos será manejable para pagar sin comprometer drásticamente su estilo de vida.

Estos son los tipos de préstamos de universidad para los estudiantes:

- Préstamo Federal Stafford ("directo")
- Préstamo Perkins
- Préstamo Federal PLUS
- Préstamo de colegio privado
- Préstamos hipotecarios
- Valor en efectivo de un seguro de vida
- Algunas cuentas de jubilación

El Departamento de educación ofrece préstamos Federales[112]:

- Stafford (o "Directo") Loan son los préstamos a estudiantes elegibles que demuestren necesidad financiera. En este tipo de préstamo, el gobierno paga los intereses mientras el estudiante va a la escuela, durante el período de carencia, el prestatario paga intereses devengados después de la graduación. El hecho de que el gobierno paga el interés durante sus cuatro años de universidad es un muy buen acuerdo; el interés no es "diferido" hasta que se gradúe es pagado en su lugar. Una vez graduado, comienza a pagar los intereses y el capital.

- Stafford (o "Directa") Unsubsidized Loan son préstamos que se hacen a los estudiantes graduados y profesionales pregrado elegibles, pero en este caso, el estudiante no tiene que demostrar necesidad financiera para ser elegible para el préstamo. Los interéses en los préstamos no subsidiados se pagan por el deudor, no el gobierno.

- El programa de préstamos Federal Perkins es un programa de préstamos para estudiantes universitarios y estudiantes de posgrado con necesidad financiera excepcional. Los estudiantes pueden pedir prestado hasta $5.500 anuales dependiendo de su necesidad financiera, la cantidad de otras ayudas recibidas y también de la disponibilidad de fondos de la universidad.

- Direct PLUS Loans son préstamos a graduados o estudiantes profesionales y padres de estudiantes dependientes para ayudar a pagar gastos de educación no cubiertos por otras ayudas. Intereses son acumulados durante todos los períodos. Estudiantes de primer año son elegibles para préstamos hasta $5.500. La cantidad que pueda prestar aumenta para los años posteriores de estudio, con las cantidades más grandes para estudiantes de posgrado. Las tasas de interés pueden variar según cuando toma el préstamo.[113]

La tasa de interés sobre préstamos estudiantiles federales es casi siempre más bajo que la tasa de préstamos privados – y mucho más baja que una tarjeta de crédito. No es necesario una verificación de crédito o un aval para conseguir más préstamos federales estudiantiles. No tiene que comenzar a pagar sus préstamos estudiantiles federales hasta después de salir de colegio o si estudia menos de medio tiempo (part-time). Préstamos federales estudiantiles ofrecen planes de pago flexibles y opciones para posponer los pagos de su préstamo si usted está teniendo problemas para pagar. Si trabaja en ciertos oficios o carreras, puede ser elegible para tener una parte de sus préstamos federales estudiantiles perdonados si cumple con ciertas condiciones. Las tarifas en 2016 de préstamos son desde 4.26% (tasa fija para un Federal Stafford Loan) hasta 6.84% para préstamos Parent PLUS. Las tasas de interés del colegio privado pueden ser mayores.

En general, préstamos privados no son subsidiados y tampoco ofrecidos según su necesidad. Estos tipos de préstamos a veces requieren un aval, alguien que se comprometa a devolver el dinero si el estudiante no lo hace. Varian las tasas de interés de préstamos privados:

- Los bancos tienden a tener las tasas de interés más altas.
- Algunas organizaciones privadas ofrecen tasas de interés más bajas.
- Algunas universidades ofrecen préstamos con tasas de interés relativamente bajas.

Aunque las siguientes opciones de crédito tienden a ser menos deseables que las otras opciones mencionadas, también se puede considerar un préstamo hipotecario, cuenta de jubilación o valor efectivo (cash-value) de un seguro de vida como vehículos para la matrícula universitaria. Planeadores financieros generalmente aconsejan contra el uso de su casa, su cuenta de jubilación y su seguro para pagar por su hijo o su propia matrícula universitaria, pero estas cuentas son fuentes de dinero si usted no tiene otra opción. Una ventaja de estas cuentas es que la tasa de interés de ellos probablemente será menor que la tasa para un préstamo privado. En el caso de una línea de crédito sobre el valor de su vivienda, donde pide prestado con su casa como garantía, usted toma el riesgo de perder su casa si por alguna razón usted no puede pagar el préstamo. Si usted pide prestado de su cuenta de retiro 401(k) y no puede pagar el dinero en el período especificado o si su trabajo llega a su fin y usted está obligado a pagarlo de nuevo inmediatamente, usted podría estar en un problema. El valor efectivo de su seguro de vida podría permitirle retirar una cierta cantidad de las primas pagadas sin pagar impuestos o sin pagar una multa. También podría sacar un préstamo de la compañía de seguros con el valor en efectivo de la póliza como garantía pero cuotas y otros cargos que pueden reducir el valor y la utilidad de este método.

Consideraciones de ayuda financiera para los adultos entrando a la universidad

Las becas y préstamos mencionados se aplican a estudiantes de secundaria y estudiantes adultos que regresan a estudiar. Si está pensando en volver a la universidad o tomar capacitación para un trabajo especializado, también puede ser elegible para un Pell Grant u otras becas según su necesidad. Los programas de ayuda financiera mencionados se aplican a todos los estudiantes independientemente de su edad. Cuando un estudiante de secundaria aplica para la ayuda, la FAFSA toma en cuenta los ingresos del alumno y su familia. Jóvenes estudiantes se consideran "dependientes", por lo que la situación financiera de toda la familia se tiene en cuenta. Y usted no puede simplemente declararse usted mismo «independiente» de su familia – la FAFSA tiene reglas muy específicas acerca de quién es y no es un dependiente. Según las pautas de 2016, la mayoría de estudiantes de secundaria caen en la categoría "dependiente" a menos que estén casados, apoyando sus propios hijos, niños en programas de cuidado, persona sin hogar, ex militar, mayor de 23 años de edad, o algunas otras excepciones.[114] Como adulto regresando a estudiar, las determinaciones de ayuda se basan en sus propios ingresos y activos.

Si ha salido de la escuela secundaria y está trabajando por su cuenta, usted será elegible para becas basadas en su propia situación financiera, y no la de sus padres, incluso aunque esté todavía viviendo con ellos. Por ejemplo, a finales de 1970, fui a la Academia Naval de los Estados Unidos. Estaba en una de las primeras clases que aceptaron a las mujeres, y después de dos años, me di cuenta que no era para mí. Renuncié y me fui a casa a vivir con mis padres. A pesar de que tenía 19 años y en la casa con mamá y papá, era considerada "independiente" para fines de ayuda financiera y recibí un Pell Grant para acabar mis estudios en el College of William and Mary. Si usted tiene un trabajo y está pensando en volver a la escuela a tiempo completo o a tiempo parcial, puede calificar para el dinero de la beca. Vale la pena tomarse el tiempo para llenar y enviar la FAFSA.

Una idea adicional para los estudiantes que quisieran ir a la escuela es verificar con su empleador actual sobre ayuda financiera. Uno de los beneficios sociales que el empleador puede ofrecer sin impuestos a sus empleados es hasta $5,250 (en 2016) anual por matrícula y gastos. Es un beneficio poco conocido que a menudo no se anuncia bien. Una empresa para cual trabajé ofrecía ese beneficio, y a través de ese programa obtuve una maestría. Encontré un programa que ofrece clases de noche y fines de semana; tardé 5 años, pero terminé con un grado avanzado y sin costo alguno para mí. ¡Todavía recuerdo haber estado sentada estudiando en un alojamiento de esquí oscuro, ahumado y empapado de cerveza, para un examen de estadística mientras que mi marido y los niños estaban en las pistas! Generalmente, se puede usar la ayuda de matrícula ofrecida por la empresa para todo tipo de clases y entrenamiento – no tiene que ser exclusivamente para un grado de 4 años. Si está pensando en cambiar de carrera, podría trabajar a tiempo completo en su trabajo actual e ir a la escuela por las noches y fines de semana y todo será pagado por la empresa. Puede buscar nuevos puestos de trabajo en su campo elegido después de haberse ganado su salario completo y tener todo el estudio pagó. Asegúrese de revisar la regla de reembolso de matrícula ya que algunos empleadores requieren su trabajo por un periodo de tiempo después del reembolso de matrícula o si no tienen que devolver el dinero.

Si el programa o especialización que desee tomar hace que sea imposible mantener su trabajo actual todo el tiempo completo, pregunte si puede trabajar tiempo parcial o como consultor para que usted pueda seguir trayendo dinero mientras asiste a la universidad. Hasta $5,250 de estos beneficios pueden ser libres de impuestos cada año, según el IRS, con tal que sea usado para la matrícula, libros y otros gastos. El Informe de 2015 publicado por Human Resource Management encontró que el 56% de los empleadores encuestados ayudó a empleados a pagar estudios de pregrado y el 52% les ayudó a pagar por estudios de posgrado. El beneficio máximo promedio fue $4,591. Si su empresa ofrece reembolso de matrícula, consulte a su representante de recursos humanos sobre las normas y requisitos. Por ejemplo, usted puede permanecer en la empresa durante un cierto periodo de tiempo después de graduarse o si no será obligado a pagar la ayuda de matrícula.

Maneras de minimizar los costos universitarios

Si es un estudiante de secundaria o un adulto queriendo volver a la universidad, considere estas ideas para reducir el costo de la universidad. Primero, use la información ofrecida anteriormente para maximizar la ayuda financiera de la universidad. Otra idea es terminar los primeros años de estudio en una universidad más pequeña y cerca de su casa. Por ejemplo, la diferencia en el costo de la matrícula y las cuotas del préstamo de la universidad principal de nuestro estado, la universidad de Carolina del Sur (USC) y una rama de ese colegio, la universidad de Carolina del sur en la ciudad de Aiken (USCA), es $5,894 por año. En 2016, USC cobra $11,854 matrícula $7,200 viviendas, $3,650 para comida, $200 la cuota de tecnología y aproximadamente $1,080 en libros para un total de $23,984; USCA cuesta $9,588 matrícula $4,470 viviendas, $2,550 para comida, $132 para la cuota de tecnología y aproximadamente $1,080 en libros para un total de $18,090. Para un residente de Aiken, podría ser una gran manera de ahorrar dinero y obtener todavía un grado de una universidad grande (¡con un equipo de fútbol!) en USCA durante dos años mientras vive en casa para ahorrar aún más y transferir sus créditos a USC para sus dos últimos años. Muchos estados tienen diferencias similares financieras entre sus facultades principales y sucursales. Un tercer modo para ahorrar dinero es considerar enlistarse en el ejército para ganar experiencia y habilidades y aprovechar de la asistencia financiera llamada GI Bill. También podría unirse a ROTC – Cuerpo de Entrenamiento para Oficiales de la Reserva -en la universidad que asiste para ayuda financiera. Otra posibilidad es vivir en casa y conseguir su grado por internet. Pierde la "experiencia" tradicional universitaria de esta manera, pero puede ser un paso potencialmente inteligente. Grados por internet solían ser vistos con sospecha en el mundo del trabajo, pero se están convirtiendo cada vez más aceptables. Otra idea es investigar universidades no cerca de su casa que sean conocidas por los bajos costos de matrícula. Estas universidades no están en los lugares más emocionantes, dos en Dakota del norte – pero si está dispuesto a conseguir un título universitario y sus finanzas están apretadas, puede ser una opción. Por último, asegúrese de obtener todos los beneficios de deducción de impuestos por el pago de intereses y matrícula universitaria. Usted puede tomar deducción por los costos universitarios o usar uno de los créditos fiscales como el American Opportunity Tax Credit el Lifetime Learning Credit.[115]

Conclusión

La educación y formación pueden abrir las puertas a una gran carrera. Es importante tener en cuenta el costo de la universidad contra el beneficio que conseguiría después de ser entrenado en un trabajo especializado. La mayoría de nosotros tenemos muchos intereses diferentes y nos destacamos en varias carreras. Asegúrese de elegir una especialidad o campo de carrera que crea que será bueno en él y que pague bien si es posible.

CAPÍTULO 5 – JUBILACIÓN

La planificación de la jubilación es una parte importante de la buena salud financiera. Numerosos libros, artículos y sitios de internet ofrecen consejos específicos y recomendaciones acerca de pasos razonables que usted puede tomar para asegurar que usted tenga suficiente dinero después de jubilarse. Este libro ofrece consejos generales sobre la planificación para la jubilación con una concentración en el retiro de una carrera de cuello azul. Al prepararse, debe tener en cuenta las ideas tradicionales de planificación financiera y los diversos factores únicos de estas carreras. Los factores incluyen las demandas físicas del trabajo, la posibilidad de períodos de descanso y la posibilidad de que usted haya cambiado de empleador muchas veces en su carrera.

ASESORAMIENTO GENERAL PARA LA PLANIFICACIÓN DE LA JUBILACIÓN

Como planificadora financiera, me llaman a menudo para ayudar con la planificación de la jubilación. En el momento que una persona decida no trabajar más, la persona debe tener suficiente dinero para gastos. Muchos jubilados tienen beneficios de Seguro Social para su jubilación. Aunque usted reciba la cantidad máxima mensual de los beneficios porque usted ganó el máximo en salarios toda su vida, no recibirá más de $2,639 según la cifra para el 2016. La mayoría de las personas recibirán mucho menos. La cantidad máxima de $2,639 por mes (para una persona), serian solo $30,000 al año. Según la Administración de Seguro Social, el beneficio mensual promedio para los jubilados en el año 2016 fue $1,335 por mes o $16,020 por año.[116] Esa cantidad no es muy lejos de la línea de pobreza federal del año 2016 para una persona que es $11,880.[117] Para los jubilados sin ahorros y sin pensiones, sería difícil de cubrir gastos esenciales con los ingresos de Seguro Social solamente. Ahora hay menos personas que se están retirando con pensión y será difícil conseguir trabajo a los 80 y 90 años, Eso significa que hay muy pocas posibilidades de traer dinero extra. Es por eso que planificadores financieros trabajan para animar a la gente a ahorrar para la jubilación durante sus años de trabajo, aunque le parezca difícil o imposible hacerlo. La planificación es igual de importante para las personas en empleos de cuello azul. ¿Cuáles son los componentes claves de un buen plan de jubilación?

- Los ingresos y gastos mensuales durante la jubilación (seguro social, pensiones, distribuciones de ahorros para la jubilación, dividendos o trabajo a tiempo parcial)
- Ahorros para la jubilación (de 401(k)s, IRAs, o ahorros e inversiones en general)
- Vivienda (incluyendo residencia de personas mayores o ancianos)
- Seguro de salud (Medicare después de los 65 años)
- Planear su legado (dejar dinero a sus hijos o para obras de caridad)

Gastos e ingresos de jubilación

¿Cómo se apoyará usted mismo cuando no reciba un sueldo? ¿De dónde vendrá el dinero cada mes para pagar un lugar donde vivir, para la comida, medicina y atención médica y otros gastos esenciales? Si fuera a visitar a un planificador financiero, una de las tareas claves que harán es un análisis de cuánto dinero tiene actualmente ahorrado para la jubilación, cuánto cree que necesitará durante la jubilación y cuánto más debe ahorrar. Este ejercicio es agradable y tranquilizador para gente adinerada que gana altos salarios y tiene la promesa de dinero de un plan de pensión para el resto de sus vidas. No será un ejercicio tan agradable para el 90% del país cuyos sueldos o salarios a menudo no son suficiente para apoyar un estilo de vida cómodo, mucho menos ahorrar para la jubilación de una manera significativa para garantizar suficientes ingresos para cubrir gastos en la vejez.

En el pasado, podría haber contado con dinero de las pensiones durante sus años de jubilación. Mi abuela vivió hasta los 100 años y le enviaban $226 al mes por 40 años por su trabajo en el departamento de carne del supermercado de Clemens. La cantidad era pequeña pero funcionaba como un pago regular y confiable cada mes. Hoy, las pensiones están siendo gradualmente eliminadas, así que pocos de nosotros recibiremos pagos regulares de nuestros trabajos anteriores cuando nos jubilemos. En mi caso, nunca trabajé para una compañía que ofrece pensiones y es más probable que mis hijos adultos nunca tendrán la oportunidad de obtener una pensión. En el pasado, cuando sólo vivían hasta los 60 años y las empresas no estaban sujetas a tantas adquisiciones, tenía sentido ofrecer una pensión de por vida que era un beneficio garantizado a los trabajadores que llevaban muchos años con la empresa. Las personas hoy en día viven bien hasta la edad de 80 y 90 años y las empresas se unen con otras y cambian de manos a menudo y por eso los planes de pensiones ahora son raros. El plan de pensiones ha sido reemplazado por el plan de la empresa llamado 401(k), que puede ser un ahorro de retiro muy útil también, pero como discutiremos a continuación, ofrece menos garantías de ingresos fijos para la jubilación.

¿Qué puede hacer para asegurarse de que está entrando suficiente dinero en efectivo cada mes durante sus años de jubilación? Vamos a hablar de algunas ideas:

- Trabajo a tiempo parcial
- Maximizar los beneficios de seguro social
- Solicitar la asistencia caritativa o del gobierno
- Usar una hipoteca inversa
- Depender de los dividendos de las inversiones
- Tomar dinero de ahorros y cuentas de inversión
- Colectar de su plan de pensión

Trabajo a tiempo parcial

¿Por qué trabajar a tiempo parcial? Incluso si usted no desea continuar su carrera de tiempo completo, puede encontrar un trabajo a tiempo parcial en el mismo campo o en uno diferente para asegurar que su mente se mantenga fuerte. Trabajando 20 horas a la semana en un horario flexible es mucho más agradable que tener que levantarse temprano cinco días a la semana y luchar contra el tráfico diario para ir al trabajo. Independientemente de su carrera actual, es muy probable que usted pueda encontrar trabajos interesantes de tiempo parcial en sus años dorados. La naturaleza cambiante del trabajo de cuello azul da oportunidad de crear una empresa pequeña después de la jubilación, y se puede establecer un negocio utilizando las fuentes de internet como Angie's List, IWanta, Elance y muchos otros sitios de internet. Usted podrá ver que sus habilidades como carpintero, técnico automotriz, policía o conductor de camión pueden ser transferidas a trabajos de tiempo parcial o de consultoría que aporta dinero en efectivo y proporciona una vida menos estresante para usted.

Maximizar los beneficios de seguro social

Probablemente usted necesitará depender de los beneficios de su seguro social para la estabilidad financiera, por lo que querrá que los beneficios sean lo más altos posible legalmente. Experto de seguro social, Larry Kotlikoff, quien escribió *Consiga lo suyo: Los Secretos de Como Maximizar Su Seguro Social,* piensa que el mayor peligro de la vida no es morir sino más bien "sobrevivir sus ahorros", y la mejor manera de mitigar este peligro es "ser paciente al tomar los beneficios porque pueden ser más – mucho más grande – si espera."[118] Aunque usted *puede* comenzar sus beneficios de seguro social a los 62 años (o incluso a los 60 años como viudo), el monto mensual será mucho menor si usted está en la posición financiera para poder esperar. Sin embargo, esperar no siempre es la opción correcta tampoco. Cada opción debe ser evaluada, teniendo en cuenta sus propias circunstancias personales.

Aquí hay un ejemplo – persona jubilada "A" tiene 62 años, con una edad de jubilación (FRA) de 66 años. Si comienza a recibir beneficios a los 62, recibe $1,200 al mes. Si espera hasta los 66 años, recibe 33% más, o $1.600 al mes. Él decide esperar hasta los 70 años para recibir beneficios, por lo que sus pagos aumentan un 32%, a $2,112 al mes para el resto de su vida. Vive hasta la edad de 89, y sus beneficios de por vida salen siendo $38,000, o 13% más alto porque esperó hasta los 70 años para recibir beneficios. Además, con los años, él tiene la comodidad de saber que $2,112 viene cada mes, que es mucho mejor que los $1,200 que él estaría recibiendo si él empezara a recibir a la muy temprana edad de 62 años. Por supuesto, esta opción no es sin inconvenientes. A pesar de que se pagó más dinero en total por haber esperado, la persona "A" técnicamente podría haber invertido $1,200 que cada mes durante los 8 años entre 62 y 70, que le podría posiblemente haber ganado más dinero. Por otro lado, supongamos otra situación – persona jubilada "B", quien también decide esperar y no recibir los beneficios a los 62 años, apuesta que vivirá lo suficiente para recibir la mayor cantidad. Por desgracia, persona "B" no vive hasta la edad de 89. Cuando él muere 2 años después en la edad 64, no ha recibido dinero del seguro social. Pagó en el sistema por toda su carrera de 40 años pero muere antes de que llegue un centavo de beneficios. Puede ser frustrante cuando se produce ese escenario. ¡Aunque persona "B" ya no estaría con nosotros para decir "debí haber comenzado los beneficios a los 62", usted puede apostar que se quejaría si estuviera vivo y capaz de hacerlo!

¿Así que cuándo es el mejor momento para empezar a tomar el seguro social? Desafortunadamente, no existe una respuesta para todos. Si usted necesita el dinero para pagar sus gastos mensuales, entonces por supuesto usted comenzará sus beneficios tan pronto usted pueda conseguirlos. Si usted *no* necesita dinero inmediato, la decisión es más difícil – si los recibe demasiado temprano se arrepentirá si vive hasta su cumpleaños número 100. Si decide recibirlos demasiado tarde, usted pierde dinero que es legítimamente suyo. Según datos recopilados por la Administración de Seguro Social, un hombre que esté cumpliendo 65 años hoy (2016) se espera que viva, en promedio, hasta los 84.3 años; una mujer cumpliendo los 65 años hoy puede esperar a vivir, en promedio, hasta la edad de 86.6. Aproximadamente, uno de cada cuatro personas de 65 años hoy, vivirá más allá de los 90 años, y uno de cada diez vivirán más allá de la edad 95.[119] Esta decisión es un poco como una apuesta. Si tiene buena salud y una familia bendecida con la longevidad, probablemente querrá retrasar beneficios si usted no necesita el dinero. Si tiene mala salud y pocos de los miembros de su familia vivieron a una edad muy avanzada, puede comenzar en la edad 62 para asegurarse de que vea por lo menos parte del dinero debido de haber contribuido toda una vida para el seguro social.

Capítulo 1 cubre algunos de los fundamentos del sistema de seguro social y usted puede aprender más acerca de sus propios beneficios en www.ssa.gov cuando configure su cuenta llamada "mySSA" por internet.

Solicitar la asistencia caritativa o del gobierno

Si su ingreso mensual no es suficiente para satisfacer sus necesidades de jubilación, puede considerar pedir ayuda del gobierno local, organizaciones de caridad o de iglesias. Si su única fuente de ingresos es del seguro social y usted no puede trabajar, usted puede ser elegible para asistencia como el SNAP (estampillas para comida), programa de Medicaid, comidas a domicilio y muchos otros programas para la tercera edad. La Asociación Americana de personas jubiladas (AARP) tiene un gran sitio de internet[120] para la investigación de beneficios para cual usted podría calificar. También puede consultar con el bibliotecario de referencia en su biblioteca pública o universidad, el Consejo Nacional sobre el Envejecimiento, la cámara de comercio o el departamento de servicios sociales de su ciudad.

Usar una hipoteca inversa

Una forma de generar ingreso mensual si usted es dueño de su hogar o si tiene considerable equidad es sacar una hipoteca inversa. Hipoteca inversas, primero ofrecida en la década de 1960, fueron un desastre financiero cuando llegaron a ser populares en la década de 1980, pero en 2016, planificadores financieros recomiendan ciertos tipos de las hipotecas inversas en algunas situaciones. Así es como funciona una hipoteca inversa: "después de años de pagar y bajar su hipoteca, usted ha acumulado capital (el valor de su propiedad hoy menos la cantidad que usted debe en su hipoteca y cualquier préstamo o línea de crédito) en su casa. Con una hipoteca inversa, usted pide prestado contra su capital. El saldo del préstamo crece con el tiempo. No tiene que pagar el préstamo mientras usted o un cónyuge viva en la casa, pero usted tendrá que pagar impuestos, seguro y mantener el hogar. Cuando usted o su cónyuge elegible hayan fallecido o se muden de la casa, el préstamo debe ser pagado. La mayoría de la gente necesita vender su casa para pagar el préstamo. Pero ni usted ni sus herederos tendrán que pagar más del valor de su casa."[121]

Hay tres tipos de hipotecas revertidas: "las hipotecas revertidas de un solo propósito" (o Single Purpose) que son la opción menos costosa y son generalmente utilizadas para pagar impuestos de propiedad y reparaciones del hogar; hipotecas inversas propietarias que son préstamos privados que permiten utilizar el dinero para cualquier propósito; y las hipotecas aseguradas por el gobierno conocidas como Home Equity Conversion Mortgages (HECM). Una HECM es parte del programa de hipoteca de la FHA (Federal Housing Administration o Administración de Vivienda Federal), que permite retirar parte de la equidad en su hogar. Para ser elegible para una HECM de la FHA, la FHA requiere que usted "sea propietario de casa con 62 años de edad o más, ser dueño de su casa sin deuda hipotecaria, o tener el saldo de hipoteca baja que se pueda pagar a la hora del cierre con ganancias del préstamo reverso, tener los recursos financieros para pagar las cargas de la propiedad incluyendo impuestos y el seguro de hipoteca y tiene que vivir en la casa."[122] Con una hipoteca inversa, generalmente no tendrá que devolver el dinero mientras que viva en su casa. Cuando muera, venda su casa o se mude, usted, su cónyuge o sus herederos tendrán que pagar el préstamo. A veces esto significa vender la casa para pagar el préstamo.[123] Es importante tener en cuenta que sus hijos no son responsables de sus deudas cuando muera. Si fuera a obtener una hipoteca revertida y sigue viviendo en su hogar más allá del período cuando el capital de la casa se ha utilizado, sus hijos no necesitarían pagarle a la compañía de hipoteca inversa el dinero después de muerte si por alguna razón su patrimonio no es suficiente para pagar el préstamo. Es cierto que su herencia podría reducirse si se utilizó el dinero de su patrimonio para pagar el préstamo, pero ellos no necesitarían sacar dinero extra para pagar después de su muerte. Si disminuye mucho el valor de la casa y no hay suficiente capital para pagar el préstamo, la institución o compañía hipotecaria tomaría la casa como colateral pero sus herederos no pagarán la diferencia de sus propios fondos personales.

Una hipoteca revertida podría ser justo lo que necesita para hacer funcionar financieramente su jubilación. Investigue para asegurarse de que está adquiriendo una hipoteca inversa segura diseñada para protegerlo a usted y su cónyuge. Tenga en cuenta que todas las hipotecas revertidas tienen un coste, y usted querrá estar seguro de que no está hablando con un vendedor cuyo objetivo es que usted utilice el dinero de la hipoteca inversa para comprar sus productos financieros, como un seguro o una anualidad (annuity).

Depender de los dividendos de las inversiones

Un flujo de ingresos posibles en retiro podría ser de dividendos de su inversión en acciones. Como comentamos en el capítulo 2, algunas empresas pagan "dividendos" a sus accionistas, que es dinero en efectivo para los propietarios de las acciones. Las fechas de pago de dividendos ordinarios son fijadas por una empresa, así usted sabrá cuándo recibirá sus dividendos. Suponiendo que sigue siendo dueño de la misma cantidad de acciones y la empresa no reducirá o eliminará su dividendo (que legalmente puede hacer en cualquier momento), usted cuenta con esa cantidad de dinero en efectivo cada trimestre para cubrir parte de sus gastos. Los inversores a veces planean comprar acciones para asegurar un cierto nivel de flujo de efectivo. Si compra acciones de compañías o empresas con dividendos en cada mes del año, podría tener un flujo de ingresos mensuales previstos. Por ejemplo, tendrá dinero mensual si usted es dueño de acciones en las empresas A, B y C y si la empresa A paga dividendos trimestral en enero, abril, julio y octubre; Compañía B paga en febrero, mayo, agosto y noviembre; y empresa C paga en marzo, junio, septiembre y diciembre. Sin embargo, este plan de flujo de efectivo no es infalible. El problema con este sistema es que las empresas están bajo ninguna obligación de mantener los pagos de dividendos a los accionistas comunes. Si una empresa que tradicionalmente ha pagado un dividendo pierde valor, enfrentan el doble golpe de perder su flujo de ingresos de dividendos y de ser propietario de acciones si el valor de la empresa disminuye a un a valor menos de lo que usted pagó al principio.

Recibir el dinero de ahorros y cuentas de inversión

Si usted tiene dinero ahorrado para su jubilación, usted probablemente comenzará a gastar ese dinero cuando deje de trabajar. Usted puede tomar sus propias decisiones acerca de cuándo y cuánto dinero sacar de sus cuentas no asignadas para el retiro (non-retirement account). Para cuentas de retiro con beneficios fiscales como IRA (Individual Retirement Account) y 401(k), usted tiene que tomar las distribuciones en un horario determinado por el gobierno.[124] Estas son las "distribuciones mínimas requeridas" (RMDs) que deben comenzar cuando cumple 70½ años. La empresa que administra su IRA o 401(k) probablemente ayudará a asegurarse de que tome las cantidades adecuadas, pero usted querrá ser consciente de las reglas para no incurrir sanciones. La razón para estas distribuciones mínimas requeridas (RMDs) es porque el dinero en estas cuentas aún no ha sido sujeto a impuesto sobre la renta o ganancias. Si lo piensa desde un punto de vista de impuestos del IRS, estas distribuciones tienen sentido. Cuando usted contribuye a su cuenta IRA tradicional como una persona joven, no tiene que pagar ningún impuesto sobre ese dinero en ese entonces. El dinero siguió parqueado en esa cuenta – ojalá creciendo si lo invirtió -durante sus años de trabajo. El dinero en una cuenta tradicional de retiro (IRA) sólo se grava cuando se retira. Por lo que el gobierno quiere asegurarse de recolectar el impuesto devengado por ese dinero y por eso instituye las distribuciones mínimas requeridas para asegurarse de que usted saque ese dinero y pague el impuesto que se debe. Usted puede sacar *más* que lo especificado por las tablas de distribución producidas por el IRS, pero si usted toma *menos*, usted tendrá que pagar un impuesto de 50% sobre el monto no distribuido. Tenga en cuenta que un Roth IRA (o un tipo de cuenta de retiro llamado "Roth") no son sujetos a estas distribuciones porque el dinero contribuido es dinero después de impuestos.

Colectando de su plan de pensiones

Si está entre los afortunados estadounidenses que reciben una pensión, podrá contar con un flujo de ingresos de por vida para ayudar a apoyarlo. Para la mayoría de nosotros, sin embargo, los planes de pensiones se han ido de la misma manera que el teléfono de disco. Sin una pensión, debe planificar para la jubilación con planes de 401k, IRAs (cuentas de retiro individual) y otros métodos de ahorro para generar dinero durante eso años. Por desgracia, las inversiones en estos planes no garantizan un beneficio como los planes de pensiones. Towers Watson, la consultora global de recursos humanos, encontró que "planes con estilo de pensión sobrepasaron planes estilo 401(k) por casi 3 puntos porcentuales en 2011, según el último estudio de año. Las pensiones hicieron un retorno de 2.74% de inversión mientras que planes de aportaciones definidas perdieron (.22%)." [125]Con un plan de pensiones, usted y su cónyuge recibirá pagos mensuales para toda la vida; con un "plan de aportaciones definidas" (IRA, 401(k), 403(b), etc.), cuando el dinero se acaba, usted no recibe ningún pago más. Usted puede sobrevivir su dinero y se encontrará en circunstancias financieras difíciles.

Otra preocupación con los fondos de pensiones es si la empresa o el gobierno seguirán teniendo suficiente dinero para pagar su pensión. Una compañía de seguros para pensiones, Pension Benefit Guarantee Corporation (PBGC), asegura las pensiones del sector privado, pero sólo hasta ciertas cantidades. Si una empresa no ahorra lo suficiente para su pensión y posteriormente es insolvente, no serán capaces de cumplir con sus obligaciones de pensiones. Como señala Michael Fletcher del *Washington Post*, "el mercado de valores se ha disparado más del 75 por ciento en los últimos cinco años, algo que muchos trabajadores de clase media deben aprovechar pero muchos fondos de pensiones siguen en peligro de no tener suficientes fondos. Esto pone en peligro los beneficios para los trabajadores que estaban contando con ellos en el retiro. Al final del año pasado, el Congreso aprobó la legislación permitiendo que ciertos planes de pensiones en peligro recorten drásticamente los beneficios de jubilación - incluyendo los beneficios que muchos jubilados ya estaban recibiendo — una medida sin precedentes, alterando un principio consagrado en la Ley Federal de cuatro décadas que dice que beneficios ya ganados no se podrían cortar. Este cambio en el contrato social está creciendo más común a medida que los empleadores ven cada vez más creciente el costo de las pensiones a un nivel insoportable aunque la economía se recupera."[126] En mayo de 2016, el tribunal rechazó la petición para cortar beneficios, salvando los beneficios de pensión para los trabajadores de hoy, pero ahora ha comenzado la conversación sobre la posibilidad de cortar este beneficio una vez inviolable. En el futuro, no se podrá asumir que recibirá dinero de las pensiones incluso para aquellos con pensiones "garantizadas".

AHORRO PARA EL RETIRO

Usted ha escuchado mucho acerca de cómo los americanos hoy no ahorran lo suficiente para la jubilación. Estas estadísticas corroboran: en 2016, aproximadamente un 28% de los encuestados con 55 años y más de edad *no* tienen ahorros para el retiro y 26% informan que tienen saldos menores de $50,000 en ahorros, una cantidad que es insuficiente para personas a punto de jubilarse. Solo 1 de cada 4 personas de 55 años de edad y más tenían más de $300,000 guardado.[127] GenX'ers, la generación nacida entre los años 60s y 70s, no están haciendo mucho mejor: Cerca de 30% de esa generación no tiene cuenta de jubilación y el 70% que lo hacen, en más de la mitad de esas cuentas, el saldo es menos de $50.000, que es lejos de lo que se necesita para un retiro de más de 20 años[128]. Una baja tasa de ahorro junto con una mayor longevidad y una menor probabilidad de recibir beneficios de pensión de su trabajo hacen que la posibilidad de retirarse sea aún más temibles.

Puedo pensar en un montón de buenas razones por que tantos norteamericanos no son capaces de ahorrar para la jubilación. Una razón es que los salarios de la mayoría de nosotros no han aumentado mucho en nuestras carreras. Valores de vivienda en muchos lugares en los Estados Unidos también no han aumentado. Aunque la inflación oficialmente no ha aumentado sustancialmente, la vida es más cara – vivienda y carros cuestan más; ha subido la matrícula universitaria; ropa y alimentos deben ser sustituidos continuamente. Los costos que no existían cuando yo era pequeña, como cuentas de teléfono celular, un café lattes de Starbucks por $4 y el alquiler de videojuegos, nos golpean y nos impiden ahorrar. La tele, internet y películas continuamente nos seducen a comprar y gastar. Como resultado, muchos americanos tienen pequeñas... o vacías... cuentas de jubilación.

¿Cómo averiguar cuánto necesita para jubilarse? Un planificador financiero ejecutará cálculos basados en su vida y la cantidad de dinero que espera gastar cada año en el retiro. Planificadores generalmente eligen dos métodos tradicionales para determinar sus necesidades financieras de jubilación. Un análisis de reemplazo de ingresos se basa en su estimación de su ingreso actual y se calcula un porcentaje estándar de ingresos para la jubilación. Un análisis de ingresos de jubilación mira el flujo real de efectivo para crear un presupuesto para la jubilación. Usted puede contratar a un planificador financiero para ayudarle a estimar sus necesidades o utilizar calculadoras financieras por internet (ver Apéndice 7) para averiguar por sí mismo.

Esos análisis son útiles pero que pasa si no ha guardado nada y no va a empezar a guardar ahora, ¿Cómo logrará un retiro en el mundo real que vivimos actualmente? ¿Dónde empezar y cómo maximizar lo que ahorra? Vamos a hablar de los tipos de cuentas que los americanos en 2016 usan para ahorrar para la jubilación.

Las normas para la jubilación pueden ser confusas. Diferentes límites y requisitos relativos a los aportes, retiros, ingresos e impuestos pueden hacer difícil determinar los mejores lugares para sus ahorros. Hay cursos de todo dedicado a las complejidades de los diferentes planes, pero puede aprender lo básico con pocos detalles claves. Los dos tipos principales de cuentas de jubilación de impuestos diferidos son los 401(k) y la cuenta de jubilación Individual (IRA). Un 401(k) es un plan de ahorro de retiro a través de su trabajo ofrecido por su empleador. Una cuenta "IRA", por el contrario, es un plan de ahorros de jubilación que puede configurar y administrar por su propia cuenta.

Hay dos tipos de IRA: Tradicional y Roth_. Las principales diferencias entre ellos se encuentran en *cuando se paga* impuestos y *sobre que se* paga impuestos. Con una IRA tradicional, se llega a aplazar sus impuestos en el año que hace una contribución a su IRA o 401(k). Aplazamiento de impuestos significa que usted no debe impuestos ese año del dinero que usted ha contribuido (así que si hace contribuciones en 2016 su declaración de impuestos de 2016 se reduce), pero se debe impuestos sobre el dinero que saque de la cuenta de jubilación. Con esta cuenta, se supone que usted estará en un nivel de impuesto más bajo cuando retire el dinero de jubilación, por lo que termina pagando menos en impuestos más tarde que si hubiera pagado el impuesto por adelantado. Con un Roth IRA, *se paga* impuestos por sus aportaciones (el impuesto sobre el dinero que usted contribuye **no** es diferido), pero cuando retira el dinero de la jubilación, no tiene que pagar impuestos de nuevo. Lo interesante de un Roth IRA es que mientras mantenga dinero en esta cuenta, lo que usted gana de su inversión no se le cobra impuestos – no durante todos los años de inversión ni cuando lo retira. Por ejemplo, digamos que usted contribuye $4,000 de dinero después de impuestos al año a una cuenta IRA Roth durante 30 años, haciendo una contribución total de $4,000 30 veces o $120,000. Digamos que sus ganancias en los años 30 años de haber invertido $120,000 en el Roth IRA son $10,000. Cuando usted toma estos $10,000, no tiene que pagar impuestos sobre ese dinero. En el mundo de impuestos del IRS, ofertas de impuestos como esta poco existen.

Un 401(k) es un plan patrocinado por el empleador que ofrece a los empleados una variedad de opciones de inversión. Un 401(k) es similar a una cuenta IRA en que le permite aplazar impuesto sobre el dinero que gane este año. Como en una IRA, el beneficio reduce los impuestos del año actual y el dinero se puede invertir y hace crecer. Un 401(k) solamente está disponible a través de una empresa; no puede comenzar y contribuir a uno por su cuenta como usted puede con una IRA. Si trabaja para el gobierno federal o del estado, se contribuye a un plan similar a un 401(k) que se llama un plan 457 o plan 403(b). Algunos empleadores participan en una parte de las contribuciones de 401(k) de un empleado; si coincide con su empleador, es importante ahorrar lo suficiente en el plan 401(k) para obtener esa aportación del empleador ya que es como recibir un sueldo más alto.

Para todos estos planes, usted necesita ganar dinero en el mismo año que quiera contribuir. Por ejemplo, si no trabaja el año 2016, no sería capaz de contribuir dinero a una cuenta IRA, a menos que cumplan requisitos especiales donde su cónyuge haya ganado dinero que pueda funcionar como sus propias ganancias.

Como un repaso rápido: en contraste con cuentas corriente conjuntas/ de ahorro/ de inversión, las cuentas de 401(k)s, IRAs y cuentas IRA Roth son cuentas de retiro individual que pertenecen sólo a una persona. El dinero, cuando retira, ciertamente puede compartirse con otra persona, pero sólo el propietario de la cuenta de jubilación tiene control y acceso a esos dólares durante su vida. Después de la muerte, el dinero se puede dejar a otra persona. En divorcio, dinero en una cuenta de retiro generalmente se divide entre los cónyuges si el matrimonio duró un cierto tiempo.

El componente clave en el éxito de estos planes es utilizarlos, es importante tratar de hacer el compromiso de poner dinero en su plan de jubilación cada mes y supervisar sus inversiones con la esperanza de obtener el mejor rendimiento posible.

IRA tradicional, Roth IRA y 401(k) se diferencian en un número de maneras, incluyendo el tratamiento de impuesto, contribución y límites de ingresos y reglas para retiros al llegar a cierta edad Apéndice 8 ilustra cómo el tratamiento fiscal, ingresos y reglas de contribución varían entre los tipos más comunes de planes de jubilación.

Además de un IRA y 401(k)s, debe ahorrar en cuentas tributarias, para asegurar que usted tendrá suficiente dinero cuando se jubile. Capítulos 1 y 2 hablan de ahorros, mercado monetario, fondos mutuos y cuentas de corretaje como lugares para guardar y crecer su dinero. Idealmente, usted ahorra para la jubilación en estos tipos de cuentas además de las cuentas que son específicamente para la jubilación.

VIVIENDA (INCLUYENDO LA POSIBLE NECESIDAD DE UN HOGAR PARA PERSONAS MAYORES)

¿Donde se vive en el retiro? Si posee su propia casa y puede pagar los impuestos, seguros y mantenimiento, se puede vivir allí sin necesidad de incurrir mensualmente los pagos de alquiler o hipoteca. Si usted está alquilando o sigue pagando su hipoteca, usted necesitará calcular cómo hacer los pagos cada mes después de que usted ya no traiga a casa un cheque de pago. Una hipoteca revertida, como hablé en la sección de ingresos de jubilación antes, podría ser una manera para que pueda permanecer en su hogar actual mientras que complementa sus otros ingresos. Como hemos comentado anteriormente, se puede calcular su beneficio mensual de su seguro social y saber cuánto dinero estará recibiendo de esa fuente. ¿Qué puede hacer si no tiene suficiente dinero para pagar su alquiler o su hipoteca después de jubilarse?

Dependiendo de sus ingresos totales, los activos existentes y el estado en donde vive, usted puede calificar para varios tipos de ayuda del gobierno. Si está en el borde financieramente, merece la pena su tiempo y energía para explorar esas opciones. Visite el departamento local de salud y servicios sociales. Hable con un representante en su Consejo de área sobre el envejecimiento. Si usted no es capaz de averiguar quién puede ayudarle, vaya a la biblioteca pública y hable con un bibliotecario de referencia allí. La Asociación Americana de personas jubiladas (AARP) tiene grandes recursos en línea para aprender más sobre los beneficios públicos como se muestra en las notas y en el Apéndice 3.[129]

Si usted no califica para los beneficios, podría considerar reducción a una casa más pequeña o unidad de alquiler. También puede considerar vivir con sus hijos o vivir cerca de otro familiar. Es razonable considerar compartir la vivienda con otra persona. En la ciudad de Nueva York donde vive nuestra hija, adultos de todas las edades viven con otros adultos no relacionados y con quien quizás sean amigos. Es demasiado caro para muchas personas vivir solas, por lo que nadie piensa que es extraño para los adultos tener compañeros de cuarto. Usted puede también, incluso si tiene 80 años o más, y es una gran manera de ahorrar dinero si es necesario.

Otra consideración que viene con la edad es la posibilidad de que necesitará algún tipo de cuidado a largo plazo porque será incapaz de cuidar de si mismo. Nadie quiere pensar en esa eventualidad, pero expertos estiman que 70% de las personas mayores de 65 años necesitará apoyo de cuidado a largo plazo. Comprar seguro de cuidado a largo plazo es una forma de protección contra los costos, que pueden ser devastadores si usted o un ser querido necesita años de atención institucional para la enfermedad de Alzheimer.

Seguro de cuidado a largo plazo (LTCi) se discute en el capítulo 1. A diferencia de auto o seguro de salud, que todo el mundo necesita, LTCi puede no ser necesario para usted. Personas con los activos substanciales y también personas con pocos activos tienden a no necesitar comprar LTCi. En el caso de los ricos podrán permitirse el lujo de su cuidado a largo plazo con su propio dinero. Personas que están cerca de la línea de pobreza serán conducidas probablemente a un nivel socioeconómico donde serán elegibles para Medicaid, que presta cuidados a largo plazo. Tenga en cuenta la diferencia entre Medicare, que es el seguro de salud que utiliza cuando cumpla 65 y Medicaid, que es el apoyo del gobierno de atención médica para personas en situación de pobreza de todas las edades. Si tiene dinero suficiente para elegir el hogar de ancianos que le gusta, entonces escójalo; tendrá un mayor sentido de control y bienestar que si termina esperando cualquier lugar que tenga una abertura para un beneficiario de Medicaid.

Merece la pena, teniendo en cuenta el tipo de cuidado que usted probablemente va a tener si es necesario, empezar por el sistema de Medicaid en su vejez. Un lugar para personas mayores no está obligado a aceptar pacientes de Medicaid, y los que si aceptan no serán las clases de lugares que deseará pasar sus últimos días. El jefe financiero de Medicaid siempre está a punto de ser sacado de su puesto por el cuerpo legislativo, y me parece poco probable que el gobierno federal o el gobierno del estado vaya mucho allá_ de asegurarse de que los ciudadanos ancianos con bajos ingresos tengan un techo sobre sus cabezas y lo más mínimo de alimentos y atención médica básica. Puede ser inevitable que necesitará depender de Medicaid, pero no parece prudente deliberadamente ponerse en una situación de tener que depender de ello.

En el pasado, los consumidores tuvieron la idea de darles sus bienes a sus hijos para que aparezcan lo suficientemente pobres como para calificar para Medicaid y para cuidados de larga duración gratis. La tendencia de "gastar sus activos hacia abajo" para calificar para Medicaid que empezó desde 1990 y a principios del año 2000, parece ya haber terminado. Parece atractiva la idea del cuidado gratis" pero la realidad es más escalofriante. El momento que el gobierno es responsable de su salud y bienestar, usted pierde mucha de su opinión y muchas de sus opciones. Si fuera a intentar bajar sus activos y después termina calificando para Medicaid y el cuidado en un hogar de ancianos estatales, podría encontrarse a millas de lejos de sus seres queridos en una sala de mala calidad con un desconocido compañero de piso.

Incluso si termina necesitando cuidado para las actividades básicas cotidianas, no será necesario ir a un hogar de ancianos para conseguirlo. Es posible pagar ayudantes de casa o asistentes de enfermería certificados (CNAs) que vienen a su casa a cuidarlo. Si su familia es capaz de echar una mano y supervisar su cuidado junto con los profesionales de la atención en el hogar, pueden ser capaces de permanecer en su propia casa en lugar de ir a una institución.

SEGURO DE SALUD (MEDICARE DESPUÉS DE LOS 65 AÑOS CON SEGURO COMPLEMENTARIO)

Medicare es un seguro de salud para personas de 65 años o más, personas menores de 65 años con ciertas incapacidades y personas de cualquier edad con insuficiencia renal permanente que requiere diálisis o un trasplante de riñón. Es el seguro que las personas mayores utilizan para sus necesidades médicas, y parte de él está libre si usted trabajó y pagó al sistema de seguro social por 10 años. El sitio web del gobierno para inscribirse es MyMedicare.gov. La inscripción y reglas de aplicación son complicadas, pero esta sección aborda los conceptos básicos.

Las cuatro partes de Medicare pueden ser confusas. Medicare parte A, para el hospital, cubre hospitalizaciones, la atención en un centro de enfermería especializada, cuidado de hospicio y alguna atención médica domiciliaria. Esta parte A no le cuesta nada a quienes recibieron ingresos de W-2 del trabajo por lo menos 10 años (pago de impuestos "FICA") porque sus impuestos contribuyeron al programa de Medicare. Parte B de Medicare, para visitas al médico, cubre servicios médicos, atención ambulatoria, suministros médicos y servicios preventivos. Lleva un costo. Parte D de Medicare para medicina, cubre las recetas y también exige el pago de una prima. Medicare parte C es un tipo de plan de salud Medicare que usted compra de una empresa privada que contrata con Medicare para ofrecer beneficios de parte A, B y parte D.[130]

Usted quiere estar seguro de inscribirse en Medicare cuando cumpla 65 si no sigue trabajando y no están cubiertos bajo el plan de seguro médico de su empleador. Si no se inscribe en el tiempo requerido, usted tendrá que pagar sanciones. Por inscribirse tarde para la parte A de Medicare, la penalización es el 10% de la prima actual de la parte A. Usted continuará pagando la prima adicional de penalización de dos veces más que el número de años que era elegible pero no se inscribió. Si se inscribe tarde para

Medicare Parte B, usted paga una prima por retraso de pago cada mes para el resto de su vida, junto con su prima regular de parte B. La cuota se calcula como el 1% del promedio de la prima mensual de medicamentos de prescripción (1% de $34.10 en 2016, o 34 centavos) por el número de meses que llegaron tarde, redondeados a los 10 centavos de dólar más cercanos. Esta multa es permanente, usted tendría que pagarla mientras que tenga seguro de Medicare.[131] Me resulta difícil creer que un error a los 66 años cuando se da cuenta de que se inscribió tarde para Medicare parte B y D haga que sea castigado para el resto de su vida – que podría ser más de 35 años– pero esa es la regla actual. ¡Creo que si hiciera ese error y luego tengo la suerte de llegar a 100 años sería digno de entrar en contacto con Medicare y preguntar si tal vez 33 años de pagar las sanciones finales era suficiente!

Si usted no puede pagar las primas de Medicare, su estado puede ayudarle a pagar. Si su ingreso mensual es maximo $1,459 para individuos o $1,967 para una pareja en el año 2016 y sus ahorros y activos están por debajo del límite, la ayuda adicional de Medicare puede cubrir la mayoría o toda la prima del plan de medicamentos, deducibles y copagos o co-seguro, además de proporcionar valiosa cobertura adicional en la brecha de cobertura de Medicare parte D.[132]

PLANEAR SU LEGADO (DEJAR DINERO A SUS HIJOS O A UNA INSTITUCIÓN CARITATIVA)

Es importante para muchas personas dejar algo de dinero a sus hijos o a una institución caritativa. Si dejar una herencia financiera es importante para usted, usted querrá estar seguro de que su testamento especifique claramente sus intenciones. Dar instrucción verbal a los demás no garantiza que sus deseos se lleven a cabo. Es difícil pensar que algún día va a morir, por eso la gente deja estas tareas como la creación de testamentos y planes para herederos para otro día. Discuto en el capítulo 1 que un testamento es importante porque le permite tener la opinión sobre qué pasará con su dinero y activos después de su muerte. Sin un testamento, el gobierno del estado decidirá qué pasará con sus fondos.

Cuando deje dinero o bienes en su testamento, no habrá impuestos federales en ese legado en 2016 a menos que la cantidad sea mayor que $5.45 millones para individuos o $ 10.9 millones para parejas. Además, el beneficiario del seguro de vida no pagará impuesto sobre ese beneficio. Cabe señalar que los destinatarios de regalos o herencias no son responsables de pagar impuesto sobre los bienes que reciben; impuestos en regalos o herencias son pagados por el donante. Si el donante ha fallecido los impuestos son descontados del patrimonio; Si el donante está vivo él o ella debe pagar cualquier cuota de impuestos, no el destinatario del regalo.

¿Qué pasa si usted quiere regalar dinero y su propiedad cuando usted todavía vive? La mayoría de las personas han escuchado el término "impuesto", pero pocos se dan cuenta que son impuestos de regalo. Cuando usted da a un pariente, amigo u otra persona, un regalo, el IRS considera, técnicamente, que eso es un hecho imponible. Sin embargo, para caer debajo de los requisitos para la presentación de informes y pago de impuestos, el regalo tiene que ser de una gran cantidad para pagar impuestos que pocos de nosotros tendríamos que preocuparnos por ello. Usted puede regalar hasta $14,000 en 2016 a tantas personas como desee sin tener que pagar cualquier impuesto sobre el regalo o tener que hacer una declaración al IRS. Si usted está casado, la cantidad es $28,000. Si usted da un regalo de más de $14,000 (o $28,000 si es casado), entonces necesitará reportar el formulario 709 "Gift Tax", pero es poco probable que deberá cualquier impuesto sobre ese regalo. Un individuo puede dejar hasta $5.45 millones a herederos y no pagar ningún impuesto de regalo federal o estatal. Una pareja de casados podrá proteger $ 10.9 millones de su dinero de posibles impuestos federales o del estado. Por lo tanto, sólo tendría que pagar impuesto de regalos sobre $ 5.45 millones o $ 10.9 millones para parejas. Y, si paga matrículas de colegio o gastos médicos directamente al colegio o al médico, nunca debe impuesto sin importar cuánto paga.

PREOCUPACIONES DE JUBILACIÓN DE LOS TRABAJADORES DE CUELLO AZUL

Los aspectos físicos del trabajo de cuello azul

El retiro de una carrera físicamente exigente debe venir un poco antes que el retiro de una carrera en un escritorio. Aunque años de duro trabajo lo han mantenido en forma, las exigencias de escalar, doblar, agachar, y otros movimientos pueden ser demasiado en sus 60 años . Querrá planificar bien para sus años posteriores para que pueda retirarse temprano, pasarse a un trabajo de escritorio en su comercio actual o tomar entrenamiento para una carrera totalmente nueva. Contrariamente a la creencia popular, los trabajadores de cuello azul son a menudo capaces de encontrar trabajo en el retiro. Puede hacer la transición de una carrera muy física cerca del final de su vida de trabajo primario y luego tomar esas habilidades para trabajar a tiempo parcial durante la jubilación.

Tratando períodos de desempleo

Como hemos comentado anteriormente, algunas carreras de cuello azul vienen con desempleo   entre proyectos. Es bastante difícil ahorrar cuando se tiene un trabajo estable. Cuando está sin trabajo por largos periodos de tiempo, tendrá que utilizar ahorros, usa sus cuentas de jubilación, suspende las contribuciones de ahorros a cuentas de jubilación y deja de ganar el dinero del cual había llegado a depender. Si su carrera viene con tiempos de desempleo, le ayudará planear lo mejor posible y hacer todo lo posible para mantener un fondo de emergencia de seis meses de gastos.

Cambios frecuentes de empleadores

Como un miembro de la Unión o trabajador por contrato, usted puede encontrarse con una larga lista de empresas donde ha trabajado. Si usted es un miembro a largo plazo de una Unión o sindicato, probablemente tendrá beneficios para la jubilación. Si el campo de carrera no está sindicalizado, quizás habría trabajado para muchas empresas diferentes y tiene dinero de jubilación en varios planes de 401(k) y IRA. Cuando tenga tiempo, es bueno trasladar el dinero de todas las cuentas a una sola cuenta de IRA. Al salir de una empresa, puede tomar su 401(k) a su nuevo trabajo o dejarlo en el plan de su empleador anterior. También puede hacer un "rollover" de ese dinero de la jubilación en su IRA personal o 401(k) de una nueva empresa. Cubrí la diferencia entre el dinero de IRA y 401(k) anteriormente en este capítulo, pero el término "rollover" o un traslado o reasignación es importante conocer. Si usted toma una "distribución" de su IRA o 401(k) antes de la edad de 59½, usted probablemente incurriría una penalización por retirar ese dinero además de tener que pagar impuesto sobre la renta en esa suma. Si usted inicia un "rollover" de su IRA o 401(k), se mueve el dinero a otro plan similar calificado para la jubilación que conserva su carácter como un vehículo de inversión y no se incurre ninguna penalización y los impuestos sobre la renta seguirán aplazados.

Beneficios de unión

Trabajadores de cuello azul en la industria de construcción y fuerzas policiales pueden haber sido miembros de un sindicato por todo o parte de sus carreras. Los sindicatos protegen a los trabajadores y mejoran sus vidas, como señaló Matthew Walters del Instituto de política económica: "Datos recientes de la oficina de estadísticas laborales (BLS) muestran que, en promedio, trabajadores en sindicatos reciben aumentos de salarios más grandes que los de trabajadores no sindicalizados y generalmente ganan salarios más altos y tienen mayor acceso a la mayoría de los beneficios patrocinados por el empleador. Estas tendencias parecen persistir a pesar de la disminución de la afiliación sindical".[133] Walters proporciona estadísticas adicionales sobre la salud, las finanzas, y de los beneficios de jubilación que los miembros pueden esperar: "sindicatos aumentan los salarios de los trabajadores sindicalizados alrededor de 20% y elevan la indemnización, incluyendo los salarios y beneficios cerca del 28%. Trabajadores sindicalizados reciben beneficios más generosos que los trabajadores no incluidos. También pagan deducibles de salud inferiores de 18% y una porción menor de los costos por familia. En retiro, los trabajadores sindicalizados son 24% más propensos a ser cubiertos por el seguro de salud pagado por su empleador".[134]

Si usted pertenece a una Unión, asegúrese de hacerles saber cuándo se jubile. Trabaje con sus sucursales locales y nacionales para entender los beneficios de jubilación que se le deben y de completar todo el papeleo necesario para asegurarse de conseguirlos..

CAPÍTULO 6 – EL FUTURO DE LOS TRABAJADORES DE CUELLO AZUL

El futuro es brillante para muchos trabajos de cuello azul. Aunque la producción de petróleo, línea de montaje y trabajos de fábrica han reducido algo en 2016, la necesidad de puestos de trabajo en esos campos y muchos otros es fuerte y creciente. Veamos varios aspectos del trabajo de cuello azul en el futuro como:

- Los niveles de habilidad de los trabajadores de hoy
- El valor del trabajo
- El potencial de ganancias
- Las perspectivas de las mujeres que consideran una carrera de cuello azul
- Los beneficios de sindicato

HABILIDADES DE TRABAJADOR DE CUELLO AZUL Y LA FORMACIÓN

El antiguo estereotipo de un hombre fornido y bruto, que hace pivotar un martillo, no cuadra con lo que es el verdadero trabajador de cuello azul de hoy que está altamente capacitado y utiliza su conocimiento para llevar a cabo trabajos que requieren inteligencia y resolución de problemas. Como Jeff Torlina señala, "trabajadores de cuello azul usan sus cerebros mucho más que los estereotipos sugieren."[135]

Que la *realidad* del trabajo de cuello azul requiera inteligencia no significa que sea esa la *percepción*. Pocas personas han sido expuestas al valor de estos trabajos, y eso hace que sea difícil convencer a los estadounidenses promedio que este tipo de trabajo valga la pena. Y es esencial que lo hagamos porque los tiempos han cambiado. Estos trabajos hoy en día, "necesitan   precisión - particularmente en las áreas que involucran maquinaria capital - los trabajos requieren algo más que una persona simplemente se presente al trabajo. Un operador de una máquina moderna CNC (control numérico de computadora) tiene el control de equipos que pueden costar más de $ 5 millones, señala Wright [Karen] [de Ariel Corporation]. Un nuevo empleado en este puesto debe tener conocimientos de programación, metalurgia, tecnología de herramienta de corte, geometría, y de la ingeniería. Cada vez más, el trabajador de hoy es menos Joe Six-Pack y es una persona más renacentista."[136] Cuando la percepción cae detrás de la realidad, es hora de difundir la información correcta a todo el mundo.

Curiosamente, los trabajadores de cuello azul de hoy son mucho más educados y más altamente capacitados que los trabajadores del pasado. Puede ser difícil conseguir un trabajo de cuello azul y los que mejor pagan son más competitivos. La periodista Sophie Quinton señala que muchas empresas grandes buscan trabajadores, pero que "no contratan a cualquiera. En el taller, la empresa busca estudiantes de alto desempeño y trabajadores con conocimientos técnicos."[137]

Como trabajador de cuello azul, estará cualificado antes de empezar su trabajo y será constantemente entrenado y aprenderá a lo largo de su carrera. A diferencia de la educación continua para profesores, enfermeras, profesionales de negocios y muchos otros trabajadores, su capacitación se pagará por las empresas para quien trabaja. Como se explica en el informe de la Fundación de Cámara de Comercio de Estados Unidos "Emprendedor Estados 2014" "quienes logran una certificación en un campo de habilidades básicas... ellos superan a menudo a ésos con grados de cuatro años en campos como las humanidades o ciencias sociales. Estos trabajos no son definitivamente   para aquellos 'bajo cualificados' a menos que definas baja cualificación como uno que simplemente no requiere un título universitario de cuatro años. Ser un buen carpintero (56% de crecimiento) o una buena secretaria médica (41% de crecimiento) requiere inteligencia, esfuerzo y dedicación... resulta claro que tal capacitación de aptitudes es una propuesta mejor para muchos jóvenes. El Centro de Educación y Fuerza Laboral de la universidad de Georgetown proyecta que de aquí al 2020, en más del 65% de los trabajadores será necesario algún tipo de formación postsecundaria, y aquellos que necesitarán un grado de dos años o un certificado subirá al 30%. La parte que requiere una licenciatura subirá al 24%, pero trabajos que requieren un título de posgrado se espera que permanezca estancada durante el mismo período. 'No necesitamos simplemente gente, necesitamos gente que pueda cumplir con nuestros estándares,' observa Patrick Gibson, un alto ejecutivo de fabricación en la planta de Boeing en Heath, Ohio. 'Hay una necesidad de un cambio completo de actitud. Solía ser que solicitábamos personas que dejaran su cerebro en la puerta. Ahora necesitamos personas que no son sólo capacitados sino que también sean altamente dedicados.'"[138] El trabajador de hoy encontrará puestos estimulantes, interesantes y de buen pago en cualquiera de los campos de cuello azul que él o ella decide entrar.

LA NECESIDAD Y EL VALOR DEL TRABAJO DE CUELLO AZUL

Independiente de nuestras percepciones del trabajo de cuello azul, nuestra dependencia de los productos finales que este produce es indiscutible. Necesitamos personas que sean capaces de construir carreteras, de descubrir petróleo, de transportar mercancías, de serviciar maquinaria, para construir edificios, reparar y mantener cosas y muchas otras tareas manuales esenciales para nuestra supervivencia. Como persona poco técnica, veo la persona que repara mi aire acondicionado, el trabajador de SCE & G que restaura mi energía eléctrica o la persona que me rescata de un ascensor atascado como héroe. Cuando tienes un problema real, y deseas una solución real, los trabajadores de cuello azul altamente capacitados son los que proporcionan.

Es inquietante saber que los trabajadores de cuello azul de quien dependemos tan desesperadamente están disminuyendo. El informe de 2015 del Instituto de Fabricación sobre la brecha de habilidades señala que la industria probablemente tendrá 3.4

millones de trabajadores y que habrá una escasez prevista de 2 millones de trabajadores en los Estados Unidos durante la próxima década.[139] Basando en estas estadísticas, tiene sentido crear programas e iniciativas para aumentar la fuerza laboral de cuello azul de los Estados Unidos. Aunque trabajos como empleado de hotel y procesador de pago pueden ser sustituidos por la tecnología, todavía necesitamos los seres humanos para atar barras de refuerzo, responder a la delincuencia, pavimentar caminos, arreglar máquinas, conducir camiones y realizar muchas otras tareas manuales. Es importante dar a conocer este hecho para fomentar el crecimiento del empleo y el orgullo en una carrera de cuello azul.

Una manera de hacer saber a la gente lo valioso y lucrativo que son estas carreras de cuello azul puede ser intentar superar percepciones negativas. En una encuesta realizada por la Fundación de Fabricators & Manufacturers Association, el 52 por ciento de todos los adolescentes dijo que no tienen ningún interés en una carrera de fabricación. Del 52 por ciento que no tienen interés en la fabricación, alrededor de dos tercios (61%) de los estudiantes percibe un trabajo de fabricación como uno que es "sucio, y en un lugar peligroso que requiere poco pensamiento o habilidades de sus trabajadores y ofrece oportunidad mínima para el crecimiento personal o mínimo progreso en la carrera".[140] Estos jóvenes no habían sido expuestos a la necesidad y el valor del trabajo de cuello azul ni tomaron en cuenta el ámbito de la formación necesaria para convertirse en un experto en estos campos especializados. Cuando la gente se da cuenta que el trabajo de cuello azul ofrece beneficios tangibles y que es un trabajo gratificante, es probable que aumente interés y apoyo para estas carreras.

Jeff Torlina llega a decir que el futuro de América depende de la reactivación del trabajo de cuello azul: "son trabajos de cuello azul, son lejos de no ser importante y no son sólo trabajos de tiempos atrás, son aún más importante para el futuro. Es dudoso que la capacidad productiva de la economía sea reconstruida para arreglar los problemas institucionales que perjudican a la sociedad".[141] Yo puedo corroborar personalmente la importancia de este tipo de trabajo. En mis años en la construcción pesada, comprendí la importancia de la construcción de estructuras útiles que hacen la vida mejor para las personas. Todavía me siento inmensamente orgulloso de haber sido parte de un equipo de construcción que produjo varios tanques de concreto de 3 millones de galones para asegurar el contenido de residuos radiactivos de baja actividad, y sé que mis compañeros sienten lo mismo. Al pasar el sitio o mirar una foto de lo que ayudé a construir, realmente me siento como si hubiera hecho una diferencia. Es emocionante contemplar hoy las oportunidades disponibles para los trabajadores de cuello azul.

POTENCIAL DE INGRESOS PARA LOS TRABAJADORES DE CUELLO AZUL

Uno de los aspectos más atractivos de cuello azul es el pago. Comparé los salarios promedio de las carreras de cuello blanco y azul mencionadas en el capítulo 1 y la comparación merece repetirla. Tenga en cuenta que la definición de cuello azul aquí significa un trabajo que requiere una persona cualificado y especializada en un oficio específico donde ningún colegio es necesario, y no es un vendedor o camarero. Una educación universitaria de cuatro años cuesta un promedio de $100,000 en el año 2016, y muchos estudiantes necesitan pedir prestado para pagar una parte o toda la educación. El promedio trabajador de cuello blanco obtiene un trabajo empezando con un salario en el rango de $25,000 a $45,000 y en algunas profesiones puede contar con ganar un poco más que eso anualmente para el resto de su carrera. Contrastemos con un herrero que es entrenado en el trabajo y puede ganar $70,000 + una vez que alcance estatus oficial, y además no tiene ninguna deuda estudiantil para pagar. El escritor de economía Bill Path señala que "el crecimiento del empleo que requiere habilidades medias en este país, que son nuevos empleos de cuello azul – están desafiando la idea largamente sostenida que sólo empleos de cuello blanco los llevan a la prosperidad. Mientras que la recesión golpeó duro algunas industrias como manufactura y construcción, ahora hay un resurgimiento en estos campos con una mayor demanda de técnicos, un puesto que paga más. Pero persiste la percepción negativa que muchos todavía piensan - que puestos de trabajo de cuello azul son puestos 'sin salida'. Por lo tanto, jóvenes no están entrando en programas técnicos y vocacionales para cubrir la creciente necesidad de estos trabajos de habilidad media. Muchos de ellos pasan por alto carreras satisfactorias y gratificantes en campos donde son abundantes debido a un anticuado estigma. La percepción sobre carreras de cuello azul no va a cambiar hasta que los estudiantes estén mejor informados acerca de las oportunidades y la verdad sobre lo que les espera en el mercado laboral."[142] Cuando la gente comienza a comprender que puede hacer más dinero en muchas carreras de cuello azul que de cuello blanco el interés en estos puestos de trabajo crecerá.

EL PANORAMA PARA LAS MUJERES EN EMPLEOS DE CUELLO AZUL

Las mujeres no están tan altamente representadas en trabajos de cuello azul como los hombres. En el pasado cuando los enfermeros no requerían títulos universitarios, la enfermería cabía en la definición de trabajo de cuello azul y las mujeres estaban bien representadas. Las enfermeras de hoy necesitan tener grados universitarios de 4 años, así que ese trabajo no cabe en el ámbito de este libro. Cuando trabajaba en la construcción, vimos pocas mujeres trabajadoras en estos tipos de oficios. En general, las mujeres ocupan relativamente muy pocos puestos de estos que pagan bien; datos actuales demuestran que sólo 2.6% de mujeres están en construcción,[143] alrededor del 13% de las mujeres en fuerzas policiales,[144] y poco menos del 6% son conductoras de camiones.[145]

Es probable que el futuro tendrá más oportunidades para las mujeres en trabajos de cuello azul, especialmente con la creciente necesidad de trabajadores capacitados y con experiencia. Una cumbre del Departamento de Trabajo de Estados Unidos destacó el hecho de que "las mujeres en sindicatos ganan alrededor del 13 por ciento más que mujeres que no están en los sindicatos. Son casi un 37 por ciento más propensas a tener seguro de salud proporcionado por el empleador y el 53 por ciento más propensas a participar en un plan de jubilación patrocinado por el empleador. Las mujeres en los sindicatos son más propensas a tener acceso a los beneficios de la Ley de Ausencia Familiar y Médica, días pagados por enfermedad y días de vacaciones pagadas. Los beneficios para las mujeres son claros y son la gran razón por la cual tantas mujeres son miembros de los sindicatos. Hoy, 1 de cada 9 mujeres en los Estados Unidos está representada por un sindicato. Las mujeres también son críticamente importantes, y por eso las voces de las mujeres líderes son tan importantes para el movimiento: las mujeres van en camino a ser la mitad de todos los trabajadores en sindicatos para el 2023."[146]

El Departamento de Trabajo también señala que "las mujeres enfrentan retos que a menudo son más difíciles que los retos que enfrentan los hombres al ahorrar adecuadamente para el retiro. A la luz de estos desafíos, las mujeres deben prestar atención especial a como maximizar su dinero.

- Las mujeres tienden a ganar menos que los hombres y trabajan menos *años*.
- Las mujeres permanecen en puestos de trabajo por un período más corto, trabajan tiempo parcial más a menudo e interrumpen su carrera para criar a los niños. Por lo tanto, es menos probable que califiquen para los planes de retiro patrocinados por la empresa o de recibir los beneficios completos de estos planes.
- En promedio, las mujeres viven 5 años más que los hombres y por eso tienen más necesidad de crear un fondo de jubilación más grande para sí mismas.
- Algunos estudios indican que las mujeres tienden a invertir más conservativamente que los hombres.
- Las mujeres tienden a perder más ingresos que los hombres después de un divorcio.
- Las mujeres mayores de 65 años son un 70 por ciento más propensas que los hombres mayores de 65 a vivir de un ingreso por debajo del nivel de la pobreza".[147]

Dado que las mujeres tienen más problemas financieros a lo largo de toda la vida, es lógico que una carrera de cuello azul puede ser una gran idea para las mujeres.

BENEFICIOS DE SINDICATO

Los americanos tienen sentimientos contradictorios hacia los sindicatos. Datos de la encuesta Gallup muestran que en la última década, los americanos que aprueban de los sindicatos han oscilado entre 50% y 60%. La mayoría de la gente probablemente se da cuenta que, según Matthew Walters del Instituto de política económica, hay "evidencia que muestra claramente que las protecciones de toda la fuerza laboral estadounidense pueden ser atribuidas en gran parte a los sindicatos. Las leyes y reglamentos en el trabajo que los sindicatos ayudaron a pasar, constituyen la mayoría de las políticas de relaciones laborales e industriales de los Estados Unidos".[148] Parece menos claro, sin embargo, que la mayoría de los norteamericanos estaría de acuerdo con Walters que "estas leyes en sí son insuficientes para cambiar la conducta del empleador o para regular las políticas y prácticas laborales. La investigación ha demostrado convincentemente que los sindicatos han jugado un papel importante en hacer cumplir estas leyes y asegurar que los trabajadores estén protegidos y tengan acceso a las prestaciones a las que tienen derecho legalmente."[149] Aunque personalmente estoy convencida de que los sindicatos son todavía necesarios en los Estados Unidos para asegurar el pago y las condiciones de seguridad en el trabajo, me doy cuenta de que la popularidad de la sindicalización ha disminuido en los últimos 30 años.

Mi experiencia personal con los sindicatos viene de años como empleada de una empresa de construcción. Tuve la oportunidad de trabajar con personas maravillosas, trabajadoras, innovadoras y hacedores que se enfocaban en hacer un gran trabajo: en este caso era construir el mejor tanque de concreto posible. Me encantaban los chicos - y las pocas chicas que había - disfruté ser parte de un equipo dinámico y talentoso. Durante esos años, contratamos a un montón de comerciantes de nuestros sindicatos locales. Aun como valoro la representación sindical y nuestras relaciones positivas, a veces caminaba con los agentes de negocios (BAs) para intentar de asegurarme de que la compañía para la cual trabajaba cumpliera con el contrato de trabajo sin renunciar a las concesiones costosas o innecesarias. Recuerdo que peleaba con Bubba, mi cerrajero BA, sobre un reclamo particular cuya resolución colgaba sobre la interpretación de una palabra en el acuerdo. Pinché mi dedo en la palabra "puede" en el papel, grite ¡"dice *puede'* no *'debe'*! Esas palabras no significan lo mismo. ¡Soy profesora de inglés!" Bubba impasible y firme solo me miró y dijo: "Bueno, deben significar lo mismo". No recuerdo la resolución de ese agravio o algunos otros que fueron y vinieron durante los años. Lo que sí recuerdo es la devoción de la representación sindical para garantizar equidad en el lugar de trabajo para los hombres y mujeres que trabajaron bajo sus acuerdos.

¿Qué porcentaje de los americanos pertenece a los sindicatos? Según la tasa de afiliación sindical – el porcentaje de sueldos y salarios de los trabajadores que eran miembros de sindicatos – fue de 11.1 por ciento en el 2015 (14.8 millones de trabajadores), sin cambios desde 2014. En comparación, en 1983, el primer año con datos disponibles para comparar, la tasa de sindicalización fue de 20.1 por ciento, y había 17.7 millones de sindicalizados.[150] Otros puntos interesantes sobre la representación sindical incluyen estos hechos:

- Los ingresos semanales promedio de los trabajadores no sindicados ($776) fueron 79 por ciento de las ganancias para los trabajadores que eran miembros de la Unión ($980).

- La tasa de afiliación sindical de trabajadores del sector público (35.2%) era cinco veces más que el sector privado (6.7%).

- Trabajadores en ocupaciones de servicio de protección y en ocupaciones de educación, formación y biblioteca tuvieron las mayores tasas de sindicalización (36.3% y el 35.5 por ciento).

- Los hombres continúan teniendo una tasa de afiliación sindical ligeramente mayor (11.5%) que mujeres (10.6%).

- Entre los Estados, Nueva York siguió teniendo la tasa más alta de la afiliación sindical (24.7 por ciento), mientras que Carolina del Sur tenía la más baja (2.1%).[151]

CONCLUSIÓN

Considerando las tendencias en el empleo de cuello azul, parece que la opinión pública, reforzada por los datos económicos, podría estar cambiando y la gente comienza a darse cuenta que estas carreras pueden ser lucrativas, interesantes y emocionantes. Hablé con la Dra. Susan Winsor, Presidente desde hace mucho tiempo de nuestro Colegio Técnico local, Aiken Technical College en Aiken, SC. La Dra. Winsor corrobora la información presentada aquí, observando que "el costo de la educación es alta hoy y sin saber lo que vas a hacer con la educación que usted pagará podría ser aún más costoso. Es importante para las personas saber donde existen las oportunidades laborales al tomar decisiones de estudio y formación." Ella también desea que "la percepción de los trabajos técnicos cambie más rápido. Los estudiantes y las familias estadounidenses están todavía dispuestos a tomar grandes cantidades de deuda para la universidad sin darse cuenta de que más adelante en la vida será difícil pagar esa deuda junto a un pago de hipoteca, un pago de carro y otros gastos básicos. Pero para entonces será demasiado tarde para cambiar. Es entonces cuando ve la realidad y dirá 'Ojalá hubiera hecho algo diferente.'"[152]

CAPÍTULO 7 – CONCLUSIÓN

Este libro está diseñado para darle una visión general de cómo ser financieramente seguro sin importar qué carrera haya elegido. También espero que si trabaja en una carrera de cuello azul, se sienta más orgulloso de la importante labor que hace. Con confianza puede guiar a sus hijos en carreras de cuello azul o apoyar su decisión de ir a la universidad. Si se siente atrapado en una profesión de cuello blanco con muy bajo pago, este libro podría darle el impulso para entrenar para una carrera de cuello azul con más potencial de ingresos. Independientemente de su trabajo, los conceptos que encuentra aquí le ayudará a alcanzar los objetivos financieros que haya establecido por sí mismo. Como el funcionario del departamento de tesorería de Estados Unidos Dan Iannicola, señala en el discurso "Barreras de Asesoría Financiera Para Los Consumidores No Ricos," "muchos carecen de los conocimientos del asesoramiento financiero y pocos saben buscar y utilizarlo. Es decir, la evidencia indica que un nivel básico de la educación financiera es necesario para buscar y utilizar el asesoramiento financiero."[153] Este libro le da las herramientas que necesita para hacer las preguntas adecuadas y para saber evaluar esa ayuda.

Cuando era joven en la década de 1980, tendíamos a enfocarnos en el estatus social y el dinero – nos preocupaba lo que otros pensaban acerca de nosotros, y queríamos "salir adelante," que significaba hacer mucho dinero y tener un montón de cosas. Éramos más orientados hacia nosotros mismos, y queríamos crear distancia entre nosotros y nuestros padres, pueblos y tradiciones. Las cosas son diferentes en el año 2016. Las generaciones más jóvenes de la década del 2000 muestran un creciente interés en conectar con lo que saben, y la mayoría de ellos quiere hacer su propia vida con poca consideración por lo que "otros dicen" sobre sus opciones. Comen en lugares locales, reciclan, viven más tiempo con la familia, crean relaciones no-tradicionales, trabajan desde casa y aceptan una libertad emocional general contra el "que diran" – algo que mi generación envidiaba. Admiro a la gente joven encantadora a quien enseño, guio, entretengo, contrato como empleado y de mis hijos. Ellos poseen un sentido de propósito y sencillez en sus 20 años que sólo estoy empezando a conseguir en mis 50 años.

El deseo de esta generación "volver a lo básico" esencialmente hace que carreras en construcción o reparación de elementos tangibles sean aún más atractivas. Como señala Jeff Torlina, "trabajadores de cuello blanco pueden sentirse superiores a la clase de cuello azul mientras dependen de ellos para sus necesidades diarias. Desde la comodidad de sus oficinas y hogares suburbanos, la clase profesional apenas recuerda que las oficinas en que trabajan deben ser construidas y mantenidas por personas de clase de cuello azul, como son las carreteras y puentes en las que viajan. Su correo llega a sus casas, la electricidad fluye a sus electrodomésticos, la basura la recogen y sus jardines son cuidados sin darse cuenta de las habilidades y esfuerzos requeridos para hacer que esas cosas sucedan". Este tipo de inconsciencia no es apreciado hoy en día. En 2016, la gente quiere saber de dónde vienen sus alimentos, energía, agua y otros elementos básicos de la vida diaria. La necesidad de estar presente en todos los aspectos de la vida hace aún más probable que el trabajo de cuello azul gane más respeto y sea más atractivo en el futuro.

REFERENCIAS

"Advanced Manufacturing Training."*Greater Lafayette Commerce.*N.d. http://www.greaterlafayettecommerce.com/news/2012/0 2/16/advancing-manufacturing-we-have-jobs-here-we-have-training-here.

Aizcorbe, Ana. M. et al. "Recent Changes in U.S. Family Finances: Evidence from the 1998 to2001 Survey of Consumer Finances." *U.S. Federal Reserve Board.* Jan 2003. Web. 7 July 2016. http://www.federalreserve.gov/econresdata/scf/files/200 1_bull0103.pdf.

"An Introduction to 529 Plans."*U.S. Securities Exchange Commission Office of Investor Education and Advocacy.*N.d. Web. 19 May 2016. https://investor.gov/sites/default/files/Introduction-to-529s.pdf.

"Annual Update of HHS Poverty Guidelines."*Federal Register.* 25 Jan. 2016. Web. 18 Apr. 2016. https://www.federalregister.gov/articles/2016/01/25/201 6-01450/annual-update-of-the-hhs-poverty-guidelines.

"Annuities."*Investor.gov.* N.d. Web. 28 Mar. 2016. https://www.investor.gov/investing-basics/investment-products/annuities.

Arnold, Chris. "Economists Say Millennials Should Consider Careers In Trades." *NPR.* 2 Feb. 2015. http://www.npr.org/2015/02/02/383335110/economists -say-millennials-should-consider-careers-in-trades?utm_campaign=storyshare&utm_source=twitter.co m&utm_medium=social.

"Asset Allocation."*Investor.gov.* N.d. Web. 28 Mar. 2016. https://www.investor.gov/investing-basics/guiding-principles/asset-allocation.

"Average Student Loan Debt Approaches $30,000." *USNews.* 2013. Web. 15 Feb. 2016. http://www.usnews.com/news/articles/2014/11/13/aver age-student-loan-debt-hits-30-000.

Barker, Dan. *Leaders, Managers, and Blue Collar Perceptions.*Print. February 23, 2009.

Barrington, Richard. "Tax Prep Costs: How Much Will It Cost To Get Your Taxes Done?" *Get Rich Slowly.* 9 Feb. 2015. http://www.getrichslowly.org/blog/2011/03/16/tax-prep-costs-how-much-will-it-cost-to-get-your-taxes-done/.

Block, Sharon. "The Power of Women's Voices."*U.S. Department of Labor.* 16 June 2016. Web. 28 June 2016. https://blog.dol.gov/2016/06/16/the-power-of-womens-voices/.

"Bonds."*Investor.gov.* N.d. Web. 28 Mar. 2016. https://www.investor.gov/investing-basics/investment-products/bonds.

Bricker, Jesse, et al. "Changes in U.S. Family Finances from 2010 to 2013."*U.S. Federal Reserve Board.* September 2014. Web. 19 July 2016. http://www.federalreserve.gov/pubs/bulletin/2014/pdf/scf14.pdf.

Britt, Frank. "Academic & Professional Advancement: 4 Pros of Career College Opportunities." *Foster.* 16 July 2014. http://fosteredu.pennfoster.edu/academic-professional-advancement-4-pros-of-career-college-opportunities.

Bucks, Brian K. et al. "Recent Changes in U.S. Family Finances: Evidence from the 2001 and 2004 Survey of Consumer Finances." *U.S. Federal Reserve Board.* Feb. 2006. Web. 7 July 2016. http://www.census.gov/censusexplorer/censusexplorer.html.

Bucks, Brian K. et al. "Recent Changes in U.S. Family Finances from 2004: to 2007: Evidence Survey of Consumer Finances." *U.S. Federal Reserve Board.* Feb. 2009. Web. 7 July 2016. http://www.federalreserve.gov/econresdata/scf/files/2007_scf09.pdf.

"Calculate Your Life Expectancy." *Social Security Administration.* N.d. Web. 28 May 2016. https://www.ssa.gov/planners/lifeexpectancy.html.

"Calculating Mutual Fund Fees and Expenses."*U.S. Securities and Exchange Commission.* N.d. Web. 28 Apr. 2016. http://www.sec.gov/investor/tools/mfcc/mfcc-int.htm.

"Car Title Loan." *Federal Trade Commission.* N.d. Web. 5 May 2015.
https://www.consumer.ftc.gov/articles/0514-car-title-loans.

Carnes, Nicholas and Meredith L. Sadin. "The 'Mill Worker's Son'
Heuristic: How Voters Perceive Politicians from Working-Class Families—and How They Really Behave in Office,"
The Journal of Politics, Vol. 77, No. 1 (January 2015), 285-298.

Carr, Brian. *Blue Collar Wealth: Money Lessons from the Middle Class.*
[Kindle Edition]. 2011. Web. 3 Jan. 2016.

"Census Explorer." *U.S. Census Bureau.* N.d. Web. 7 July 2016.
http://www.census.gov/censusexplorer/censusexplorer.html.

"Certificates of Deposit." *Investor.gov.* N.d. Web. 28 Mar. 2016.
https://www.investor.gov/investing-basics/investment-products/certificates-deposit-cds.

"Chart of Federal Student Grant Programs." *FAFSA.gov.* Web. 15
Apr. 2016.
https://studentaid.ed.gov/sa/sites/default/files/federal-grant-programs.pdf.

Coenen, Tracy. "Red Flags Pointed Directly to Madoff." *Fraudfiles.*
Feb. 2013. Web. 15 Nov. 2015.
http://www.sequenceinc.com/fraudfiles/2012/02/red-flags-pointed-directly-to-madoff/.

"Compound Interest Calculator." *Investor.gov.* N.d. Web. 28 Mar.
2016. http://investor.gov/tools/calculators/compound-interest-calculator.

"Conversations About Personal Finance More Difficult Than
Religion and Politics." *Wells Fargo.* 20 Feb. 2014. Web. 28
Mar. 2016.
https://www.wellsfargo.com/about/press/2014/20140220_financial-health.

"Considering a Reverse Mortgage?" *Consumer Financial Protection
Bureau.* N.d. Web 7 June 2016,
http://files.consumerfinance.gov/f/201409_cfpb_guide_reverse_mortgage.pdf.

Consumer and Community Development Research Section of the
Federal Reserve Board's Division of Consumer and
Community Affairs (DCCA). "Report on the Economic
Well-Being of U.S. Households in 2014." *Board of Governors
of the Federal Reserve System.* May 2015. Web. 28 June 2016.
https://www.federalreserve.gov/econresdata/2014-report-
economic-well-being-us-households-201505.pdf.

Crawford, Matthew B. "Learn A Trade."*Phi Delta Kappan.*6.6 (Mar.
2015): 8-11.*ERIC.* Web. 19 Aug 2015.
https://www.questia.com/library/journal/1G1-
405925456/learn-a-trade.

"Credit Card Debt Statistics."*NASDAQ.* 23 Sep. 2014. Web. 28
Mar. 2016. http://www.nasdaq.com/article/credit-card-
debt-statistics-cm393820.

Dill, Kathryn. "15 High-Paying Blue Collar Jobs."*Forbes.* 3 June
2016. Web. 1 Apr. 2016.
http://www.forbes.com/sites/kathryndill/2015/06/03/15
-high-paying-blue collar-jobs-2/#1a845bd46e6b.

"Dialogue for Women in Blue-Collar Transportation Careers Final
Report."*U.S. Department of Transportation.* 21 Sep. 2011.
Web. 7 June 2015.
https://www.transportation.gov/sites/dot.dev/files/docs
/women-blue-collar-dialogue-fall-2011.pdf.

Dlouhy, Jennifer A. "Oilfield Jobs Decline in July." *Houston
Chronicle Fuelfix.* 7 Aug. 2015. Web. 4 Nov. 2015.
http://fuelfix.com/blog/2015/08/07/oilfield-jobs-
decline-in-july/#34823101=0.

"Eleven High-Demand Jobs You Can Get with Two Years of Less
of College." *Technical College System of Georgia.* N.d. Web. 29
May 2016. http://tcsg.edu.

"Enterprising States 2014: Re-creating Equality of Opportunity."
*U.S. Chamber of Commerce Foundation. June 2014. Web. 7 July
2016.* http://docplayer.net/17831854-U-s-chamber-of-
commerce-foundation-enterprising-states-2014-re-
creating-equality-of-opportunity.html.

"Exchange Traded Funds." *Investor.gov.* N.d. Web. 28 Mar. 2016.
https://www.investor.gov/investing-basics/investment-
products/exchange-traded-funds-etfs.

Federal Deposit Insurance Corporation. "Money Smart for Older
Adults."*FDIC.*N.d. Web. 15 Nov. 2015.
http://files.consumerfinance.gov/f/201306_cfpb_msoa-
participant-guide.pdf.
"Federal Supplemental Educational Opportunity
Grant."*FAFSA.gov.* n.d. Web. 15 Apr. 2016.
https://studentaid.ed.gov/sa/types/grants-
scholarships/fseog.
"Fighting Fraud 101."*SaveAndInvest.org with FINRA, AARP and
SEC.* May 2015.
https://financialprotection.usa.gov/files/2015/06/fightin
g_fraud_2015.pdf.
"Financial Calculators."*Investor.gov.* N.d. Web. 28 Mar. 2016.
https://www.investor.gov/tools/calculators.
"Five Questions to Ask Before You Invest."*Investor.gov.* N.d. Web.
28 Mar. 2016. https://www.investor.gov/investing-
basics/guiding-principles/five-questions-ask-before-you-
invest.
Fletcher, Michael A. "Pension Plans, Once Inviolable Promises to
Employees are Getting Cut." *The Washington Post.* 9 Feb.
2015. Web. 18 Apr. 2016.
https://www.washingtonpost.com/business/economy/pe
nsion-plans-once-inviolable-promises-to-employees-are-
getting-cut/2015/02/09/6ac95d4a-a24b-11e4-9f89-
561284a573f8_story.html.
Foster, Ann C. "Difference in Union and Nonunion Earnings in
Blue Collar and Service Occupations." *U.S. Bureau of Labor
Statistics.* 25 June 2003. Web. 7 June 2015.
https://www.transportation.gov/sites/dot.dev/files/docs
/women-blue-collar-dialogue-fall-2011.pdf.
Fox, Justin. "Farewell to the Blue Collar Elite." *Bloomberg View.* 6
Apr. 2015. Web. 4 Nov. 2015.
http://www.bloombergview.com/articles/2015-04-
06/factory-worker-wages-are-nothing-special-these-days.
"Frequently Asked Questions about HUD's Reverse
Mortgages."*U.S. Department of Housing and Urban
Development.* N.d. Web. 14 May 2016.
http://portal.hud.gov/hudportal/HUD?src=/program_of
fices/housing/sfh/hecm/rmtopten.

Gabler, Neal. "The Secret Shame of Middle Class Americans."*The Atlantic.* May 2016. Web. 5 May 2016. http://www.theatlantic.com/magazine/archive/2016/05/my-secret-shame/476415/.

Gabriel, Paul E. and Susanne Schmitz. "Gender Differences in Occupational Distributions Among Workers." *U.S. Bureau of Labor Statistics Monthly Review.* June 2007. Web. 8 June 2106. http://www.bls.gov/opub/mlr/2007/06/art2full.pdf.

Gottschalck, Alfred, et al. "Household Wealth and Debt in the U.S.: 2001 to 2011." *U.S. Census Bureau.* 21 Mar. 2013. Web. 7 July 2016. http://blogs.census.gov/2013/03/21/household-wealth-and-debt-in-the-u-s-2000-to-2011/.

Grabell, Michael. "The Expendable: How the Temps Who Power Corporate Giants Are Getting Crushed." *Propublica.* 27 June 2013. 16 Oct. 2015. http://www.propublica.org/article/the-expendables-how-the-temps-who-power-corporate-giants-are-getting-crushe.

Griffin, Mark E. "A Case Study of Blue Collar Worker Retirement Investment Decisions." *Walden University Dissertation.*2015. Web. 5 Dec. 2015. http://scholarworks.waldenu.edu/cgi/viewcontent.cgi?article=1318&context=dissertations.

Griffin, Mark and Steven Tippens."Factors that Influence the Investment Decisions of Blue Collar Workers."*Insights to a Changing World Journal.*2014, Vol. 2014 Issue 1, p125-134.

Grunwald, Michael. "The Second Age Of Reason."*Time.*184.9/10 (2014): 36-39. Web. 22 Jan. 2015. http://time.com/3204295/i-the-second-age-of-reason/.

"Guide to Calculating ROI." *Investopedia.* N.d. Web. 28 Apr. 2016. http://www.investopedia.com/articles/basics/10/guide-to-calculating-roi.asp.

"Guiding Principles."*Investor.gov.* N.d. Web. 28 Mar. 2016. https://www.investor.gov/investing-basics/guiding-principles.

Halpin, Stephanie Hoopes. "The ALICE Report."*Rutgers University School of Public Affairs and Administration.* 31 Oct. 2015. Web. 4 Feb. 2016. http://www.uwci.org/files/file/14uw-alice-report-ind-lowres-10-31-14.pdf.

Hargittai, Eszter, W. Russell Neuman, and Olivia Curry. "Taming the Information Tide: Perceptions of Information Overload in the American Home." *Information Society* 28.3 (2012): 161-173. *Academic Search Premier.* Web. 17 Feb. 2015.

"Health Insurance Marketplace Basics." *Healthcare.gov.* N.d. Web. 4 Feb. 2016. https://www.healthcare.gov/quick-guide/.

Hicken, Melanie. "Retired Union Workers Facing 'Unprecedented' Pension Cuts." *CNN.* 15 Nov. 2015. Web. 18 Apr. 2016. http://money.cnn.com/2013/11/15/retirement/pension-cuts/.

"Home Equity Loans and Lines of Credit." *Federal Trade Commission.* N.d. Web. 5 May 2016. https://www.consumer.ftc.gov/articles/0227-home-equity-loans-and-credit-lines.

Hudak, John. "Blue Collar Dreams: Will the Decline of Manufacturing Jobs Damage Social Mobility?" *Brookings Institute.* 21 July 2014. Web. 4 Feb. 2016. http://www.brookings.edu/blogs/social-mobility-memos/posts/2014/07/21-blue collar-dreams-decline-manufacturing-social-mobility-hudak.

Iannicola, Dan and Jonas Parker. "Barriers to Financial Advice for Non-Affluent Consumers." *Society of Actuaries: The Financial Literacy Group.* Sep. 2010. Web. 6 June 2016. file:///C:/Users/Jill/Downloads/research-2010-barriers-consumers%20(1).pdf.

"In It Together: Why Less Inequality Benefits All," *Organization for Economic Cooperation and Development.* May 2015. Web. 14 Apr. 2015. http://www.oecd.org/social/in-it-together-why-lessinequality-benefits-all-9789264235120-en.htm.

"IRS Publication 970." *IRS.* 16 Jan. 2016. Web. 18 May 2016. https://www.irs.gov/pub/irs-pdf/p970.pdf.

Ivanchev, Yavor. "Student Loan Debt: A Deeper Look." *U.S. Bureau of Labor Statistics.* December 2104. 7 June 2016. http://www.bls.gov/opub/mlr/2014/beyond-bls/student-loan-debt-a-deeper-look.htm.

Izzo, Phil. "Graph." *Wall Street Journal* 2014. http://blogs.wsj.com/numbers/congatulations-to-class-of-2014-the-most-indebted-ever-1368/.

Jacobs, Ken, Zohar Perla, Ian Perry, and Dave Graham-
Squire."Producing Poverty: The Public Cost of Low-Wage
Production Jobs in Manufacturing."*University of California –
Berkeley Labor Center.* May 2016. Web. 10 May 2016.
http://laborcenter.berkeley.edu/producing-poverty-the-
public-cost-of-low-wage-production-jobs-in-
manufacturing/.

Johnson, Angela. "76% of Americans Live Paycheck to Paycheck."
Sanders.Senate.gov. 24 June 2013. Web. 15 Nov. 2015.
http://www.sanders.senate.gov/newsroom/newswatch/2
013/06/24/76percent-of-americans-are-living-paycheck-
to-paycheck.

Jun, Fukukura, Melissa J. Ferguson, and Kentaro Fujita.
"Psychological Distance Can Improve Decision Making
Under Information Overload Via Gist Memory."*Journal of
Experimental Psychology.*142.3 (2013): 658-665.Web. 22 Jan.
2015.

Kirkham, Elyssa, "1 in 3 Americans Has Saved $0 for Retirement."
Money. 14 Mar. 2015. Web. 23 May 2016.
http://time.com/money/4258451/retirement-savings-
survey/.

Kotlikoff, Laurence, Phillip Moeller, and Paul Solman.*Get What's
Yours: The Secrets to Maxing Out Your Social Security.* New
York: Simon and Schuster, 2015. Print.

Kulmala, Teddy. "Jay Brooks Gets 15 Years in Prison After Guilty
Plea." *Aiken Standard.* 19 Sep. 2014. Web. 15 Nov. 2015.
http://www.aikenstandard.com/article/20140919/AIK01
01/140919430.

Lamacchia, Joe. *Blue collar and Proud of It: The All-in-One Resource for
Finding Freedom, Financial Success, and Security Outside the
Cubicle.* Print. April 1, 2009.

Lange, Jason. "For Blue Collar America Wage Gains Are Slim
Even As Employment Surges." *Reuters.* 6 Feb. 2015. Web.
4 Feb. 2016.
http://www.reuters.com/article/2015/02/06/us-usa-
economy-wages-idUSKBN0L92P220150206.

"Learning Tools – Risk Tolerance Survey."*BYU Marriott School of
Management: Personal Finance.* N.d. Web. 6 June 2016.
http://personal-finance.byu.edu/content/learning-tools.

"Lifetime Salary Calculator."*CalcXML.* N.d. Web. 4 Feb. 2016.
https://www.calcxml.com/do/ins07.

"Loans."*Federal Student Aid – An Office of the U.S. Department of
Education.*N.d. Web. 27 May. 2016.
https://studentaid.ed.gov/sa/types/loans.

Long, George I. "Differences Between Union and Nonunion
Compensation, 2001 – 2011." *Bureau of Labor Statistics.*April
2013. Web. 28 May 2016.
http://www.bls.gov/opub/mlr/2013/04/art2full.pdf.

Mclean, Bethany. "Payday Lending – Will Anything Better Replace
It?" *The Atlantic.*Web. 5 May 2016.Web. 28 May
2016.http://www.theatlantic.com/magazine/archive/2016
/05/payday-lending/476403/.

"Median Weekly Earnings of Full-time Wage and Salary Workers
by Union Affiliation, Occupation, and Industry, 2014-2015
Annual Averages."*Bureau of Labor Statistics.*28 Jan. 2016.
Web. 28 May
2016.http://www.bls.gov/news.release/union2.t04.htm.

"Medicare Basics: A Guide for Families and Friends of People with
Medicare." *Centers for Medicare & Medicaid Services.* N.d.
Web. 25 May 2016.
https://www.medicare.gov/Pubs/pdf/11034.pdf.

"Money Market Funds."*Investor.gov.* N.d. Web. 28 Mar. 2016.
https://www.investor.gov/investing-basics/investment-
products/money-market-funds.

"Monthly Number of Full-time Employees in the United States
from April 2015 to April 2016." *Statista.* N.d. Web. 10 May
2016.
http://www.statista.com/statistics/192361/unadjusted-
monthly-number-of-full-time-employees-in-the-us/.

"Mutual Funds."*Investor.gov.* N.d. Web. 28 Mar. 2016.
https://www.investor.gov/investing-basics/investment-
products/mutual-funds.

Nicholson, Jessica R. "Temporary Help Workers in the U.S. Labor
Market." *U.S. Department of Commerce.* 1 July 2015. Web. 14
Apr. 2016.
http://www.esa.doc.gov/sites/default/files/temporary-
help-workers-in-the-us-labor-market.pdf.

"No Degree Required; The Job Market." *The Economist* 411.8889
(May 31, 2014): 25(US).*Small Business Resource Center.* Gale.
USC Aiken Library. 19 Aug. 2015. Web. 28 May
2016.http://www.economist.com/news/united-
states/21603060-many-industries-blue collar-wages-are-
upswing-no-degree-required.

"Non-Traditional Occupations for Women."*U.S. Department
ofLabor.* N.d. Web. 15 July 2016.
https://www.dol.gov/wb/factsheets/nontra2009_txt.htm.

O'Callaghan, Tiffany. "It's All Too Much! – Discussion with Dan
Levitan."*New Scientist.*223.2982 (2014): 26-27. Web. 22 Jan.
2015.

Office of Personnel Management."The Twenty Largest Blue Collar
Occupations - 2013."*OPM.gov.* N.d.
https://www.opm.gov/policy-data-oversight/data-
analysis-documentation/federal-employment-
reports/reports-publications/the-twenty-largest-blue
collar-occupations/.

Owens, Tom. "Why the Disdain for American Blue Collar
Workers?"*North America's Building Trades Unions.* 8 July
2016. Web. 1 Apr. 2016.
http://www.bctd.org/Newsroom/Blogs/Presidents-
Message/July-2015-(1)/Why-The-Disdain-for-American-
Blue collar-Workers.aspx.

Paladin Investment Advisors."Types of Advisors to
Avoid."Paladin. N.d. Web. 15 Nov. 2015.
http://www.prweb.com/releases/2004/04/prweb122280.
htm.

Path, Bill R. "Desk Job Blues: Rethinking Middle-Skill Jobs."
Huffington Post. 15 Dec 2014. Web. 28 May
2016.http://www.huffingtonpost.com/dr-bill-r-
path/desk-job-blues-rethinking_b_6324738.html.

Path, Bill R. "Let's Be Thankful for Skilled Workers." *Huffington
Post.* 2 Dec. 2013. Web. 28 May
2016.http://www.huffingtonpost.com/dr-bill-r-
path/skilled-workers-lets-be-thankful_b_4340949.html.

"Payday Loans."*Federal Trade Commission.* N.d. Web. 5 May 2016.
https://www.consumer.ftc.gov/articles/0097-payday-
loans.

"Ponzi Schemes."*U.S. Securities and Exchange Commission.* 9 Oct.
2013. Web. 2 July 2016.
https://www.sec.gov/answers/ponzi.htm.
"Property Insurance."*USA.gov.* N.d. Web. 25 June 2016.
https://www.usa.gov/property-insurance.
"Protecting Your Assets."*Consumer Reports.* May 2011. Web. 15
Nov. 2015.
http://www.consumerreports.org/cro/money/personal-
investing/protecting-assets/overview/index.htm.
Quinn, Jane Bryant. "Can You Trust a Financial Advisor?" *AARP.*
August 2013. Web. 15 Nov. 2015.
http://www.aarp.org/money/investing/info-08-
2013/can-you-trust-a-financial-adviser.2.html.
Quinton, Sophie. "This Is the Way Blue Collar America Ends." *The
Atlantic.* 5 June 2013. Web. 3 Dec. 2015.
http://www.theatlantic.com/business/archive/2013/06/t
his-is-the-way-blue collar-america-ends/276554/.
"Real Estate Investment Trusts ("REITs")." *Investor.gov.* N.d. Web.
28 Mar. 2016. https://www.investor.gov/investing-
basics/investment-products/real-estate-investment-trusts-
reits.
"Reverse Mortgages." *U.S. Federal Trade Commission.* N.d. Web. 14
May 2016. Web. 28 May
2016.https://www.consumer.ftc.gov/articles/0192-
reverse-mortgages.
"Risk Tolerance."*Investor.gov.* N.d. Web. 28 Mar. 2016.
https://www.investor.gov/investing-basics/guiding-
principles/assessing-your-risk-tolerance.
Rose, Mike. "The Mind at Work – Interview."*UCLA Website.*11
June 2014. Web. 3 Dec. 2015.
http://newsroom.ucla.edu/stories/q-a-mike-rose-on-blue
collar-smarts.
"Saved: Five Steps for Making Financial Decisions."*Consumer
Financial Protection Bureau. N.d.* Web. 15 Jan 2016.
https://dearabby.sites.usa.gov/files/2015/05/saved_fiveS
teps.pdf.
"Savings Bonds."*Investor.gov.* N.d. Web. 28 Mar. 2016.
https://www.investor.gov/investing-basics/investment-
products/savings-bonds.

"Savings Fitness: A Guide to Your Money and Your Financial Future." *U.S. Department of Labor.* N.d. Web. 28 Apr. 2016. http://www.dol.gov/ebsa/publications/savingsfitness.html.

Schwartz, Matthew and Barbara A. Ward. "Madoff Verified Complaint – Exhibit D." *United States Attorney for the Southern District of New York.* 6 Jan. 2014. Web. 7 July 2016. http://jpmadoff.com/wp-content/uploads/2014/09/2014-01-06%20DFA%20Exhibit%20D%20-%20USA%20v.%20$1,700,000,000%20Verified%20Complaint.pdf.

"Social Security & Medicare Questions." *The Senior Citizens League.* Jan. 2015. Web. 25 May 2016. http://seniorsleague.org/2015/social-security-medicare-questions-january-2015/.

"Social Security Basic Facts." *Social Security Administration.* 13 Oct. 2015. Web. 18 Apr. 2016. https://www.ssa.gov/news/press/basicfact.html.

Stephens, Paul. "Reading at It: Gertrude Stein, Information Overload, and the Makings of Americanitis." *Twentieth Century Literature* 59.1 (2013): 126-156. *Academic Search Premier.* Web. 17 Feb. 2015.

"Stocks," *Investor.gov.* N.d. Web. 28 Mar. 2016. https://www.investor.gov/investing-basics/investment-products/stocks.

Taylor, Chris. "The Last Taboo: Why Nobody Talks About Money." *Reuters.* 27 Mar 2014. http://www.reuters.com/article/2014/03/27/us-money-conversation-idUSBREA2Q1UN20140327.

"Tax Benefits for Education." *Internal Revenue Service.* N.d. Web. 2 June 2016. https://www.irs.gov/uac/tax-benefits-for-education-information-center.

"The EFC Formula, 2016-2017." *U.S. Department of Education.* N.d. Web. 28 May 2016. https://studentaid.ed.gov/sa/sites/default/files/2016-17-efc-formula.pdf.

"The FAFSA."*FAFSA.gov.* n.d. Web. 15 Apr. 2016. fafsa.ed.gov.

"Tips and Tools."*Insure University through the National Association of Insurance Commissioners.* N.d. Web. 3 Dec. 2016. http://www.insureuonline.org/.

Torlina, Jeff. *Working Class: Challenging Myths about Blue Collar Labor.* Boulder: Lynne Rienner, 2011. Print.

"Topic 306 – Penalty for Underpayment of Estimated Tax." *IRS.* N.d. Web. 28 June 2016. https://www.irs.gov/taxtopics/tc306.html.

Tuchman, Mitch. "Pension Plans Beat 401(k) Savers Silly – Here's Why." *Forbes.* 15 Nov. 2015. Web. 18 Apr. 2016. http://www.forbes.com/sites/mitchelltuchman/2013/06/04/pension-plans-beat-401k-savers-silly-heres-why/#62d6c3191d3c.

"Types of Business Insurance."*Small Business Association.* N.d. Web. 15 Apr. 2016. Web. 3 Dec. 2015. https://www.sba.gov/managing-business/running-business/insurance/types-business-insurance.

"Understanding the Medicare Late Enrollment Penalty." *Medicare Matters: National Council on Aging.* N.d. Web. 25 May 2016. https://www.mymedicarematters.org/enrollment/penalties-and-risks/?SID=5746092aa3638.

"Unemployment Insurance."*U.S. Department of Labor.*N.d. Web. 14 Apr. 2016. Web. 3 Dec. 2015. https://www.dol.gov/general/topic/unemployment-insurance.

"Union Members Summary."*U.S. Bureau of Labor Statistics.*N.d. Web. 18 Apr. 2016. http://www.bls.gov/news.release/union2.nr0.htm.

"Wage and Hour Division."*U.S. Department of Labor.* July 2008. Web. 7 June 2015. https://www.transportation.gov/sites/dot.dev/files/docs/women-blue-collar-dialogue-fall-2011.pdf.

Walters, Matthew and Lawrence Mishel. "How Unions Help All Workers." *Economic Policy Institute.* 26 Aug. 2003. Web. 28 May 2016. http://www.epi.org/publication/briefingpapers_bp143/.

Waymire, Jack. "Trust, But Verify." *Worth.* 12 Aug. 2015. Web. 15 Nov. 2015. http://www.worth.com/articles/trust-but-verify/.

APÉNDICE 1
ENLACES A HOJAS DE BALANCE, PRESUPUESTOS, FLUJO DE EFECTIVO Y OTRAS HOJAS DE CÁLCULO

Presupuestos y plantillas de flujo de efectivo
- Comisión Federal de comercio – https://www.Consumer.ftc.gov/articles/PDF-1020-make-Budget-Worksheet.pdf
- Navy Federal Credit Union- https://www.navyfederal.org/pdf/Publications/personal-Finance/NFCU_1237.pdf
- America Saves, http://www.americasaves.org/for-Savers/make-a-plan-How-to-Save-Money/Creating-a-Budget
- Bank of America – https://www.bankofamerica.com/content/Documents/deposits/Service/PDF/docrepo/Household_Budget_Worksheet_Downloadable-6.xls

Plantillas de hoja de balance y patrimonio neto
- https://njaes.Rutgers.edu/Money/templates/Net-Worth-template.xls
- http://www.moneyunder30.com/net-Worth-Spreadsheet
- http://www.CFRA.org/files/Reap-personal-Balance-Sheet.xls
- http://Treasury.TN.gov/smob/Documents/PersonalFinancialstatement.xls
- http://www.moneyunder30.com/net-Worth-Spreadsheet

APÉNDICE 2
ESTUDIOS DE TOLERANCIA DE RIESGO

Los siguientes sitios de web proporcionan encuestas y cuestionarios de tolerancia de riesgo gratis que puede llenar para tener una idea de dónde se encuentra con respecto a riesgos financieros.

- Cuestionario de tolerancia de riesgo de inversión de la universidad de Rutgers, http://njaes.Rutgers.edu/Money/riskquiz/
- **Sitio Calcxml** – ¿cúal es mi tolerancia al riesgo? – https://www.calcxml.com/do/inv08
- **Yahoo Finance** – http://Finance.Yahoo.com/Calculator/Career-Education/inv08/
- **Cuestionario de inversor de Vanguard** – https://personal.Vanguard.com/us/FundsInvQuestionnaire

APÉNDICE 3
LISTA DE SITIOS DE WEB SEGUROS DE FINANZAS

Buenos sitios en español
https://www.treasury.gov/resource-center/financial-education/Pages/commission-index.aspx
http://www.mymoney.gov/es/Pages/default.aspx
http://dinkytown.com/java/SP.html
http://www.360financialliteracy.org/En-Espanol

Buenos sitios sobre dinero y la inversión en general
http://investor.gov/
http://www.PBS.org/Your-Life-Your-Money/tools_resources.php
http://www.saveandinvest.org/
http://www.smartaboutmoney.org/

Información de seguro social, jubilación y la discapacidad
http://www.socialsecurity.gov/
http://www.socialsecurity.gov/Retire/
http://www.socialsecurity.gov/disabilityssi/

Préstamo hipotecario
https://www.Consumer.ftc.gov/articles/0189-Shopping-Mortgage
https://www.federalreserveconsumerhelp.gov/learnmore/Home-Mortgages.cfm

Invertir en el mercado de valores
http://investor.gov/Introduction-Markets
http://www.usa.gov/Topics/Money/Investing/Tips.shtml

Opciones sobre acciones
http://www.optionseducation.org/en.html

Herramientas y calculadoras financieras
http://investor.gov/Tools

Invertir en bonos
http://www.FINRA.org/Investors/Bonds

IRA para todos
http://www.IRS.gov/Retirement-Plans/individual-Retirement-Arrangements-%28IRAs%29-1

Roth IRA para ingresos inferiores
https://Myra.Treasury.gov/about/

401(k) s en su empresa
http://www.dol.gov/ebsa/consumer_info_pension.html

Información de seguros
http://www.InsureUonline.org/

Planificación de jubilación para Millennials
http://www.Fool.com/Investing/general/2014/10/18/Financial-Advice-for-Millennials.aspx
"Kit de inicio sobre planificación patrimonial para recién casados."
del CFP Board http://www.letsmakeaplan.org/blog/View/Lets-make-a-plan-blogs/The-Estate-Planning-Starter-Kit-for-Newlyweds .

Definiciones de términos financieros
http://www.investopedia.com/

Educación financiera para niños
http://bizkids.com/4957
https://www.FDIC.gov/consumers/Consumer/moneysmart/Young.html
http://www.MyMoney.gov/pages/for-Youth.aspx

Asuntos financieros para jubilados
http://www.AARP.org/Money/
"Autodefensa financiera para las personas mayores" del CFP
Board. http://www.CFP.net/docs/Publications/financial_self_defense_guide_for_seniors.pdf?sfvrsn=16 .

Planes 529 para ahorrar para la universidad
http://www.sec.gov/Investor/pubs/intro529.htm
http://apps.FINRA.org/investor_Information/Smart/529/Calc/529_Analyzer.asp (calculadora de cuota)

Ahorro
http://www.americasaves.org/
http://www.MyMoney.gov/Pages/default.aspx

Evitando robo de identidad
http://www.Consumer.ftc.gov/articles/0272-how-Keep-your-personal-Information-Secure

Ayuda financiera federal para estudiantes universitarios
https://studentaid.ed.gov/Types/scams

Planificación patrimonial
http://www.AARP.org/Money/Estate-Planning/

Problemas financieros de las mujeres
http://wiseupwomen.tamu.edu/
http://www.wowonline.org/
http://www.vermonttreasurer.gov/Financial-Literacy/
http://Women.Vermont.gov/node/630

Impuestos
http://www.IRS.gov
Asistencia voluntaria para declarar impuestos (VITA) o
(asesoramiento de impuesto para la tercera edad) –
    https://www.IRS.gov/individuals/Free-Tax-Return-Preparation-for-you-by-Volunteers
Impuesto Advocacy panel.-
    https://www.IRS.gov/Advocate/Taxpayer-Advocacy-panel

Sitios sobre cómo generar efectivo
http://www.Kiplinger.com/Slideshow/Saving/T065-S001-11-More-Ways-to-get-extra-Cash/index.html
http://www.getrichslowly.org/blog/2007/05/10/MORE-Money-5-ways-to-Earn-extra-cash-in-your-spare-Time/

Enlaces de planificación financiera
CFP Board de "Guía del consumidor para defensa financiera
        personal." http://www.CFP.net/docs/Publications/cfpbo
        ard_consumer_guide_to_financial_self-
        Defense.pdf?sfvrsn=5 .

186

Seguro de cuidado a largo plazo
http://longtermcare.gov/costs-How-to-pay/What-is-long-term-
Care-Insurance/
http://www.doi.SC.gov/609/Long-Term-Care-Insurance

- Bankers Life and Casualty
  - o 1-800-773-4760; http://www.Conseco.com
- John Hancock
  - o 1-800-377-7311; http://www.johnhancockltc.com
- Mutual of Omaha Insurance Company
  - o 1-803-750-6889; http://www.mutualofomaha.com
- New York Life Insurance Company
  - o 1-800-710-7945; http://www.newyorklife.com
- Northwestern Long Term Care Ins. Company
  - o 1-800-890-6704; http://northwesternmutual.com

Herramienta de analizador de inversión de FINRA
http://apps.FINRA.org/fundanalyzer/1/FA.aspx

Testamentos en vida
http://Aging.SC.gov/legal/pages/LivingWillAndPowerOfAttorne
y.aspx

**Sitio AARP para comprobar asistencia caritativa y del
gobierno**
http://www.AARP.org/AARP-Foundation/Our-
work/Income/info-2012/Public-Benefits-Guide-Senior-
assistance1.html y https://www.BenefitsCheckUp.org/CF/index.c
fm?partner_id=22 .

**Lista de sitios web para encontrar acciones que paguen
dividendos**
http://www.NASDAQ.com/Dividend-stocks/
http://www.Dividend.com/

Sitios web para ayudar a la reducción de deuda
http://www.americasaves.org/
https://www.Nerdwallet.com/
http://centsai.com/
https://wallethub.com/
https://www.Credit.com/Debt/5-Steps-to-reduce-Your-Debt-
DIY-Debt-Reduction/
https://www.wellsfargo.com/Financial-Education/Basic-
Finances/Manage-Money/CASHFLOW-Savings/Pay-Down-
Debt/
http://www.MyMoney.gov/lists/MyMoneyResources/AllItems.as
px

Seguro
Aquí está la Página Web de CIS https://eapps.naic.org/cis/ .

— Consejos y herramientas. *Asegurar la universidad a través de la
Asociación Nacional de Comisionados de
seguros.* N.d. http://www.InsureUonline.org/ .

Seguro de vida: consideraciones para todas las situaciones de la
vida. " *Asociación Nacional de Comisionados de seguros. NAIC.org.* Web
de Dakota del norte. 29 de marzo de
2016.http://www.insureuonline.org/insureu_type_life.htm .

" Seguro de vida: consideraciones para todas las situaciones de la
vida. " *Asociación Nacional de Comisionados de seguros. NAIC.org.* Web
de Dakota del norte. 29 de marzo de
2016.http://www.insureuonline.org/insureu_type_life.htm .

" Una guía rápida de seguros de hogar para el
consumidor." Asociación Nacional de Comisionados de
seguros. 23 de octubre de 2008. Web. 29 de marzo de 2016. p. 2-
4.http://www.naic.org/documents/consumer_guide_home_bookl
et.pdf .

CFP Board
"Terminología". *PPC Consejo.* N.d. Web. 28 de abril de
2016. http://www.CFP.net/for-CFP-
Professionals/Professional-Standards-

Enforcement/Standards-of-Professional-
conduct/Terminology .
CFP "Guía del consumidor para defensa financiera personal."
de *CFP Board.* 2015.
(http://www.cfp.net/docs/publications/cfpboard_consu
mer_guide_to_financial_self-defense.pdf?sfvrsn=5).

Información sobre la brecha de habilidades en trabajos de cuello azul

Giffi, Craig A. y otros. "La brecha de habilidades en Estados
Unidos fabricación de 2015 y más allá". *Deloitte y el Instituto
de la fabricación.* 2015. web. 04 de noviembre de
2015.http://www.themanufacturinginstitute.org/~/media
/827DBC76533942679A15EF7067A704CD.ashx .

"Estados Emprendedor 2014: volver a crear igualdad de
oportunidades." *Fundación de la cámara de comercio de Estados
Unidos. Junio de 2014. Web. 07 de julio de
2016.* http://docplayer.net/17831854-U-s-chamber-of-
commerce-foundation-enterprising-states-2014-re-
creating-equality-of-opportunity.html .

Buenos libros sobre el trabajo de cuello azul

Lamacchia, Joe. *De cuello azul y orgulloso de serlo: el recurso todo-en-uno
para encontrar libertad, éxito financiero y la seguridad fuera de la
cabina.* Playa de Deefield: HCI. 2009.
impresión. https://www.amazon.com/Blue-Collar-Proud-
All-One/dp/0757307787

Torlina, Jeff. *Clase obrera: desafiando los mitos sobre el trabajo de cuello
azul.* Boulder: Lynne Rienner,
2011. Imprimir. https://www.amazon.com/Working-
Class-Challenging-Myths-Blue-
collar/dp/1588267563/ref=sr_1_2?s=books&ie=UTF8&
qid=1469205476&sr=1-2&keywords=torlina

APÉNDICE 4
INFORMACIÓN DE TRABAJOS MANUALES

Lista de colegios técnicos en los Estados Unidos
http://Cset.SP.utoledo.edu/twoyrcol.html

Sitio para conectar puestos de trabajo con trabajadores
http://www.readysc.org/

Sitios de enfoque de cuello azul – principales ciudades
http://www.forbes.com/Pictures/edgl45fmhl/no-1-Houston/

Información sobre tipos de trabajos de cuello azul
https://www.opm.gov/Policy-Data-Oversight/Data-Analysis-Documentation/Federal-Employment-Reports/Reports-publications/the-Twenty-Largest-Blue-collar-occupations/
http://www.moneytalksnews.com/degree-here-are-10-The-Best-paying-Blue-Collar-Jobs/

Formación y trabajos manuales
(Aiken Technical College en Aiken, SC; http://www.atc.edu/)

Asociado en ciencia aplicada – servicios de salud
Posible empleo: LPN Rad Tech, paramédico, EMT, Asistente de atención al paciente, farmacia Tech, codificación médica.
Proporcionar atención directa al paciente de una manera segura y efectiva a través de múltiples escenarios y preparación de estudiantes para el examen de licenciatura para enfermería (NCLEX-RN). El curso de estudio incluye la presentación de la teoría y la experiencia supervisada organizaciones de salud afiliadas.

Asociado en Ciencias aplicadas: especialización en informática
Posible empleo: Informática, redes, programación de Internet, diseño de juego de computación, red de sistemas de gestión

Estudio de sistemas operativos, hardware, programación de idiomas, creación de páginas web, sistema de gestión de base de datos y análisis y diseño. El énfasis de redes proporciona a los estudiantes con los conocimientos y habilidades en hardware y software conceptos específicos necesarios para instalar, mantener y solucionar problemas de sistemas de negocios complejos interconectados. El énfasis en programación proporciona a los estudiantes con los conocimientos y habilidades en lenguajes de programación web, desktop y aplicaciones de software necesarias para crear, mantener y solucionar problemas de sistemas de software y sitios web para empresas de hoy.

Asociado en Ciencias aplicadas: especialización en tecnología de mantenimiento Industrial
Puestos de trabajo posibles: Certificado de mantenimiento y eléctrico, soldadura, HVAC, instalación de torre/Wireless

Prepárese para ser un técnico electromecánico capaz de la instalación, reparación y calibración de tipos básicos y contemporáneos de maquinaria industrial. El objetivo del programa es producir a un graduado con la capacidades de producir, diseño y resolución de problemas que permitirá sobresalir como técnico de puestos múltiples.

Asociado en Ciencias aplicadas: especialización en sistemas de calidad nuclear
Posibles puestos de trabajo: control de calidad de eléctricos e I / C Nuclear; control de calidad de mecánica nuclear, control de calidad de auditoría; protección contra la radiación; control de la radiación

Desarrolle las habilidades necesarias para realizar funciones de control de calidad y aseguramiento de la calidad de construcción, operación, mantenimiento y las actividades de manufactura. El programa ofrece dos áreas de énfasis; Control de calidad, que se centra en las prácticas y técnicas, inspecciones en los campos de la tecnología mecánica, tecnología eléctrica y los instrumentos y tecnología de control; Aseguramiento de calidad que se centra en los tipos de sistemas y normas, auditorías de cumplimiento programático, el proceso de mejora continua, y sistemas de calidad, gestión de registros de control de calidad y documentación y solución de problemas y pensamiento crítico.

APÉNDICE 5
INFORMACIÓN SINDICAL

La AFL-CIO

La Federación Americana del trabajo y Congreso de organizaciones industriales (AFL) es un centro nacional del sindicato y la Federación más grande de los sindicatos en los Estados Unidos. Se compone de cincuenta y seis sindicatos nacionales e internacionales, representando a más de 12 millones de trabajadores activos y jubilados. Los sindicatos se proponen una proposición simple: Uniéndose, hombres y mujeres ganan fuerza juntos para tener una voz en el trabajo. Negocian un contrato con su empleador para tener un lugar de trabajo seguro y justo, mejores salarios, una jubilación segura y beneficios familiares como días pagos por enfermedad y programación de horas de trabajo. Tienen una voz en cómo hacer su trabajo, creando una fuerza de trabajo más estable y productiva que ofrece mejores servicios y productos. Siempre adaptándose a los retos de nuestra nación de evolución personal, los sindicatos buscan satisfacer las necesidades de los trabajadores en entornos de trabajos flexibles y no tradicionales de hoy. Porque no importa en qué tipo de trabajo los trabajadores estén, construyendo poder en los sindicatos, se puede hablar de equidad para todos los trabajadores en sus comunidades y crear mejores normas y una clase media fuerte en todo el país. (de http://www.aflcio.org/About)

Qué hacen los sindicatos

En el corazón de los esfuerzos de los sindicatos está el aprendizaje y programas de capacitación para que mujeres y hombres tengan una voz en la economía cambiante de nuestro país. Cada año, el movimiento laboral capacita a más de 450,000 trabajadores. A través de programas de aprendizaje de una Unión, individuos ganan habilidades que cambian su vida para ayudarles hacer el trabajo de alta calidad y conseguir trabajos sólidos, de clase media, en nuevas industrias con tecnología ambiental. También aprovechan de recursos públicos para ayudar a los trabajadores acceder oportunidades de formación y superar las dificultades de perder un trabajo. Junto con los empresarios que están dispuestos a trabajar para compartir los beneficios, así como los costos, dirigimos asociaciones que conducen a la satisfacción en el trabajo para los trabajadores, alta productividad para los empleadores y una mano de obra excelente y calificada que asegura la calidad y la innovación indispensable para competir en una economía global.

Aprendizaje de la AFL-CIO
http://www.aflcio.org/Learn-about-Unions/Training-and-Apprenticeships

Oficios específicos
International Union of Painters and Allied Trades-http://www.finishingtradesinstitute.org/
Cerrajeros - http://www.Ironworkers.org/Training
Aislantes térmicos y de escarcha s- http://www.insulators.org/
Programa Nacional de aprendizaje de caldereros-http://bnap.com/
Asociación de trabajadores o contratistas eléctricos-http://electricaltrainingalliance.org/
Instituto de albañilería - http://imiweb.org/
Programa nacional educativo de constructores de ascensor - https://www.neiep.org/BST-default.aspx
Masones de yeso y cemento-http://www.metamediatraining.com/ICD/
Instituto de trabajadores de hoja de metalhttps://www.Sheetmetal-ITI.org/
Fontaneros e instaladores de tubería-http://www.plumbersandpipefitters.com/

Unión de trabajadores para construcción y reparación de techos - http://www.unionroofers.com/Education/Apprenticeship.aspx
Ingenieros de Operación http://www.IUOE.org/Training

Programas de capacitación y aprendizaje de fabricación
Aprendizaje de mecánicos (IAM)-http://www.goiam.org/index.php/Headquarters/departments/Apprenticeship
Programa de aprendizaje de UAW Ford-http://www.uawford.com/
Programa de aprendizaje de UAW-Chrysler- http://www.UAW-Chrysler.com/training/Apprentice.cfm
Aprendizaje de RSU- http://icdlearning.org/

APÉNDICE 6
AYUDA FINANCIERA Y BECAS PARA COLEGIO, ESCUELA DE TECNOLOGÍA Y FORMACIÓN

Ayuda financiera federal para la universidad y escuela de tecnología
https://FAFSA.ed.gov/

Becas Pell para colegio y escuela de tecnología
https://studentaid.ed.gov/SA/Types/Grants-Scholarships/Pell

FSEOG
https://studentaid.ed.gov/SA/Types/Grants-Scholarships/FSEOG

Trabajo-estudio federal
https://studentaid.ed.gov/SA/Types/Work-Study

Información sobre préstamos para colegio y escuela de tecnología
https://studentaid.ed.gov/SA/Types/loans

Sitios de becas
Nota: para un estudiante de secundaria su mejor lugar para obtener información de becas es el consejero de la high school.
https://BigFuture.collegeboard.org/Scholarship-Search
https://www.salliemae.com/Plan-for-College/Scholarships/
https://www.unigo.com/

APÉNDICE 7
CALCULADORAS FINANCIERAS PARA JUBILACIÓN Y PASOS PARA LA EVALUACIÓN DE PROFESIONALES FINANCIEROS

Calculadoras financieras para el retiro

- 401(k) y IRA Calculadora de distribución de mínimo requerido
  en https://www.investor.gov/tools/calculators/required-minimum-distribution-calculator
- Calculadora de interés compuesto
  en https://www.Investor.gov/Tools/Calculators/Compound-Interest-Calculator
- Analizador de fondo mutuo
  en https://www.Investor.gov/Tools/Calculators/Mutual-Fund-Analyzer
- Analizador de gastos de Plan Universitario 529
  en https://www.Investor.gov/Tools/Calculators/529-Expense-Analyzer
- Ballpark E$timate
  en https://www.Investor.gov/Tools/Calculators/Ballpark-etimate
- Estimador seguro social para la jubilación
  en https://www.Investor.gov/Tools/Calculators/Social-Security-Retirement-Estimator
- Analizador de inversión de FINRA
  en http://apps.FINRA.org/fundanalyzer/1/FA.aspx

¿Cómo puede usted asegurarse de que eligió un buen profesional financiero? Es imposible estar seguro de que ha encontrado a alguien confiable y con quien podrá trabajar, pero usted puede tomar medidas para asegurarse de que su asesor es calificado y de buena reputación con los reguladores de la industria.

Encontrar el asesor adecuado requerirá algunas investigaciones por su parte porque los inversores inteligentes comprueban los antecedentes de cualquier persona promoviendo consejos financieros o de inversión. Con bases de datos en línea de reguladores y asociaciones de la industria, usted puede buscar y leer sobre profesionales financieros y las calificaciones, certificaciones, honorarios y acciones disciplinarias contra ellos.

Diferentes tipos de asesores

En primer lugar, es importante entender que hay muchos diferentes tipos de profesionales financieros_que se llaman consejeros, pero que se les paga de diferentes maneras, se adhieren a diversos estándares de cuidado y son supervisados por diferentes reguladores. Por ejemplo, corredores o "brokers" generalmente trabajan para firmas de corretaje y son supervisados por la Autoridad Reguladora Financiera de la Industria (FINRA), asesores de inversión son supervisados generalmente por la Securities and Exchange Commission (SEC) y trabajan para firmas de Asesoría de Inversión Registradas (RIA) o son profesionales independientes. Una firma de corretaje (brokerage) vende productos de inversión basados en un estándar de idoneidad. Puede recomendar productos que son convenientes dada la edad del cliente, tolerancia al riesgo y otros factores. En contraste, una firma de RIA debe adherirse a la norma fiduciaria; es necesaria para recomendar lo mejor en interés del cliente. Pero para hacer el asunto aún más complejo, una compañía financiera también puede ser una bolsa y una firma de asesoría de inversión. Mientras tanto, planificadores financieros no necesitan tener formación específica o certificaciones para llamarse planificadores y no están sujetos a los requisitos de inscripción para "brokers" y asesores de inversión. Planificadores financieros realmente no administran su dinero, mientras que los asesores o agentes de inversión directamente invierten su dinero en varios vehículos como acciones, bonos, valores del tesoro y fondos mutuos.

Cuando se considera un asesor, usted querrá visitar los sitios oficiales proporcionados por los organismos reguladores que supervisan estos profesionales: FINRA BrokerCheck_para brokers y firmas de corretaje y de la SEC Investment Advisor Public Disclosure (IAPD) que es una base de datos de asesores de inversión y empresas de RIA. Si su asesor también tiene la designación de un asesor financiero certificado, debe buscar el Directorio de CFP Board, la asociación que otorga y establece normas para esta designación.

Lo primero que se está comprobando en cada uno de estos tres sitios es si su profesional financiero está en la lista. Si un consejero dice que tiene un título particular o denominación que no aparece, es una alarma roja. No se puede utilizar legalmente el título de asesor de inversión si no está registrado en FINRA o la SEC. (Si debe registrarse con ambos depende de las circunstancias del negocio, pero debe estar registrado con al menos uno). Y aunque "planificadores financieros" no tienen requisitos de registro o reglamento, si utiliza la designación del CFP, deben aparecer en el directorio de CFP Board. Si no ve su asesor en el directorio adecuado, llame o pregunte por correo electrónico para averiguar si la información faltante es debido a un error administrativo. Es difícil imaginar que un profesional mienta descaradamente sobre sus calificaciones, pero sucede. Por ejemplo, quería conectar con un CFP profesional que vi en LinkedIn. Cuando abrí su perfil, vi que no decía dónde había ido a la universidad. Profesionales con "CFP" deben tener títulos universitarios. Cuando revisé el directorio de CFP Board, ella no estaba en la lista. Llamé a la CFP Board para confirmar. Resulta que ella no tiene la designación del CFP, pero se presentaba así.

A continuación, puede seguir a temas más difíciles. Deben excavar los detalles sobre el asesor y la firma para la cual trabaja. Aquí es donde buscar estas bases de datos:

BROKERCHECK
Información sobre antecedentes y calificaciones de un agente está disponible gratis en el sitio de FINRA BrokerCheck. Se puede buscar el nombre de un agente específico, una firma o un código postal para abrir una lista de las empresas locales. Si sabe el nombre del corredor (broker) o empresa, puede buscar directamente escribiendo el nombre. Si usted quiere investigar a profesionales en su área, debe escribir su código postal y ver una lista de individuos o empresas cercanas. Una vez que encuentra la persona correcta o firma, haga clic en el nombre y luego ve a la derecha para ver un cuadro naranja que dice "Obtener información." La página mostrará cuatro iconos identificando el tipo de empresa o asesor; cualquier requisitos de información reglamentaria o disciplinaria aplicable; fecha de creación de la firma o historia de

registro del asesor y los lugares de inscripción; y el número de exámenes que el asesor ha pasado. Desde allí, puede desplazarse hasta una caja rectangular naranja que dice "Descargar informe completo PDF." Este informe proporciona detalles más específicos sobre el consejero o la firma. En este sitio, usted verá empresas listadas como "Firma de corretaje" o "Firma de Asesoría de Inversión" y las capacidades de la empresa, ámbito y quejas contra la empresa. Para un individuo, usted podrá ver calificaciones del corredor, historia de trabajo y registro y las quejas del cliente. La sección de requisitos de información del informe completo será más útil en la evaluación de agentes y empresas. Encontrará descripciones de acciones que el broker o la firma ha tomado que han dado lugar a quejas o cargos criminales. También se muestra cómo se resolvieron estos reclamos u otros temas.

SITIO WEB DE IAPD

La base de datos IAPD ofrece información gratuita sobre empresas de asesoría de inversión registradas con la SEC y muchas que son registradas con el estado. Como con BrokerCheck, si usted sabe el nombre del corredor o empresa, puede buscar directamente escribiendo el nombre o puede buscar por código postal. En el caso de un individuo o una empresa, haga clic en "buscar". Si usted está buscando a una persona, usted verá "Obtener información" y puede hacer clic en un informe detallado sobre la persona. Este informe también muestra el historial de trabajo del asesor, calificaciones y designaciones y los eventos de requisitos de información.

Una vez que sepa el nombre de la empresa para la cual el asesor trabaja, seleccione la casilla de "Firma", escriba el nombre de la empresa y haga clic en "Obtener información". En las opciones que surgen en el extremo izquierdo, verá el "Estado de registro/reporte," "Ver Formulario ADV por sección" y "Folleto Parte 2." Échele un vistazo al formulario ADV de la firma. Este formulario es completado por todas las empresas de asesoramiento de inversión y le dirá mucho acerca de la empresa y sus prácticas de negocio y estructura. Artículo no. 11, por ejemplo, es la sección de requisitos de información donde se puede ver si los clientes han presentado quejas o demandas en contra de la empresa.

La ficha "Folleto Parte 2" también es útil. De particular interés es el artículo N° 5, "Honorarios y comisiones." Allí se puede ver cuánto la empresa cobra para administrar su dinero y si hay un monto mínimo de inversión. Muchos consejeros toman sólo los clientes que invierten más de cierta cantidad. Sin embargo, otros consejeros tienen poco o ningún requisito de inversión mínima.

DIRECTORIO DE CFP

Aunque existen requisitos regulatorios para los planificadores financieros, CFP Board certifica, prueba y supervisa los planificadores financieros que tienen la designación del CFP. Entre a la página del CFP Board para asegurarse de que su asesor profesional está en la lista. Puede buscar su asesor por su nombre o su código postal para encontrar a profesionales locales. Verá el nombre y perfil de cada persona, y usted podrá ver si el planificador requiere una cantidad mínima de activos. También puede utilizar este sitio si quiere informarse que su planificador se a comportado poco ético o fraudulento. Aunque es posible encontrar un excelente planificador financiero sin educación formal o certificaciones, el mejor consejo vendrá probablemente de planificadores financieros capacitados como los que tienen la designación del CFP. Muchos planificadores financieros que están dispuestos a ofrecer a sus clientes un servicio óptimo toman el tiempo y los gastos para educarse formalmente y demostrar sus conocimientos pasando exámenes difíciles.

Cómo decidir

Estas herramientas pueden parecer un poco abrumadoras cuando empiece a usarlas, pero una vez que vea informes del corredor o folleto parte 2 dentro de la forma ADV de un asesor de inversiones, usted comenzará a ver las similitudes y podrá tomar decisiones más informadas acerca de quién puede servirle mejor a sus necesidades. Toma tiempo hacer esta investigación, y al final, todavía tomará un riesgo en la elección de un asesor. Pero por lo menos, usted será capaz de detectar problemas importantes y evitar trabajar con un asesor con alarmas rojas reglamentarias. Otra forma fácil – e importante – para verificar el asesor es buscar su nombre por Google. Es poco probable que una persona seguirá practicando bajo sanciones o acusaciones, pero es posible. Una búsqueda también puede revelar comportamientos o acciones que técnicamente no son relacionadas con servicios financieros, como cargos de violencia doméstica o un DUI, pero que podría ser incómodo trabajar con esa persona. Usted también puede descubrir que la persona es activa políticamente o socialmente en causas diferentes a las que usted apoya y así podría no ser una buena opción para usted. Una búsqueda en internet también mostrará artículos, libros o respuestas de asesoramiento escritas por la persona, que le puede dar una idea del tipo de asesoramiento que proporciona.

Después de que haya completado su investigación, su mejor apuesta es probablemente escoger al profesional que le gusta más y con quien se sentirá más cómodo. Van a pasar tiempo juntos y van a desarrollar una relación, así que después de haber verificado las credenciales y su pasado, se alegrará de que eligió la persona adecuada para usted.

Aclaraciones sobre los términos asesor financiero, agente (broker) y planificador financiero

En la película de 1980 *The Princess Bride*, el malo sigue siendo engañado por el chico bueno. Cada vez, dice, "¡Inconcebible!" Finalmente, su compañero dice: "usted siga usando esa palabra. No creo que significa lo que crees que significa." A menudo, encuentro que el término "asesor financiero" cae en algo similar. En shows de televisión, artículos, blogs, libros y oficinas por todas partes, la gente habla sobre asesores financieros. Pero lo que quieren decir varía. Hay tantos títulos profesionales diferentes bajo el paraguas de asesor financiero, que puede ser difícil definir el término. Incluso dentro del mundo financiero, se encuentra el término utilizado indistintamente como "consejero de inversiones" y "planificador financiero". También se pueden ver los títulos de "broker", "asset manager", "Consultor financiero" o "Administrador de dinero." ¿Qué significan todos estos títulos realmente?

El tipo de consejo que dan hace la diferencia
Una manera de distinguir entre todos estos títulos se basa por el tipo de consejos que ellos cobran. Si cobran dinero por los

consejos de inversión que dan, deben mantener ciertos registros y cumplir las normas necesarias. Si venden los productos de inversión por una suma o comisión, deben registrarse con una organización reguladora independiente. Planificadores financieros, que son pagados por los consejos que dan en la elaboración de un presupuesto y planificación, pero no en cómo invertir realmente, no tienen registro. Cualquiera de estos profesionales puede llamarse o denominarse asesores financieros. Usted necesitará buscar más profundo en sus credenciales, inscripciones y reguladores para entender que otros títulos estos profesionales tienen. Aquí le damos un vistazo a algunos títulos comunes y sus definiciones legales.

Asesor de inversiones
Asesores de inversiones ayudan a clientes sobre opciones de inversión. Según la Comisión Nacional del Mercado de Valores (Securities and Exchange Commission), la ley de asesores de inversión de 1940 define generalmente un asesor de inversiones como: "cualquier persona o empresa que: (1) recibe compensación; (2) participa en el negocio de (3) proporcionar consejos, hacer recomendaciones, emitir informes o análisis sobre valores." Por ejemplo, si usted es una maestra de escuela primaria y les dice a todos que compren acciones de GoPro, no es un asesor de inversiones. Sin embargo, si empieza a cobrar por los consejos de comprar GoPro o algunos otros valores o inversiones, entonces usted está actuando como un asesor de inversión que deberá estar inscrito y regulado.

Asesores de inversión también pueden ayudar con el manejo del dinero, crear planes financieros, dar asesoría financiera general o vender productos financieros. Estos profesionales van por muchos nombres diferentes, incluyendo consejero de inversión o administrador de dinero. Independientemente de su título, todo el que recibe pago por asesoramiento en inversiones en valores debe estar registrado con la SEC o con su regulador de valores del estado. Grandes firmas de asesoría con $ 110 millones o más en activos bajo gestión debe registrarse bajo la ley estatal con las autoridades estatales de valores. Estas empresas se llaman asesores de inversión registrados, y los individuos que trabajan para estas empresas que dan consejos son representantes del consejero de inversión (también llamados asesores de inversión). Tienen que pasar ciertos exámenes de industria para legalmente dar consejos de inversión. Usted puede buscar un asesor o empresa en el sitio de web de SEC.

Broker o corredor de bolsa

Las personas que están en el negocio de compra y venta de acciones, bonos, fondos mutuos y otros valores son llamados corredores o representantes registrados (de sus firmas, conocidas como agentes o firmas de corretaje). Que hacen oficios en nombre de clientes a cambio de un honorario, comisión, o ambos. Como asesores de inversión, los corredores deben pasar ciertos exámenes y registrarse con la SEC y son regulados por la autoridad reguladora de la industria financiera (FINRA) u otra organización autorregulada. Si también cobran por el asesoramiento de inversión que ofrecen, deben registrarse como asesores de inversión. Usted puede buscar brokers que está considerando en la sección BrokerCheck de la página web de la FINRA. Una diferencia principal entre corredores y asesores de inversión tiene que ver con las normas bajo las cuales debe operar. Asesores de inversión están limitados a un estándar fiduciario, que sostiene que deben siempre anteponer el mejor interés de los clientes. Corredores, por el contrario, deben adherirse a una conveniencia estándar. Esto significa que el corredor debe tener una "base razonable" para creer que su recomendación es adecuada para usted basado en su situación, pero no el requisito de forma explícita que los intereses de un cliente deben ponerse en primer lugar.

Planificador financiero

Planificadores financieros son diferentes a los asesores de inversión y brokers que ofrecen asesoramiento sobre su salud financiera total (flujo de efectivo, deuda, beneficios para empleados, retiro, seguro, impuestos y planificación sucesoria) sin dar consejos de inversión de qué valores comprar. Un planificador financiero puede ayudar a calcular o asignar una estrategia de inversión, pero el planificador legalmente no puede ofrecer consejos de inversión específicos acerca de qué valores deben invertir, a menos que sea registrado. Incluso cuando los planificadores tienen la designación de asesor financiero certificado (CFP), expedida por la junta de certificación y normas de planificadores financieros (la organización de certificación y normalización), aún no pueden actuar como asesores de inversión o agentes sin tener pruebas adicionales y se registren como se describió anteriormente. Muchos planificadores financieros son también asesores de inversión, pero no asuma que le puedan asesorar sobre cómo invertir a menos que estén registrados. Por el contrario, su asesor de inversiones, cuya función principal es administrar su dinero de inversión, no puede mirar el alcance total de su vida financiera incluyendo impuestos, planificación patrimonial, riesgo y necesidad de seguros, la planeación universitaria y otras partes esenciales de la planificación financiera que son necesarias para la seguridad financiera.

Cómo elegir la persona adecuada para manejar su dinero
Hay un montón de factores para considerar en la elección de un buen asesor para sus necesidades, pero aquí son cuatro importantes:

1. Costo: ¿Le molestaría pagar honorarios y comisiones por los servicios que el corredor o asesor de inversiones proporciona? Si le molesta cuando usted está ganando dinero, realmente se irritará cuando sus inversiones estén bajando. Compare cuotas – ya sea una tarifa por hora, retención mensual o un porcentaje de los activos que tenga en la empresa – antes de tomar una decisión. Si el profesional financiero claramente no dice los costos y gastos, no elija esa firma. Las empresas de buena reputación informan por adelantado acerca de lo que cobran y cómo debe pagar.

2. Tamaño: ¿Usted compra de empresas locales y pequeñas? ¿O le encantan los almacenes grandes? Si le gusta la atención de una empresa pequeña, elija un asesor financiero independiente que sólo cobra por cuota. Si le gusta y confía de equipos más grandes, vaya con una de las firmas grandes como Wells Fargo, Raymond James, UBS, Merrill Lynch o Morgan Stanley.

3. Personalidad: ¿Le gusta su asesor como persona? Usted querrá sentirse cómodo con la persona quien usted elija. Si realmente no le gusta a la persona, entreviste a otras.

4. Credenciales: Son las denominaciones, títulos, grados y certificaciones importantes para usted? Si es así, busque una

persona que es un planificador financiero certificado, un Chartered Financial Analyst (CFA), o que tenga un grado avanzado, como un Máster en Administración de Empresas. Hay otras designaciones por ahí, pero asegúrese de que usted vea los requisitos involucrados y la organización acreditadora.

Elegir a un profesional financiero no es fácil, especialmente con tantos términos diferentes para entender. Así que haga su investigación y tómese su tiempo. Como dice el asistente en *The Princess Bride*, "Si usted apresura un hombre milagroso, obtiene milagros podridos".

APÉNDICE 8
IRA TRADICIONAL, ROTH IRA, Y 401(K)

	Roth IRA	IRA tradicional	401(k)
Tratamiento de Impuesto	Contribuciones: **después de impuestos.** Contribuya dinero después de impuesto. Ingresos sujetos a impuestos no son reducidos. Retiro de dinero durante tiempo de jubilación será libre de impuestos. Beneficio de Roth: no paga impuesto sobre ganancias de inversión como en la cuenta IRA tradicional.	Contribuciones: **impuestos diferidos.** Contribuya dinero sin impuesto. Pague impuestos sobre el dinero que saque, incluyendo las contribuciones y ganancias de la inversión.	Contribucio nes: **impuestos diferidos.** Contribuya dinero sin impuesto. Pague impuestos sobre el dinero que saque, incluyendo las contribucio nes y ganancias de la inversión.

	Roth IRA	IRA tradicional	401(k)
Límites de contribuciones	La contribución máxima para 2016 es **$5,500.** Si su ingreso excede ciertos límites (ver abajo), su contribución permitida puede ser reducida o eliminada. (Es posible convertir una cuenta IRA tradicional a una cuenta Roth IRA si su ingreso excede el límite, pero tendría que pagar impuesto sobre las ganancias en el año que hace la conversión.)	La máxima contribución de impuestos diferidos para el 2016 es **$5,500.** Si usted está cubierto por un plan de jubilación en el trabajo, como un 401(k) – puede haber un límite a la cantidad de su contribución con impuestos diferidos, dependiendo de sus ingresos (véase abajo). Si no está cubierto por un plan de jubilación en el trabajo, puede aportar el total con impuestos diferidos.	Lo más que puede contribuir a un 401(k) en el año 2016 es **$18,000.**

	Roth IRA	IRA tradicional	401(k)
Aportación adicional *	Si tiene 50 años o más, puede contribuir **$1,000 adicional** en el año 2016.	Si tiene 50 años o más, puede contribuir **$1,000 adicional** en el año 2016.	Si tiene 50 años o más, puede contribuir **$6,000 adicional** al 401(k) en el año 2016.
Retiros o distribuciones (W/D)	Distribuciones o retiros de lo que ha contribuido no son gravados. Distribuciones o retiros de ingresos no son **gravados** si es mayor de 59 ½ años, y ha tenido el Roth por 5 años o más. Distribuciones de ganancias son penalizadas y gravadas antes de 59½ años de edad.	W/Ds o "distribuciones" **gravados** como ingresos ordinarios. Hay penalización fiscal si retira antes de la edad 59½.	W/Ds o "distribucio nes" **gravados** c omo ingresos ordinarios. Hay penalización fiscal si retira antes de la edad 59½.

	Roth IRA	IRA tradicional	401(k)
Límites de ingresos **	Si se declara soltero, su aporte permisible al Roth IRA es *reducido* si gana más de $118,000 al año y *no podrá contribuir en absoluto* si gana más de $133,000 (2016). Si usted está casado, los límites son $186,000 y $196,000. Estos límites aplican **independientem ente** de si está cubierto por un plan de jubilación en el trabajo.	**Si está cubierto por un plan de jubilación en el trabajo** y los ingresos >$ 62,000 si es solo o >$ 99,000 si es casado, entonces el monto de contribución con impuestos diferidos tiene límite. Entre más sean sus ingresos, más limitado, puede ser la contribución de dinero con impuestos diferidos. Si gana > $72,000 si es solo o >$ 119,000 si casado, ninguna parte de la contribución podrá tener impuestos diferidos. **Si no participa en el plan de jubilación en el trabajo,** entonces puede hacer la contribución total de impuestos diferidos, independientemente de los ingresos. **En cualquier caso,** puede contribuir dinero sobre el límite de $5,500 - pero el exceso **no podrá beneficiarse de impuestos diferidos**.	No hay límite de ingresos . Cualqui era puede contribu ir el máximo mientras haya tenido el mismo nivel de salario en año actual.

	Roth IRA	IRA tradicional	401(k)
Retiros	Retiros de aportaciones no son gravados. Retiros de ganancias de inversión son **libre de impuestos** si es mayor de 59½ y ha tenido el Roth por más de 5 años. Retiros antes de 59½ son gravados y penalizados.	Retiros **gravados** como ingresos ordinarios. Retiros antes de los 59½ están sujetos a penalización con un impuesto adicional, excepto en ciertas ocasiones.	Retiros (o"distribuciones") **gravados** como ingresos ordinarios. Retiros antes de los años 59½ están sujetos a penalización con un impuesto adicional, excepto en ciertas ocasiones.

*El máximo anual de $5,500 es el límite *combinado* para *todas* las cuentas de IRA de un individuo - tradicional y Roth. En otras palabras, usted puede poner un *total* de $5,500 en su tradicional y Roth IRA, no $5,500 en *cada una* en un año.
**Como con el límite de la contribución regular, la aportación adicional de $1,000 es el límite *combinado* que se aplica a *todas* las cuentas de IRA de una persona.

SOBRE EL AUTOR Y TRADUCTORES

KATHRYN B. HAUER, AUTOR

Yo resuelvo problemas. Mis especialidades son la planificación financiera, educación financiera, impuestos y asesoría de inversión, y en mi carrera de 30 años, he podido ayudar a las personas a solucionar problemas con dinero, proyectos de construcción, juntas, construcción de palabras, desastres culinarios y dificultades académicas. Ayudo a clientes con mi conocimiento, experiencia y trabajo duro... aunque me gusta pensar que nuestro trabajo junto tiene su propia magia. Mi experiencia como asesora financiera, asesora de inversiones, profesora, maestra, copy-editor, escritora, presentadora, negociadora, investigadora, gerente de oficina en una diversa sección de negocios, organizaciones educativas y gubernamentales me ha ayudado a obtener la profundidad de los conocimientos necesarios para aconsejar a mis clientes en todos los aspectos de planificación financiera e inversión. He tenido la oportunidad de escribir para CNBC, BBC, CSMonitor, NASDAQ, U.S. News & World Report, Yahoo, Investopedia y otros medios financieros. Escribí este libro para ayudar a las personas de todas las profesiones a comprender los conceptos básicos de manejo de dinero y seguridad financiera. Mi enfoque sobre los trabajadores de cuello azul viene de una carrera de 20 años en construcción donde tuve oportunidad de trabajar y conocer a muchos profesionales de cuello azul, cuya habilidad y dedicación les dieron la oportunidad de ganar grandes sueldos. Este libro fue creado para ayudar a mis amigos a mantener su dinero seguro. Sigueme por http://www.financialadviceforbluecollaramerica.com/.

ANA GONZALEZ RIBEIRO, TRADUCTOR

He publicado artículos en The Hispanic Outlook en Educación Superior, Nuevo México Mujer, Revista Geico Directa, Whakate.com y la revista Girlfriendz. He sido una escritora regular de finanzas especializada en temas relacionados con las empresas para la revista Alaska Mensual de Negocios y he escrito para la revista Enfoque en la Recuperación. Al igual he trabajado para el Centro de Voluntarios de United Way de Westchester como una escritora de la Guía de Voluntarios Juvenil y he sido traductora voluntaria y escritora para el Boletín College Forward "The Loop".

He trabajado como escritora de finanzas personales para Mint.com y Investopedia.com. Actualmente escribo para Bankrate.com y Contently.com. También trabajé como reportera de noticias bancaria para Savingsaccount.com y escribi para Journelism.org donde hice una serie sobre los empresarios hispanos y un blog sobre las herramientas y recursos educativos que los estudiantes latinos y empresarios emergentes necesitan para alcanzar sus sueños. Mis artículos informativos han sido publicados en diversos medios de prensa y sitios web incluyendo Huffington Post, Fidelity, MSN, Fox News de Negocios y Finanzas Yahoo.

Soy miembra y voluntaria para la Sociedad Americana de Periodistas y Autores y miembra de la Asociación de Planificadores Financieros. También he tomado todos los requisitos para el certificado de planificación financiera requeridos por la junta de la CFP. He sido presentada en Noticias 93.1 FM de radio de WIBC Indy, en Blog Talk Radio y entrevistada en el programa de noticias de la mañana de Univisión Canal 41, "Al Despertar". En 2010, fundé el sitio web de finanzas y de motivación personal www.Ace the Journey.com. Tengo una maestría en finanzas y negocios de Long Island University.

Además de escribir, practicar zumba, yoga y la meditación, me gusta cantar en un coro, crear bellas mandalas y joyas y disfrutar de la vida con mi esposo e hijito de 5 años.Vivimos en Riverdale, Nueva York. Les dedico la traducción de este libro a mis queridos padres.

CLAUDIA GONZÁLEZ, TRADUCTOR
Soy gerente de operaciones de una firma privada de asesoría de inversiones registrada con $120 millones de activos bajo gestión. Aparte de trabajar en asesoría financiera personal en una firma privada y en una firma de corretaje (brokerage) Lincoln Financial Group, trabajé en consultoría de tesorería y gestión de riesgo para empresas 'Fortune 500' en Estados Unidos y en Asia. Durante este tiempo, viví en Philadelphia, Manhattan y en Hong Kong y también serví como traductora de español-inglés para firmas basadas en Estados Unidos, Canada y Mexico. Nací en Colombia, crecí en Nueva York y ahora vivo con mi esposo e hijo en Orlando, FL. Como planificadora, busco explicar finanzas

complejas de una manera sencilla para ayudar a otros lograr sus metas. Tengo una licenciatura en finanzas y negocios internacionales de Temple University (B.B.A.) y una maestría de Saint Joseph's University (MBA) en Philadelphia, PA y soy Representante de Asesor de Inversiones (IAR - Series 65). Soy miembra de Financial Planners Association (FPA) y la Asociación de Profesionales Latinos Por América (ALPFA). Sigueme por https://www.linkedin.com/in/claudia-gonzalez-finance.

[1] Path, Bill R. "Let's Be Thankful for Skilled Workers." *Huffington Post.* 2 Dec. 2013. http://www.huffingtonpost.com/dr-bill-r-path/skilled-workers-lets-be-thankful_b_4340949.html.

[2] Office of Personnel Management. "The Twenty Largest Blue collar Occupations - 2013." OPM.gov. N.d. https://www.opm.gov/policy-data-oversight/data-analysis-documentation/federal-employment-reports/reports-publications/the-twenty-largest-blue collar-occupations/.

[3] "Maintenance Mechanic Payrate." *Payscale.com.* N.D. Web. 14 Apr. 2016. http://www.payscale.com/research/US/Job=Maintenance_Mechanic/Hourly_Rate.

[4] Dill, Kathryn. "15 High-Paying Blue Collar Jobs." *Forbes.* 3 June 2016. Web. 1 Apr. 2016. http://www.forbes.com/sites/kathryndill/2015/06/03/15-high-paying-blue collar-jobs-2/#1a845bd46e6b.

[5] Dill, Kathryn. "15 High-Paying Blue Collar Jobs." *Forbes.* 3 June 2016. Web. 1 Apr. 2016. http://www.forbes.com/sites/kathryndill/2015/06/03/15-high-paying-blue collar-jobs-2/#1a845bd46e6b.

[6] Torlina, Jeff. *Working Class: Challenging Myths about Blue Collar Labor.* Boulder: Lynne Rienner, 2011. Print. 11.

[7] Torlina, Jeff. *Working Class: Challenging Myths about Blue Collar Labor.* Boulder: Lynne Rienner, 2011. Print. 108.

[8] Here is the Wells Fargo website: https://www.wellsfargo.com/about/press/2014/20140220_financial-health.

[9] Consumer and Community Development Research Section of the Federal Reserve Board's Division of Consumer and Community Affairs (DCCA). "Report on the Economic Well-Being of US Households in 2014." *Board of Governors of the Federal Reserve System.* May 2015. Web. 28 June 2016. https://www.federalreserve.gov/econresdata/2014-report-economic-well-being-us-households-201505.pdf. 25.

[10] Consumer and Community Development Research Section of the Federal Reserve Board's Division of Consumer and Community Affairs (DCCA). "Report on the Economic Well-Being of US Households in 2014." *Board of Governors of the Federal Reserve System.* May 2015. Web. 28 June 2016. https://www.federalreserve.gov/econresdata/2014-report-economic-well-being-us-households-201505.pdf. 25.

[11] "Credit Card Debt Statistics. 23 Sep. 2014. *NASDAQ.* http://www.nasdaq.com/article/credit-card-debt-statistics-cm393820.

[12] "Health Insurance Marketplace Basics." *Healthcare.gov*. Nd https://www.healthcare.gov/quick-guide/.

[13] "Property Insurance." *USA.gov*. Nd Web. 25 June 2016. https://www.usa.gov/property-insurance.

[14] "Personal Insurance." *USA.gov*. Nd Web. 25 June 2016. https://www.usa.gov/personal-insurance.

[15] "Personal Insurance." *USA.gov*. Nd Web. 25 June 2016. https://www.usa.gov/personal-insurance.

[16] Here is the CIS website https://eapps.naic.org/cis/.

[17] "Property Insurance." *USA.gov*. Nd Web. 25 June 2016. https://www.usa.gov/property-insurance.

[18] "Types of Business Insurance." *Small Business Association*. Nd Web. 15 Apr. 2016. https://www.sba.gov/managing-business/running-business/insurance/types-business-insurance.

[19] "Worker's Compensation." *US Department of Labor*. Nd Web. 14 Apr. 2016. https://www.dol.gov/general/topic/workcomp.

[20] "Worker's Compensation in South Carolina." *South Carolina Worker's Compensation Commission*. Nd Web. 14 Apr. 2016. http://www.wcc.sc.gov/welcomeandoverview/Pages/default.aspx.

[21] "Unemployment Insurance." *US Department of Labor*. Nd Web. 14 April. 2016. https://www.dol.gov/general/topic/unemployment-insurance.

[22] Here is the AM Best website: (http://www3.ambest.com/ratings/entities/searchresults.aspx.

[23] Si desea protegerse contra el robo de identidad, se puede establecer una "congelación del crédito" con las tres principales agencias de crédito que impide cualquier nuevo crédito de ser iniciado o concedido hasta que se levante la congelación.

[24] "Tema 306 - Multa por Pago Insuficiente del Impuesto *IRS* Web delNd..28 de junio de 2016. https://www.irs.gov/taxtopics/tc306.html.

[25] "Testamentos". *Gobierno de Maryland*. Nd 28 de junio de 2016. Http://registers.maryland.gov/main/publications/wills.html.

[26] "Usted tiene derecho a tomar decisiones médicas que le afectan." *Oficina del Vicegobernador sobre el* Envejecimiento.Nd Web. 13 de junio de 2016. http://aging.sc.gov/legal/Pages/AdvanceDirectives.aspx.

[27] "Stocks." *Investor.gov*. Nd Web. 28 Mar. 2016. https://www.investor.gov/investing-basics/investment-products/stocks.

[28] "Stocks." *Investor.gov*. Nd Web. 28 Mar. 2016. https://www.investor.gov/investing-basics/investment-products/stocks.

[29] "Stocks." *Investor.gov.* Nd Web. 28 Mar. 2016.
https://www.investor.gov/investing-basics/investment-products/stocks.

[30] "Bonds." *Investor.gov.* Nd Web. 28 Mar. 2016.
https://www.investor.gov/investing-basics/investment-products/bonds.

[31] "Bonds." *Investor.gov.* Nd Web. 28 Mar. 2016.
https://www.investor.gov/investing-basics/investment-products/bonds.

[32] "Savings Bonds." *Investor.gov.* Nd Web. 28 Mar. 2016.
https://www.investor.gov/investing-basics/investment-products/savings-bonds.

[33] "Certificates of Deposit." *Investor.gov.* Nd Web. 28 Mar. 2016.
https://www.investor.gov/investing-basics/investment-products/certificates-deposit-cds.

[34] "Mutual Funds." *Investor.gov.* Nd Web. 28 Mar. 2016.
https://www.investor.gov/investing-basics/investment-products/mutual-funds.

[35] "Money Market Funds." *Investor.gov.* Nd Web. 28 Mar. 2016.
https://www.investor.gov/investing-basics/investment-products/money-market-funds.

[36] "Exchange Traded Funds." *Investor.gov.* Nd Web. 28 Mar. 2016.
https://www.investor.gov/investing-basics/investment-products/exchange-traded-funds-etfs.

[37] "Exchange Traded Funds." *Investor.gov.* Nd Web. 28 Mar. 2016.
https://www.investor.gov/investing-basics/investment-products/exchange-traded-funds-etfs.

[38] "Annuities." *Investor.gov.* Nd Web. 28 Mar. 2016.
https://www.investor.gov/investing-basics/investment-products/annuities.

[39] "Annuities." *Investor.gov.* Nd Web. 28 Mar. 2016.
https://www.investor.gov/investing-basics/investment-products/annuities.

[40] "National Association of Insurance Commissioners."
http://www.naic.org/.

[41] "Annuities." *Investor.gov.* Nd Web. 28 Mar. 2016.
https://www.investor.gov/investing-basics/investment-products/annuities.

[42] "Real Estate Investment Trusts ("REITs")." *Investor.gov.* Nd Web. 28
Mar. 2016. https://www.investor.gov/investing-basics/investment-products/real-estate-investment-trusts-reits.

[43] "Risk Tolerance." *Investor.gov.* Nd Web. 28 Mar. 2016.
https://www.investor.gov/investing-basics/guiding-

principles/assessing-your-risk-tolerance.
[44] "Risk Tolerance." *Investor.gov*. Nd Web. 28 Mar. 2016.
https://www.investor.gov/investing-basics/guiding-
principles/assessing-your-risk-tolerance.
[45] "Stocks." *Investor.gov*. Nd Web. 28 Mar. 2016.
https://www.investor.gov/investing-basics/investment-
products/stocks.
[46] "Guiding Principles." *Investor.gov*. Nd Web. 28 Mar. 2016.
https://www.investor.gov/investing-basics/guiding-principles.
[47] "Asset Allocation." *Investor.gov*. Nd Web. 28 Mar. 2016.
https://www.investor.gov/investing-basics/guiding-
principles/asset-allocation.
[48] "Asset Allocation." *Investor.gov*. Nd Web. 28 Mar. 2016.
https://www.investor.gov/investing-basics/guiding-
principles/asset-allocation.
[49] "Asset Allocation." *Investor.gov*. N.d. Web. 28 Mar. 2016.
https://www.investor.gov/investing-basics/guiding-
principles/asset-allocation.
[50] "Calculating Mutual Fund Fees and Expenses." *US Securities and
Exchange Commission*. Nd Web. 28 Apr. 2016.
http://www.sec.gov/investor/tools/mfcc/mfcc-int.htm.
[51] "Stocks." *Investor.gov*. Nd Web. 28 Mar. 2016.
https://www.investor.gov/investing-basics/investment-
products/stocks.
[52] "Financial Calculators." *Investor.gov*. Nd Web. 28 Mar. 2016.
https://www.investor.gov/tools/calculators.
[53] You can buy Kellogg stock through this website:
http://investor.kelloggs.com/shareowner-services#direct-stock-
purchase-plan.
[54] This is the link to the ComputerShare website: https://www-
us.computershare.com/investor/3x/plans/buyshares.asp?stype=
dspp.
[55] Here is the website for the PNC dividend reinvestment program:
http://phx.corporate-
ir.net/phoenix.zhtml%3Fc%3D107246%26p%3Dirol-
stockpurchase.
[56] Gabler, Neal. "The Secret Shame of Middle Class Americans." *The
Atlantic*. May 2016. Web. 5 May 2016.
http://www.theatlantic.com/magazine/archive/2016/05/my-
secret-shame/476415/.
[57] Johnson, Angela. "76% of Americans Live Paycheck to Paycheck."
Sanders.Senate.gov. 24 June 2013. Web. 15 Nov. 2015.
http://www.sanders.senate.gov/newsroom/newswatch/2013/0

6/24/76percent-of-americans-are-living-paycheck-to-paycheck.
[58] Gabler, Neal. "The Secret Shame of Middle Class Americans." *The Atlantic.* May 2016. Web. 5 May 2016. http://www.theatlantic.com/magazine/archive/2016/05/my-secret-shame/476415/.
[59] "Home Equity Loans and Lines of Credit. *Federal Trade Commission.* Nd Web. 5 May 2016. https://www.consumer.ftc.gov/articles/0227-home-equity-loans-and-credit-lines.
[60] "Car Title Loans." *Federal Trade Commission.* Nd Web. 5 May 2015. https://www.consumer.ftc.gov/articles/0514-car-title-loans.
[61] "Payday Loans." *Federal Trade Commission.* Nd Web. 5 May 2016. https://www.consumer.ftc.gov/articles/0097-payday-loans.
[62] "Payday Loans." *Federal Trade Commission.* Nd Web. 5 May 2016. https://www.consumer.ftc.gov/articles/0097-payday-loans.
[63] Mclean, Bethany. "Payday Lending – Will Anything Better Replace It?" *The Atlantic.* Web. 5 May 2016. http://www.theatlantic.com/magazine/archive/2016/05/payda y-lending/476403/.
[64] "Saved: Five Steps for Making Financial Decisions." *Consumer Financial Protection Bureau.* Nd https://dearabby.sites.usa.gov/files/2015/05/saved_fiveSteps.p df.
[65] "Ponzi Schemes." *US Securities and Exchange Commission.* 9 Oct. 2013. Web. 2 July 2016. https://www.sec.gov/answers/ponzi.htm.
[66] Kulmala, Teddy. "Jay Brooks Gets 15 Years in Prison After Guilty Plea." *Aiken Standard.* 19 Sep. 2014. Web. 15 Nov. 2015. http://www.aikenstandard.com/article/20140919/AIK0101/14 0919430.
[67] "Fighting Fraud 101." *SaveAndInvest.org with FINRA, AARP and SEC.* May 2015. https://financialprotection.usa.gov/files/2015/06/fighting_frau d_2015.pdf.
[68] Quinn, Jane Bryant. "Can You Trust a Financial Advisor?" *AARP.* August 2013. Web. 15 Nov. 2015. http://www.aarp.org/money/investing/info-08-2013/can-you-trust-a-financial-adviser.2.html.
[69] Schwartz, Matthew and Barbara A. Ward. "Madoff Verified Complaint – Exhibit D." *United States Attorney for the Southern District of New York.* 6 Jan. 2014. Web. 7 July 2016. http://jpmadoff.com/wp-content/uploads/2014/09/2014-01-06%20DFA%20Exhibit%20D%20-%20USA%20v.%20$1,700,000,000%20Verified%20Complaint.p

df.

[70] Coenen, Tracy. "Red Flags Pointed Directly to Madoff." *Fraudfiles*. Feb. 2013. Web. 15 Nov. 2015. http://www.sequenceinc.com/fraudfiles/2012/02/red-flags-pointed-directly-to-madoff/.

[71] "Oficina de Normas e Interpretaciones Beneficios del Empleado Administración de Seguridad Atención: Los conflictos de interés Regla." *FINRAWeb*.. 17 de julio de 2015. 5 de junio de 2016. https://www.dol.gov/ebsa/pdf/1210-AB32-2-00405.pdf.

[72] Paladin asesores de inversión. "Tipos de asesores que se deben evitar." Paladín. Nd Web. 15 de Nov. 2015. http://www.prweb.com/releases/2004/04/prweb122280.htm.

[73] Federal Deposit Insurance Corporation. "Money Smart para Adultos Mayores." FDIC. Nd Web. 15 de Nov. 2015. http://files.consumerfinance.gov/f/201306_cfpb_msoa-participant-guide.pdf.

[74] Waymire, Jack. "La confianza, pero verifica."la *Valepena* 12.De agosto de 2015. Web. 15 de Nov. 2015. http://www.worth.com/articles/trust-but-verify/ .

[75] "Conversaciones sobre finanzas personales más difícil que religión y política." *Bien Fargo// Www*. 20 de febrero de 2014. .wellsfargo.com / sobre / press / 2014 /20140220_financial-salud.

[76] Crawford, Matthew B. "Learn A Trade." *Phi Delta Kappan*. 6.6 (2015): 8-11. *ERIC*. Web. 19 Aug 2015. 10. https://www.questia.com/library/journal/1G1-405925456/learn-a-trade.

[77] Yoder, Steven. "The Endangered Blue Collar Worker." *Comstock's*. 11 Jan. 2016. Web. 1 Apr. 2016. http://www.comstocksmag.com/article/endangered-blue collar-worker.

[78] "Advanced Manufacturing Training." *Greater Lafayette Commerce*. N.d. http://www.greaterlafayettecommerce.com/news/2012/02/16/advancing-manufacturing-we-have-jobs-here-we-have-training-here.

[79] Bricker, Jesse, et al. "Changes in U.S. Family Finances from 2010 to 2013." *Board of Governors of the Federal Reserve System*. September 2014. Web. 19 Jul. 2016. http://www.federalreserve.gov/pubs/bulletin/2014/pdf/scf14.pdf.

[80] "Enterprising States 2014: Re-creating Equality of Opportunity." *U.S. Chamber of Commerce Foundation*. June 2014. Web. 7 July 2016. http://docplayer.net/17831854-U-s-chamber-of-commerce-

foundation-enterprising-states-2014-re-creating-equality-of-opportunity.html. 14.

[81] Britt, Frank. "Academic & Professional Advancement: 4 Pros of Career College Opportunities." *Foster.* 16 July 2014. http://fosteredu.pennfoster.edu/academic-professional-advancement-4-pros-of-career-college-opportunities.

[82] Ivanchev, Yavor. "Student Loan Debt: A Deeper Look." *U.S. Bureau of Labor Statistics.* December 2104. 7 June 2016. http://www.bls.gov/opub/mlr/2014/beyond-bls/student-loan-debt-a-deeper-look.htm.

[83] Torlina, Jeff. *Working Class: Challenging Myths about Blue Collar Labor.* Boulder: Lynne Rienner, 2011. Print. 145-6.

[84] Comment attributed to Ryan Lance, Conoco executive, March 2013.

[85] Schultz, Caroline. "Alaska Economic Trends." *Alaska Department of Labor and Workforce Development.* Jan. 2016. Web. 28 June 2016. http://labor.alaska.gov/trends/jan16.pdf.

[86] Fox, Justin. "Farewell to the Blue Collar Elite." *Bloomberg View.* 6 Apr. 2015. http://www.bloombergview.com/articles/2015-04-06/factory-worker-wages-are-nothing-special-these-days.

[87] Jacobs, Ken, Zohar Perla, Ian Perry, and Dave Graham-Squire. "Producing Poverty: The Public Cost of Low-Wage Production Jobs in Manufacturing." *University of California – Berkeley Labor Center.* May 2016. Web 10 May 2016. http://laborcenter.berkeley.edu/producing-poverty-the-public-cost-of-low-wage-production-jobs-in-manufacturing/.

[88] OSHA Construction Statistics. https://www.osha.gov/oshstats/commonstats.html.

[89] U.S. Bureau of Labor Statistics. http://www.bls.gov/iif/oshwc/ostb1630.pdf.

[90] Crawford, Matthew B. "Learn A Trade." *Phi Delta Kappan.* 6.6 (Mar. 2015): 8-11. *ERIC.* Web. 19 Aug. 2015. 11. https://www.questia.com/library/journal/1G1-405925456/learn-a-trade.

[91] Owens, Tom. "Why the Disdain for American Blue Collar Workers?" *North America's Building Trades Unions.* 8 July 2016. Web. 1 Apr. 2016. http://www.bctd.org/Newsroom/Blogs/Presidents-Message/July-2015-(1)/Why-The-Disdain-for-American-Blue collar-Workers.aspx.

[92] Lange, Jason. "For Blue Collar America Wage Gains Are Slim Even As Employment Surges." *Reuters.* 6 Feb. 2015. http://www.reuters.com/article/2015/02/06/us-usa-economy-wages-idUSKBN0L92P220150206.

[93] "Blue Collar Job Blues – Are We Losing Our Workers?" *FinancesOnline.*

12 Apr. 2013. http://financesonline.com/blue collar-blues-are-we-losing-our-blue collar-workers/.

[94] Britt, Frank. "Academic & Professional Advancement: 4 Pros of Career College Opportunities." Foster. 16 July 2014. http://fosteredu.pennfoster.edu/academic-professional-advancement-4-pros-of-career-college-opportunities.

[95] Winsor, Susan. Phone Interview between Dr. Susan Winsor of Aiken Technical College and Kathryn Hauer. 15 June 2016.

[96] Arnold, Chris. "Economists Say Millennials Should Consider Careers In Trades." *NPR.* 2 Feb. 2015. http://www.npr.org/2015/02/02/383335110/economists-say-millennials-should-consider-careers-in-trades?utm_campaign=storyshare&utm_source=twitter.com&utm_medium=social.

[97] "IRS Publication 970." *IRS.* 16 Jan. 2016. Web. 18 May 2016. https://www.irs.gov/pub/irs-pdf/p970.pdf.

[98] "IRS Publication 970." *IRS.* 16 Jan. 2016. Web. 18 May 2016. https://www.irs.gov/pub/irs-pdf/p970.pdf.

[99] "IRS Publication 970." *IRS.* 16 Jan. 2016. Web. 18 May 2016. https://www.irs.gov/pub/irs-pdf/p970.pdf.

[100] "An Introduction to 529 Plans." *U.S. Securities Exchange Commission Office of Investor Education and Advocacy.* N.d. Web. 19May 2016. https://investor.gov/sites/default/files/Introduction-to-529s.pdf.

[101] "An Introduction to 529 Plans." *U.S. Securities Exchange Commission Office of Investor Education and Advocacy.* N.d. Web. 19May 2016. https://investor.gov/sites/default/files/Introduction-to-529s.pdf.

[102] "An Introduction to 529 Plans." *U.S. Securities Exchange Commission Office of Investor Education and Advocacy.* N.d. Web. 19May 2016. https://investor.gov/sites/default/files/Introduction-to-529s.pdf.

[103] "The FAFSA." *Federal Student Aid – An Office of the U.S. Department of Education.* N.d. Web. 27 May. 2016. https://fafsa.ed.gov/.

[104] "The FAFSA." *Federal Student Aid – An Office of the U.S. Department of Education.* N.d. Web. 27 May. 2016. https://fafsa.ed.gov/

[105] "Who We Are." *FAFSA.gov.* n.d. Web. 15 Apr. 2016. https://studentaid.ed.gov/sa/about.

[106] "Chart of Federal Student Grant Programs." *FAFSA.gov.* Web. 15 Apr. 2016. https://studentaid.ed.gov/sa/sites/default/files/federal-grant-programs.pdf.

[107] "The FAFSA." *Federal Student Aid – An Office of the U.S. Department of Education.* N.d. Web. 27 May. 2016. https://fafsa.ed.gov/.

108 "The EFC Formula, 2016-2017." *U.S. Department of Education.* N.d.
Web. 28 May 2016.
https://studentaid.ed.gov/sa/sites/default/files/2016-17-efc-
formula.pdf.

109 "The EFC Formula, 2016-2017." *U.S. Department of Education.* N.d.
Web. 28 May 2016.

110 "The FAFSA." *FAFSA.gov.* n.d. Web. 15 Apr. 2016. fafsa.ed.gov.

111 "Federal Supplemental Educational Opportunity Grant." *FAFSA.gov.*
n.d. Web. 15 Apr. 2016.
https://studentaid.ed.gov/sa/types/grants-scholarships/fseog.

112 "Loans." *Federal Student Aid – An Office of the U.S. Department of
Education.* N.d. Web. 27 May. 2016.
https://studentaid.ed.gov/sa/types/loans.

113 "Loans." *Federal Student Aid – An Office of the U.S. Department of
Education.* N.d. Web. 27 May. 2016.

114 "When I Fill Out the FAFSA Am I A Dependent or Independent?"
N.d. Web. 28 May 2016.
https://studentaid.ed.gov/sa/sites/default/files/fafsa-
dependency.pdf.

115 "Tax Benefits for Education." *Internal Revenue Service.* N.d. Web. 2 June
2016. https://www.irs.gov/uac/tax-benefits-for-education-
information-center.

116 "Social Security Basic Facts." *Social Security Administration.* 13 Oct. 2015.
Web. 18 Apr. 2016.
https://www.ssa.gov/news/press/basicfact.html.

117 "Annual Update of HHS Poverty Guidelines." *Federal Register.* 25 Jan.
2016. Web. 18 Apr. 2016.
https://www.federalregister.gov/articles/2016/01/25/2016-
01450/annual-update-of-the-hhs-poverty-guidelines.

118 Kotlikoff, Laurence, Phillip Moeller, and Paul Solman. *Get What's
Yours: The Secrets to Maxing Out Your Social Security.* New York:
Simon and Schuster, 2015. Print.

119 "Calculate Your Life Expectancy." *Social Security Administration.* N.d.
Web. 28 May 2016.
https://www.ssa.gov/planners/lifeexpectancy.html.

120 Here is the AARP website for researching possible government
assistance you might qualify for: http://www.aarp.org/aarp-
foundation/our-work/income/info-2012/public-benefits-guide-
senior-assistance1.html).

121 "Considering a Reverse Mortgage?" *Consumer Financial Protection Bureau.*
N.d. Web 7 June 2016,
http://files.consumerfinance.gov/f/201409_cfpb_guide_reverse
_mortgage.pdf.

[122] "Frequently Asked Questions about HUD's Reverse Mortgages." *U.S. Department of Housing and Urban Development.* N.d. Web. 14 May 2016. http://portal.hud.gov/hudportal/HUD?src=/program_offices/housing/sfh/hecm/rmtopten.

[123] "Reverse Mortgages." *U.S. Federal Trade Commission.* N.d. Web. 14 May 2016. https://www.consumer.ftc.gov/articles/0192-reverse-mortgages.

[124] Here is the IRS website that provides RMD tables: https://www.irs.gov/retirement-plans/plan-participant-employee/retirement-topics-required-minimum-distributions-rmds.

[125] Tuchman, Mitch. "Pension Plans Beat 401(k) Savers Silly – Here's Why." *Forbes.* 15 Nov. 2015. Web. 18 Apr. 2016. http://www.forbes.com/sites/mitchelltuchman/2013/06/04/pension-plans-beat-401k-savers-silly-heres-why/#62d6c3191d3c.

[126] Fletcher, Michael A. "Pension Plans Getting Cut." *The Washington Post.* 9 Feb. 2015. Web. 18 Apr. 2016. https://www.washingtonpost.com/business/economy/pension-plans-once-inviolable-promises-to-employees-are-getting-cut/2015/02/09/6ac95d4a-a24b-11e4-9f89-561284a573f8_story.html.

[127] Kirkham, Elyssa, "1 in 3 Americans Has Saved $0 for Retirement." *Money.* 14 Mar. 2015. Web. 23 May 2016. http://time.com/money/4258451/retirement-savings-survey/.

[128] Kirkham, Elyssa, "1 in 3 Americans Has Saved $0 for Retirement." *Money.* 14 Mar. 2015. Web. 23 May 2016. http://time.com/money/4258451/retirement-savings-survey/.

[129] "Your Guide to Public Benefits." *AARP.* Sep. 2013. Web. 15 May 2016. http://www.aarp.org/aarp-foundation/our-work/income/info-2012/public-benefits-guide-senior-assistance1.html and https://www.benefitscheckup.org/cf/index.cfm?partner_id=22.

[130] "Medicare Basics: A Guide for Families and Friends of People with Medicare." Centers for Medicare & Medicaid Services. N.d. Web. 25 May 2016. https://www.medicare.gov/Pubs/pdf/11034.pdf.

[131] "Understanding the Medicare Late Enrollment Penalty." *Medicare Matters: National Council on Aging.* N.d. Web. 25 May 2016. https://www.mymedicarematters.org/enrollment/penalties-and-risks/?SID=5746092aa3638.

[132] "Social Security & Medicare Questions." *The Senior Citizens League.* Jan. 2015. Web. 25 May 2016. http://seniorsleague.org/2015/social-

security-medicare-questions-january-2015/.
[133] Long, George I. "Differences Between Union and Nonunion
Compensation, 2001 – 2011." *Bureau of Labor Statistics.* April
2013. Web. 28 May 2016.
http://www.bls.gov/opub/mlr/2013/04/art2full.pdf.
[134] Walters, Matthew and Lawrence Mishel. "How Unions Help All
Workers." *Economic Policy Institute.* 26 Aug. 2003. Web. 28 May
2016. http://www.epi.org/publication/briefingpapers_bp143/.
[135] Torlina, Jeff. *Working Class: Challenging Myths about Blue collar Labor.*
Boulder: Lynne Rienner, 2011. Print. 13.
[136] "Enterprising States 2014: Re-creating Equality of Opportunity." *U.S.
Chamber of Commerce Foundation.* June 2014. Web. 7 July 2016.
http://docplayer.net/17831854-U-s-chamber-of-commerce-
foundation-enterprising-states-2014-re-creating-equality-of-
opportunity.html. 18.
[137] Quinton, Sophie. "This Is the Way Blue Collar America Ends." *The
Altantic.* 5 June 2013.
http://www.theatlantic.com/business/archive/2013/06/this-is-
the-way-blue collar-america-ends/276554/.
[138] "Enterprising States 2014: Re-creating Equality of Opportunity." *U.S.
Chamber of Commerce Foundation.* June 2014. Web. 7 July 2016.
http://docplayer.net/17831854-U-s-chamber-of-commerce-
foundation-enterprising-states-2014-re-creating-equality-of-
opportunity.html. 11.
[139] Giffi, Craig A. et al. "The Skills Gap in U.S. Manufacturing 2015 and
Beyond." *Deloitte and The Manufacturing Institute.* 2015.
http://www.themanufacturinginstitute.org/~/media/827DBC7
6533942679A15EF7067A704CD.ashx. 25.
[140] Giffi, Craig A. et al. "The Skills Gap in U.S. Manufacturing 2015 and
Beyond." *Deloitte and The Manufacturing Institute.* 2015.
http://www.themanufacturinginstitute.org/~/media/827DBC7
6533942679A15EF7067A704CD.ashx. 15.
[141] Torlina, Jeff. *Working Class: Challenging Myths about Blue collar Labor.*
Boulder: Lynne Rienner, 2011. Print. 188.
[142] Path, Bill R. "Desk Job Blues: Rethinking Middle-Skill Jobs." *Huffington
Post.* 15 Dec 2014. http://www.huffingtonpost.com/dr-bill-r-
path/desk-job-blues-rethinking_b_6324738.html.
[143] Gabriel, Paul E. and Susanne Schmitz. "Gender Differences in
Occupational Distributions Among Workers." *U.S. Bureau of
Labor Statistics Monthly Review.* June 2007. Web. 8 June 2016.
http://www.bls.gov/opub/mlr/2007/06/art2full.pdf.
[144] "Women in Law Enforcement." *U.S. Department of Justice.* July 2013.
Web. 2 June 2015. http://cops.usdoj.gov/html/dispatch/07-

2013/women_in_law_enforcement.asp.

[145] "Non-Traditional Occupations for Women." *U.S. Department of Labor.* N.d. Web. 15 July 2016. https://www.dol.gov/wb/factsheets/nontra2009_txt.htm.

[146] Block, Sharon. "The Power of Women's Voices." *U.S. Department of Labor.* 16 June 2016. Web. 28 June 2016. https://blog.dol.gov/2016/06/16/the-power-of-womens-voices/.

[147] "Savings Fitness: A Guide to Your Money and Your Financial Future." *U.S. Department of Labor.* N.d. Web 28 Apr. 2016. http://www.dol.gov/ebsa/publications/savingsfitness.html.

[148] Walters, Matthew and Lawrence Mishel. "How Unions Help All Workers." *Economic Policy Institute.* 26 Aug. 2003. Web. 28 May 2016. http://www.epi.org/publication/briefingpapers_bp143/.

[149] Walters, Matthew and Lawrence Mishel. "How Unions Help All Workers." *Economic Policy Institute.* 26 Aug. 2003. Web. 28 May 2016.

[150] "Union Members Summary." *U.S. Bureau of Labor Statistics.* N.d. Web. 18 Apr. 2016. http://www.bls.gov/news.release/union2.nr0.htm.

[151] "Union Members Summary." *U.S. Bureau of Labor Statistics.* N.d. Web. 18 Apr. 2016. http://www.bls.gov/news.release/union2.nr0.htm.

[152] Winsor, Susan. Phone Interview between Dr. Susan Winsor of Aiken Technical College and Kathryn Hauer. 15 June 2016.

[153] Iannicola, Dan and Jonas Parker. "Barriers to Financial Advice for Non-Affluent Consumers." *Society of Actuaries: The Financial Literacy Group.* Sep. 2010. Web. 6 June 2016. file:///C:/Users/Jill/Downloads/research-2010-barriers-consumers%20(1).pdf.